ALGORITHMS TO LIVE BY

The Computer Science of Human Decisions

布萊恩・克里斯汀、湯姆・葛瑞菲斯──著
Brian Christian & Tom Griffiths
甘錫安──譯

本書用法

這本書既適合一般讀者,也適合教學使用,版面設計兼顧兩者需求,建議用法如下。

一般閱讀

各章大致彼此獨立,可以隨意挑一章讀起,不過有的觀念或詞彙定義需要解釋,所以依序從頭讀到尾會更了解。每章的副標題是適用的日常問題類型,遇到這類疑問時,您可以用副標題找出那一章複習。註解可以略過。

專業學習

以「左頁+右頁」這樣一組跨頁為一個單位,該跨頁的內文中的註解,放在那組跨頁的下緣。偶爾因為實際排版的變化與限制,某組跨頁的最後一個註解,得放到下一個跨頁的下緣,此時請參酌註解編號。其他用法跟一般閱讀相同。

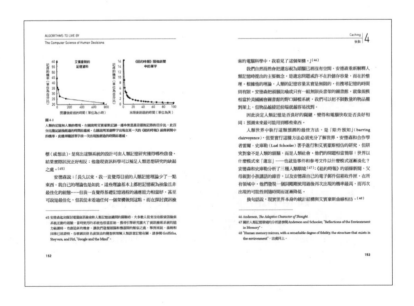

目　錄　Contents

演算法的本質是「解決問題的一連串步驟」，人類面臨的許多挑戰跟電腦是一樣的：如何運用有限的空間、有限的時間、有限的注意力、未知的事物、不完整的資訊，以及無法預知的未來，並且如何輕鬆而自信地做到；以及如何在此同時與其他目標相同的人溝通。人類和電腦的解決方式融合程度極高，電腦科學不只能協助我們簡化問題以取得進展，甚至能提供具體的解決方法。本書將介紹前述難題的基本數學結構，以及工程師如何教電腦發揮最大效用，並了解人腦如何克服相同限制。作者訪問了近五十年來最知名演算法的設計者，談談他們的研究對自己的人生有何影響，以及他們怎麼將所學用於生活。

盡量羅列選項，小心權衡後選出最好的一個，才是理性決策？實際上由於時間有限，決策過程最重要的面向是：何時應該停止。聘人、租屋、找車位、賣房子，以及尋覓伴侶和投資獲利時見好就收等，都是要在選項逐一出現時做出最佳選擇，它們真正困擾人的是可以考慮的選項有多少。依各狀況條件不同（比如能否吃回頭草、是否有明確標準），這章解釋了37%法則、思而後行法則、臨界值法則等，教你如何避免太早決定或找太久，以及何時該降低或提高標準、還有標準該調整多少⋯⋯

2 開發與善用 　　　　　　　　　　 Explore/Exploit

開發是蒐集資料，它能提高發現最佳選擇的機會；善用則是運用現有資訊，取得已知的良好結果，兩者各有利弊。人們大多把決策視為彼此孤立，每次分別尋找期望值最高的結果。其實決策極少是孤立的，如果你思考的是日後面對相同選項時要怎麼做，那麼權衡是要開發還是善用，就非常重要。本章以電腦科學中最能體現這兩者之矛盾，名稱取自吃角子老虎機的「多臂土匪問題」，闡述應該如何隨時間而改變目標，並且說明為何合理的行動過程多半未必會選擇最好的目標。

3 排序 　　　　　　　　　　 Sorting

排序對於處理各種資訊都十分重要。電腦科學家經常要權衡「排序」和「搜尋」兩者，這項權衡的基本原則是：花心力排序資料，目的是讓我們日後不用花費心力搜尋資料。於是這個問題變成：如何事先評估資料未來的用途？電腦科學指出，混亂和秩序造成的危險都可以量化，它們的成本都能以「時間」這個基準來呈現。Google搜尋引擎之所以強大，其實是拜預先排序之賜；但對於另一些狀況，保持混亂往往更有效率。此外討論演算法的最差情況表現（以排序而言是「最差完排時間」），可以讓我們確定某個程序能在期限內完成，排定運動賽程便是一例。

4 快取　Caching

你的收納問題其實與電腦管理記憶體時面臨的挑戰類似：空間有限，要如何既省荷包又省時間？快取的概念是把常用資料放在手邊備用，快取裝滿時為了騰出空間放新資料，得剔除一些舊資料──但剔除哪些好呢？電腦科學家探究了「隨機剔除」、「先進先出」（先剔除最舊的）以及「最近最少使用法」等，甚至發展出能預測未來並執行已知最佳策略的演算法。這方面的研究啟發了亞馬遜書店的「預測包裹寄送」專利，還扭轉了心理學家對於人類記憶的看法。

5 排程　Scheduling

重要且緊急、重要但不緊急、不重要但緊急、不重要但不緊急……，時間管理大師總教人照這順序處理事情，但電腦科學家會要你先搞清楚「用什麼標準來評量成果」。是在期限內完成最重要？還是盡量縮短讓客戶等待的時間？抑或劃掉待辦清單上越多項目越好？不同的評量標準得採用不同的作業策略。本章還用電腦的「上下文交換」探討讓其他工作插隊的代價，用「往復移動」提醒忙到變成在空轉的徵兆；並告訴你如何在「反應能力」和「處理能力」間取捨，為何有時完成工作的最佳策略反而是慢下來。

6　貝氏法則　　　　　　　　　　　　Bayes's Rule

十八世紀的英國，賭博這個領域不僅深深吸引傑出數學家，也吸引了牧師湯瑪斯‧貝斯，他由於研究彩券的中獎率，而對於「在不確定下進行推測」的歷史帶來重大影響。他認為由過去的假設狀況進行正向推理可提供基礎，讓我們逆向推出最可能的答案。其他科學家繼續研究預測事情的各種方法，像是：如何把各種可能假設狀況濃縮成單一期望值、根據事件類型提供適當的事前機率。其實我們腦中已儲存許多精確的事前分布，因此經常可由少量觀察結果做出不錯的預測，換句話說，小數據其實是偽裝的大數據。

7　過度擬合　　　　　　　　　　　　　　　Overfitting

少，但是更好　　　　　　　　　　　　　　　　　221

▶考慮得更複雜，卻預測得更不準　▶資料的偶像崇拜

▶舉目所見盡是過度擬合　▶揪出過度擬合──交叉驗證

▶如何對抗過度擬合──懲罰複雜　▶少就是好──試探法的優點

▶歷史的權重　▶什麼時候應該少想一點？

談到思考，我們往往覺得想得越多越好：列出的優缺點越多，做出的決定越好；列出的相關因素越多，越能精準預測股價。實際上統計模型倘若太過複雜，使用過多參數，會太容易受我們取得的資料影響，可能隨參與者不同而出現大幅差異。這就是統計學家說的過度擬合（又譯為過度配適）。機器學習的一大重要事實是：考慮因素較多、比較複雜的模型，未必比較好。這章演示了過度擬合如何扭曲我們對資料的解讀，點出日常生活中俯拾皆是的過度擬合事例，並且教你如何藉由交叉驗證等方法揪出過度擬合（像是怎麼分辨真正的人才和僅是懂得揣摩上意的員工），並且對抗它。

8　鬆弛　　　　　　　　　　　　　　　　Relaxation

放鬆點，不求完美才有解　　　　　　　　　　247

▶最知名的最佳化問題──業務員出差問題

▶量化難度──用「不可能程度」來解答

▶放鬆問題，提供解題的起點　▶無限多的灰階：連續鬆弛法

▶拉氏鬆弛法──只要你願意付出點代價　▶學習放鬆

過去幾十年來電腦科學家發現，無論使用多快的電腦，或程式設計得多屬害，有一類問題就是不可能能找出完美解方。面對無法解決的挑戰時，你毋須放棄，但也別再埋頭苦幹，而該嘗試第三種作法。電腦科學會界定問題是「可解」還是「難解」，遇到難解問題時會先「放鬆問題」：也就是先去除問題的某些限制，再著手解決它。最重要的放鬆方法比如「限制鬆弛法」、「連續鬆弛法」，以及付出點代價、改變規則的「拉氏鬆弛法」……

隨機性乍看之下似乎和理性相反，代表我們放棄這個問題，採取不得已的手段。但你若是知道隨機性在電腦科學中扮演多吃重的角色，可能會非常驚訝。面對極為困難的問題時，運用機率可能是審慎又有效的解決方法。隨機演算法未必能提出最佳解，但它不用像確定性演算法那麼辛苦，前者只要有計畫地丟幾個硬幣，就能在短短時間內提出相當接近最佳解的答案，它解決特定問題的效果，甚至超越最好的確定性演算法。這章將要告訴你依靠機率的時機、方式，以及仰賴的程度。

人類互通聲息的基礎是「協定」，也就是程序和預期的共通慣例，例如握手、打招呼和禮貌，以及各種社會規範。機器間的聯繫也不例外。在人際關係中，這類協定是微妙但長久存在的焦慮來源。我前幾天傳了個訊息，從何時開始我會懷疑對方根本沒收到呢？你的回答怪怪的，我們之間是不是有什麼誤會？網際網路問世後，電腦不僅是溝通管道，也是負責交談的聯絡端點，因此它們必須解決本身的溝通問題。機器與機器間的這類問題以及解決方案，很快便成了我們借鏡的對象。

賽局理論廣泛影響經濟學和社會科學領域，然而除非賽局參與者找得到奈許均衡，它的預測能力才會造成影響，但是電腦科學家已經證明，純粹尋找奈許均衡是難解問題……

另外傳統賽局理論有個見解：對一群依據自身利益採取理性行動的參與者而言，「均衡」或許不是最好的結果。「演算法賽局理論」依據電腦科學原理，採用了這個見解並加以量化，創造出「自主行為代價」這個度量，結果發現某些賽局中，自主行為的代價其實沒有很高，這意謂著該系統不論細心管理或放任不管都差不多。

對於人類的某些問題，如今已經找到解決的演算方法；即使尚未得到所需結果，但知道自己使用最佳演算法，也會讓人感到放心。此外電腦科學還能協助我們，清楚劃分哪些問題有明確解答、哪些問題則無，從而選擇要面對什麼──包括自己要面對什麼，以及要讓別人面對什麼，其原則便是運算的善意。現今的電腦做的，並非「盡量羅列選項，找出最好的一個」。有效的演算法會做出假設，偏向選擇較簡單的解答、權衡誤差代價和延遲代價，接著冒險一試。這些都不是我們難以理性面對時的讓步，它們本身就是理性的方法。

獻給我們的家人

前言   **Introduction**

為什麼我們能跟電腦學決策？

    想像你正在舊金山找房子。這城市可說是全美最難找到房子的地方，有繁榮的高科技業，加上嚴格的分區使用法規，因此房價跟紐約一樣昂貴，很多人認為甚至不輸給紐約。新物件出現沒多久就下架，房地產公開說明會人山人海，往往得私下先塞訂金支票給屋主才買得到。

    由於市場如此熱絡，很難容許理性消費者先蒐集資料，深思熟慮後才下決定。四處閒逛或透過網路買屋的人，可以比較許多選擇後再下決定，但想在舊金山買房子的人，要不就買下眼前這棟房子，拋下其他選擇，要不就馬上走人，不再回頭。

    為了簡化起見，我們姑且假設你只想盡可能提高買到最好房子的機率。你的目標是把在「錯過好機會」和「說不定還有好機會」之間徘徊的機率降到最低。你立刻發現自己陷入兩難：如果沒有判斷基準，要怎麼知道某棟房子是不是最佳選擇？但如果看過的房子不夠多，又怎麼知道判斷基準在哪？你取得的資訊越多，越能掌握真正的好機會，但在此之前錯過好機會的機率也越高。

    那麼你該怎麼做？倘若蒐集資訊反而可能不利，那麼該如何做出明智決定？這種狀況十分殘酷，簡直可以說是矛盾。

    大多數人面臨這類問題時，直覺上通常認為必須在取捨間取得某種平衡，得看過夠多的房子才能建立標準，再依據標準找出想要的房子。這種權衡概念非常正確，然而大多數人沒辦法明確說出平衡點在哪。所

幸這確實有明確答案:

是37%。

如果你希望達成買到最佳房子的最佳機率,請把總時間的37%拿來看房子(如果打算花一個月找房子,那就是十一天)。把清單留在家裡,單純用來設定標準。但是花了37%的時間後,就要準備出手,只要一發現比已經看過的房子更好的選擇,就買下來。這不只是尋找和放棄之間的平衡點,也是經過驗證的最佳解決方案。

我們之所以知道答案,是因為找房子屬於數學中的「最佳停止問題」(optimal stopping)。37%法則定義出一連串解答這類問題的簡單步驟,電腦科學家稱之為演算法(algorithm)。其實最佳停止問題可以用來解決生活中的許多狀況,找房子只是其中一例。生活中我們經常遇到選擇或放棄一連串選項的情形,比方說:要在停車場繞幾圈才找得到車位?投資高風險事業要多久才會開始回收?賣房賣車時要忍耐多久才能等到更好的價錢?

還有一種更難抉擇的狀況亦屬此類問題,那就是約會。最佳停止是連續單偶制的科學原理。

簡單的演算法不僅能協助你找到好房子,還適用於遭遇最佳停止問題的各種狀況。

我們每天都在跟這類問題纏鬥不休(只不過比起停車,詩人花比較多墨水描述愛情的磨難),有些狀況也真的很折騰。但其實沒必要這麼糾結,有些問題數學已經解決了。

心急如焚的房客、駕駛人和忐忑不安的求婚者,其實都沒必要煩惱;他們不需要治療師,只需要演算法。治療師可以教他們如何避免過於衝動和過度思考;演算法則能明確告訴他們,這個平衡點就是37%。

• • •

由於我們生活的空間和時間都有限，每個人都遭遇到一類問題。在一天或十年中，我們應該做什麼、或應該不做什麼？應該容忍什麼程度的混亂？什麼樣的秩序算是過度？新事物和心頭好各占多少比例，才能使生活最讓人感到滿足？

似乎只有人會面臨這類問題？其實不然。半個多世紀以來，電腦科學家一直在探究這類日常困境，有時還試圖解決，像是：處理器該如何分配它的「注意力」，以最少時間執行使用者要它做的工作，同時盡量少做白工？它什麼時候應該轉而處理不同工作，一開始又應該接受幾項任務？怎麼運用有限的記憶體資源最好？它應該蒐集更多資料，或是依據已有的資料採取行動？人類要把握每一天已經很不容易，電腦卻能輕鬆寫意地把握每一毫秒。電腦的工作方式可以帶給我們許多啟發。

討論演算法對人類生活有何助益似乎有點奇怪。說到「演算法」，許多人想到的是大數據、大政府和大企業神祕難解的算計，這類算計在現代世界基礎建設中的比重越來越大，但稱不上實用智慧或人生指南。不過演算法其實是解決問題的一連串步驟，而且範圍比電腦更廣，歷史也更悠久。早在機器使用演算法之前，人類就開始使用它們了。

「演算法」這個詞，源自撰寫手算數學書的九世紀波斯數學家阿爾花拉子模（al-Khwārizmī）。他寫的書名為《還原和對消的規則》（*al-Jabr wa'l-Muqābala*）[1]，其中的 al-jabr 後來演變成代數（algebra）。然而目前已知最古老的數學演算法，其實早於花拉子模的著作。有一塊巴格達附近出土、歷史長達四千年的蘇美黏土板[2]，上頭就記載了長除法。

不過用得上演算法的領域不只數學。你參考食譜做麵包、依照圖樣

打毛衣，或是以一定方式用鹿角末端敲擊燧石〔3〕，在燧石上形成尖銳
邊緣（這是製作精細石器的重要步驟），都是依循演算法在做事。早從
石器時代開始，人類科技中就蘊含著演算法。

· · ·

　　本書將探討人類演算法的設計概念，也就是：針對每天面臨的挑戰
尋找更好的解決方案。把電腦科學解決問題的方法套用到日常生活上，
會影響許多層面。首先，演算法能提供實用且具體的建議，協助解決特
定問題。最佳停止問題告訴我們，何時該大膽跳過、何時又該留意機會。
開發與利用取捨告訴我們，如何在嘗試新事物和享受原本喜愛的事物間
找到平衡點。排序理論教我們如何（以及是否應該）整理辦公室，快取
理論教我們如何把物品收進櫥櫃，排程理論則教我們如何安排工作。

　　到了下一個階段，電腦科學告訴我們一套字彙來了解這些領域中更

1　《還原和對消的規則》帶來了印度十進位制這個極具破壞力的技巧，人們有時將十進位制誤
　　稱為阿拉伯數字，足見這本書的影響有多大。引進阿拉伯數字和用阿拉伯數字進行演算，
　　在中世紀時引發新奇數學的支持者（阿拉伯數字計算者）和偏好用算盤和羅馬數字計算的
　　傳統會計人員（算盤計算者）兩方對決，雙方鬥得很厲害：佛羅倫斯於 1399 年立法禁止銀
　　行使用阿拉伯數字。諷刺的是，羅馬數字當初被當成以文字書寫數的替代工具時，也是頗
　　具爭議的創新發明，曾有人宣稱它「不適合用來呈現總和，因為滿足此目的的名詞早已發
　　明」。請參閱 Murray, *Chapters in the History of Bookkeeping*。
2　高德納的《古巴比倫演算法》（*Ancient Babylonian Algorithms*）中有詳細的分析。關於演算
　　法發展史的進一步資料與數學演算法的介紹，可參閱 Chabert, Barbin, and Weeks, *A History
　　of Algorithms*。
3　這種技巧稱為「軟錘衝擊」。
4　Sagan, *Broca's Brain.*
5　1950 年代時，心理學家、經濟學家和人工智慧先驅赫伯特・賽門（Herbert Simon）指出理
　　性的古典概念（假設有無窮的運算能力和無盡的時間來解決問題）的限制（Simon, *Models*

深入的原理。卡爾・薩根（Carl Sagan）曾說：「科學不只是知識，更是一種思考方式。」〔4〕即使是混亂得難以進行嚴謹數值分析或有現成答案的狀況，運用直覺和化簡問題後加以思考所得到的概念，也能讓我們了解關鍵問題並獲得進展。

更廣泛地說，以電腦科學的眼光看問題，有助於我們了解人類心智的特質、合理性的意義，並且探究一個最古老的問題：人類如何求生。把認知當成「解決環境造成的基本運算問題的方法」仔細探討，可能徹底改變我們對人類理性的看法。〔5〕

就算電腦科學真能教我們如何思考以及該怎麼做好了，但我們想照著做嗎？看看科幻片裡的人工智慧和機器人，你該不會真的想要像它們那樣過活吧？說到研究電腦內部運作可能教我們如何思考、下決定、應該相信什麼以及怎麼做好，許多人不只會把它想得太簡單，實際上是會想錯方向。

---

of Man），並因此獲頒諾貝爾獎。賽門主張以「有界限的理性」說明人類的行為更加正確，數學和電腦科學也呼應賽門的見解。圖靈的同事，以奇異點（singularity）概念和為史丹利・庫伯力克《2001:太空漫遊》片中 HAL 9000 提供意見而聞名的 I・J・古德（I. J. Good），稱這種想法為第二種理性（Type II Rationality）。古典舊式的第一種理性只考慮如何獲得正確答案，第二種理性則會考慮獲得答案的代價，並認同時間和正確同樣是重要的通貨。請參閱 Good, *Good Thinking*。

二十一世紀的人工智慧專家也主張「有界限的最佳化」，也即權衡時間與誤差後選擇最適合的演算法，是開發實用智慧代理的關鍵。曾參與撰寫人工智慧書籍、暢銷教科書 *Artificial Intelligence: A Modern Approach* 的加州大學柏克萊分校電腦科學家史都華・羅素（Stuart Russell），以及微軟研究中心管理主任艾瑞克・霍爾維茲（Eric Horvitz），都曾經提到這一點。請參閱 Russell and Wefald, *Do the Right Thing* 和 Horvitz and Zilberstein, "Computational Tradeoffs Under Bounded Resources"。本書作者湯姆和同事曾用這種方法開發人類認知模型，請參閱 Griffiths, Lieder, and Goodman, "Rational Use of Cognitive Resources"。

　　部分原因是，說到電腦，我們想到的是冰冷的機械化確定性系統——機器套用死板的演繹邏輯，點滴不漏地羅列所有選擇，琢磨出正確答案，無論必須思考得多久、多辛苦。的確，最早構思出電腦的人就希望電腦是這樣：艾倫‧圖靈（Alan Turing）定義中的運算就像數學家一樣[6]，仔細執行一連串冗長運算，得出萬無一失的正確解答。

　　因此說來你或許會驚訝——現代電腦面臨難題時，其實不是這麼做的。當然，直截了當的計算對現代電腦而言輕而易舉。跟人類交談、修復損壞的檔案或下贏一盤圍棋等，這類沒有明確規則、缺少必要資料，或是必須考慮多如繁星的可能才能找出正確解答的問題，才是電腦科學最大的挑戰。研究人員為了解決極端困難的問題而開發的演算法，已經使電腦不再需要依賴繁重的計算。相反地，執行實際工作必須接受機率，為了省時而不那麼講求精確，還要懂得運用近似法。

　　電腦解決真實世界問題的能力越來越強，不僅提供演算法給人運用到生活上，還定下更好的標準讓我們得以比較人類認知本身。近十幾二十年來行為經濟學主張：人類既不理性又容易犯錯[7]，主因是人類大腦結構缺陷重重且各不相同。這個妄自菲薄的說法日益流行，但仍有些問題有待探討。舉例來說，為什麼即使是四歲小孩，執行視覺、語言和因果推論等認知任務時，依然能超越超級電腦？

　　電腦科學衍生的日常問題解決方案，對人類心智提出完全不同的看法。它們認為生活本就困難重重，人們犯下的錯誤透露的，是問題本身

6　圖靈在論文 *On Computable Numbers* 第九節中，說明他定義圖靈機時所做的選擇。他把這些選擇比做一個人可能進行的運算：二維的紙變成一維的帶子，人的心智狀態變成機器的狀態，人或機器在紙上移動，一面書寫和讀取符號。電腦的工作是運算，而當時唯一的「電

的困難之處，而非人類大腦不可靠。用演算法思考世界，學習我們所面臨的問題的基本結構、以及其解決方案的屬性，能讓我們了解人類其實已經很了不起，同時更加理解我們所犯的錯。

事實上，人類經常面對電腦科學家傷透腦筋的許多難題。我們經常得克服不確定性、時間限制、資訊不足和變動快速的世界，做出決定。對於當中的某些情況，即使是最尖端的電腦科學，也還沒找出高效率又永遠正確的演算法；而某些情況則根本不存在這樣的演算法。

然而即使在尚未找到完美演算法的領域，一代代電腦科學家和真實世界的棘手問題纏鬥多年後，也得出了許多心得。這些得來不易的規則違反我們心目中的合理性，聽起來也不像數學家描述世界的那些條理分明的嚴密規則。這些規則說：不一定要考慮所有選擇，不一定非得追求看來最好的結果，偶爾可以製造混亂。看到紅綠燈就等一下。相信直覺，別思考太久。放鬆，拋個硬幣。寬恕，記住這個教訓就行。誠實對待自己。

依據電腦科學知識過生活說來沒那麼糟，何況它有證據支持——許多忠告可是無憑無據呢。

• • •

設計供電腦使用的演算法，原本就是介於兩個學科之間的專業——它是數學與工程學的奇特混合體，因此設計供人類使用的演算法自然也沒有明確隸屬哪個學科。今天，演算法設計不僅必須藉助電腦科學、數

腦」（computer）是人。

7 請參閱 Gilovich, *How We Know What Isn't So*；Ariely and Jones, *Predictably Irrational*；以及 Marcus, *Kluge*。

學和工程學,還要藉助統計學和作業研究等。我們思考為機器設計的演算法與人類心智的關聯時,也需要參考認知科學、心理學、經濟學和其他學科。

我們作者都很熟悉這個跨學科領域。布萊恩念過電腦科學和哲學,念研究所時主修英文,後來的工作則跨這三個領域。湯姆念的是心理學和統計學,後來成為加州大學柏克萊分校教授,花很多時間研究人類認知和運算間的關係。不過沒有人通曉為人類設計更佳演算法的所有相關領域,因此我們在尋找過好生活的演算法時,訪問了近五十年來最知名演算法的設計者。他們個個頭腦頂尖,我們問他們,他們的研究對自己的人生有何影響,例如尋找配偶到整理襪子等等。

從下一章開始,我們將探討電腦和人類面臨的最大挑戰:如何運用有限的空間、有限的時間、有限的注意力、未知的事物、不完整的資訊,以及無法預知的未來,並且如何輕鬆而自信地做到;以及如何在此同時與其他目標相同的人溝通。我們將會了解這些難題的基本數學結構,以及工程師如何教電腦發揮最大效用(他們的方式往往出乎意料)。我們還將了解人腦如何運作,了解它如何處理相同問題和克服相同限制,這些方法與電腦的方法不同卻關聯極深。最後,我們不僅將深入了解各類日常問題、以全新方式觀察人們遭遇的各種困境背後的美麗結構、認識人類和電腦的解決方式融合程度極高,還將獲得更深刻的東西——我們會有描述周遭世界的新語彙,並且有機會重新認識自己。

1 | 最佳停止點　Optimal Stopping

什麼時候該見好就收？

儘管基督徒發喜帖時，都會在開頭莊嚴地宣稱他們的婚姻是神的特殊安排[1]，但身為哲學家，我想更仔細談談這一點……
——約翰・克卜勒

如果你屬意馬丁先生，如果你最想和他在一起，那還有什麼好猶豫的呢？
——珍・奧斯汀，《愛瑪》

有個現象十分常見[2]：很多高中情侶上大學時分隔兩地，第一次回家過完四天感恩節假期後，往往會分手。大學學業顧問稱這種狀況為「火雞分手」。

布萊恩讀大一時曾為此憂心忡忡，去找學業顧問。他高中時的女朋友去了相隔好幾個州的另一所大學，這段遠距戀情談得很辛苦。此外他

---

1 摘自克卜勒 1613 年 10 月 23 日寫給「不知名貴族」的信。請參閱 Baumgardt, *Johannes Kepler*。

2 另外還有很多地方提到火雞分手，例如 http://www.npr.org/templates/story/story.php?storyId=120913056 和 http://jezebel.com/5862181/technology-cant-stop-the-turkey-drop。

們還得面對一個更奇怪、更形而上的問題：他們原先好到什麼程度？這是他們第一次談戀愛，沒有經驗可以當判定標準。布萊恩的顧問知道他們正處於典型的「大一困境」，而且居然對她建議的「蒐集資料」充耳不聞。

講得嚴重一點，連續單偶制（指一人有數個配偶，但每次僅一個）的服膺者必須面對一個基礎問題：你要跟多少人交往過，才會知道誰最適合你？如果蒐集這些資料需要付出很大的代價呢？這似乎是每個人心裡最大的困境。

這個經常困擾大一新生的難題，正是數學家說的「最佳停止」問題，而且這個問題有答案：是37％。

當然，這得看你願意為愛情投注多少心思。

祕書問題

在所有最佳停止問題中〔3〕，真正讓人困擾的不是該選擇哪個，而

3　如果想進一步了解最佳停止問題的數學原理，Ferguson, *Optimal Stopping and Applications* 是很棒的參考資料。

4　關於祕書問題的特性和起源等詳細說明，請參閱 Ferguson, "Who Solved the Secretary Problem?"。

5　嘉納提到的是名為「古戈爾遊戲」的室內遊戲。這個遊戲顯然是1958年由漢威聯合公司的約翰‧福克斯（John Fox）和MIT的傑洛‧馬尼（Gerald Marnie）所設計。1959年5月11日，福克斯寫給嘉納的原始信件這樣說明這個遊戲（我們引用的寫給嘉納的信件，都摘自史丹佛大學第一輯、第五箱、第19號資料夾的馬丁‧嘉納論文）：第一位遊戲參與者在紙上寫出不重複的正數，每張紙寫一個，寫出越多越好。接著把這些紙片洗亂，每次翻開一張。如果第二個遊戲者在某張紙要求停下，而這張紙上是其中最大的數，則第二個遊戲者獲勝，如果不是，則第一個遊戲者獲勝。

福克斯進一步指出，這個遊戲的名稱源自遊戲參與者通常會在一張紙上寫下「1古戈爾」這

是可以考慮的選項有多少。面臨這類問題的不只有情侶和想租房子的人，還有駕駛人、屋主和竊賊等。

37%法則（37% Rule）源自最著名的最佳停止問題[4]——「祕書問題」（secretary problem）。這類問題的架構很類似前面說的找房子困境。假設你要跟幾個應徵者面談，而你想要盡量提高從中找到最佳人選的機率。雖然你不清楚該怎麼給每個應徵者打分數，但可以輕易判斷自己比較偏好哪一個（數學家或許會要你只能用序數，也就是每位應徵者的相對排名，而不能用在某種通用標準下的評分，也就是基數）。你以隨機順序和應徵者面談，每次一位。你可以在任何時候決定錄取哪個人，而且那個人一定會接受職位，結束徵人過程。不過如果你決定不錄取某人，之後就沒有機會用他。

很多人認為祕書問題首次見諸文字[5]，是在1960年2月號《科學美國人》上。當時馬丁·嘉納（Martin Gardner）在他鍾愛的休閒數學專欄寫了幾個謎題，祕書問題是其中之一，只是沒有明確提到是徵祕書。

個數（可能是為了騙過對手，讓對手以為這是最大的數，但其實還有其他紙上寫著「2古戈爾」）。他接著指出，第二名遊戲者的最佳策略是等到一半紙片翻開之後，選擇第一個比前半紙片上最大數更大的數，這樣大約有34.7%的機會獲勝。

嘉納寫信給加拿大亞伯達大學數學家李歐·莫瑟。莫瑟於1956年撰寫一篇期刊論文，探討一個相當類似的問題（Moser, "On a Problem of Cayley"）。這個問題是頗有影響力的英國數學家亞瑟·凱雷（Arthur Cayley）於1875年提出（Cayley, "Mathematical Questions"；Cayley, *Collected Mathematical Papers*），以下是他的原始問題：

某種彩券的給獎方式如下：有n張彩券，分別代表a、b、c英鎊的獎金。一個人抽出一張彩券，看過之後如果不滿意，可以（由剩餘的n-1張彩券中）再抽一張，看過之後如果不滿意，可以（由剩餘的n-2張彩券中）再抽一張，如此繼續下去，總共抽取不超過k次，結果可獲得抽到的最後一張彩券上的金額。假設他依據機率理論採取最有利的方式抽獎，則他的期望值是多少？

莫瑟多加了一項資料：彩券上可能是0到1之間的任何值。

不過這個問題的起源神祕得出乎意料。[6]起初我們一無所獲,只能猜測,後來意外展開物理學偵察工作。我們到史丹佛大學的嘉納論文檔案庫,搬出一箱箱二十世紀中期他收到的信件。讀信有點像偷聽別人講電話,你只聽得見一方的聲音,另一方講什麼只能猜測。我們只看到五十多年前嘉納尋找這問題的起源時得到的回覆。我們看過的信越多,這件事越顯得撲朔迷離。

哈佛數學家弗瑞德瑞克·莫斯特勒(Frederick Mosteller)記得1955年曾經聽同事安德魯·葛利森(Andrew Gleason)談過這個問題[7],葛利森則是從別人那裡聽來的。李歐·莫瑟(Leo Moser)從加拿大亞伯達大學寫信來,說他在波音公司R·E·加斯克爾(R. E. Gaskell)的「某本

在凱雷的問題和莫瑟稍做修改的版本中(有時合稱為凱雷—莫瑟問題),報酬是選定的彩券上的值,挑戰則是擬定平均報酬最高的策略。凱雷和莫瑟探討的問題與祕書問題(以及古戈爾遊戲)的不同之處,在於它把重點放在提高選到的數的平均值,而非提高找出單一最大數的機率(當我們最多只能這麼做時)。莫瑟1956年的論文之所以那麼出名,不只在於它對這個問題提出簡潔的解答,還在於它是史上第一次提到最佳停止問題的真實結果。莫瑟探討了兩個可能狀況:

(1)遊客問題:一個開車旅行的遊客,想在公路指南上標出的n家汽車旅館中的某一家過夜。他想找出其中最舒適的一家,但當然不想走回頭路。他應該依據什麼準則挑定一家過夜?

(2)單身漢困境:一個單身漢認識了一個有意和他結婚的女孩,而且他可估計這女孩的「價值」。如果他拒絕這個女孩,就不能回頭跟她在一起,但他日後有可能認識其他女孩,而且他估計會有n次機會。他在何種情況下應該決定結婚?

認識一連串求婚者,也出現在嘉納1960年談論古戈爾遊戲的專欄文章中(但主角的性別反過來了)。

莫瑟提出了正確解答(即37%法則)給嘉納,但他在1959年8月26日的信中表示這個問題的起源或許更早:「我在(西雅圖波音飛機公司的)R·E·加斯克爾於1959年1月分發的筆記裡,也看過這個問題,他說這問題出自G·馬沙格利亞博士(G. Marsaglia)。」

嘉納仁慈的解讀是福克斯和馬尼宣稱他們創作的是古戈爾遊戲,而不是這個遊戲所依據的

筆記」上看到這個問題，加斯克爾自己則說是一個同事告訴他的。美國羅格斯大學的羅傑‧平克漢（Roger Pinkham）寫道[8]，他是在1955年從杜克大學數學家J‧薛恩菲爾德（J. Shoenfield）那裡第一次聽說這個問題：「我記得他說是一個密西根州的人告訴他的。」

　　這個「密西根州的人」幾乎可以確定是梅瑞爾‧弗勒德（Merrill Flood）。弗勒德在數學界以外沒什麼名氣，但是對電腦科學的影響十分深遠。[9]他曾經介紹旅行推銷員問題（第八章會詳細探討）、提出囚徒困境（這將在第十一章討論），連「軟體」這個詞都可能是他提出的。弗勒德於1958年首先發現37％法則，他表示自己從1949年就開始思考這個問題[10]，但也說這問題來自其他幾名數學家。

問題，並在專欄文章中小心翼翼地提出這個看法。但他收到許多來信，指出類似的問題更早就出現，而且顯然已經有許多數學家知道它。

6　連最權威的祕書問題科學論文 Gilbert and Mosteller, "Recognizing the Maximum of a Sequence" 也承認「一直沒找到這問題的原創者」。Ferguson, "Who Solved the Secretary Prob lem?"則為祕書問題提出有趣且數學推演相當詳細的歷史以及數種變化版本。佛格森認為，嘉納說的那個問題其實一直沒有解答。許多人顯然完全以相對排名區別應徵者，提高找出最優秀人選的機率，藉以解決祕書問題，但佛格森指出，古戈爾遊戲提出的其實不是這個問題。首先，古戈爾遊戲的參與者知道寫在每張紙上的數字。第二，這是競爭性遊戲，一個參與者決定數字和可以騙過對方的順序。佛格森對這個更難的問題有自己的解法，但方法非常複雜，請自行參閱論文內容！

7　Gilbert and Mosteller, "Recognizing the Maximum of a Sequence."

8　羅傑‧平克漢於1960年1月29日寫給馬丁‧嘉納的信。

9　參見 Cook, *In Pursuit of the Traveling Salesman*；Poundstone, *Prisoner's Dilemma*；and Flood, "Soft News"。

10　弗勒德在1960年5月5日寫給嘉納的信上如此表示。他另外附了一封1958年5月5日的信，信中提出正確解法，但他也指出安德魯‧葛利森、大衛‧布萊克威爾和赫伯特‧羅賓斯據說數年前已經解開這個問題。

在1988年5月12日寫給佛格森的信中，弗勒德更深入探查了這個問題的起源（這封信保存

　　無論這個問題出自何處，它都是個無可挑剔的絕佳數學謎題：很容易解釋、很難解答，答案簡潔、含意又十分有趣。這個問題口耳相傳，像野火一樣流傳到整個1950年代的數學界，1960年又透過嘉納的專欄抓住大眾的想像力。1980年代，分析這個問題和各種變化的論文非常多，甚至有個子領域專門研究它們。

　　談到祕書，觀察各種文化在形式系統添加自身觀點，還滿有趣的。舉例來說，想到西洋棋的樣子，我們會認為它應該源自中世紀的歐洲，但其實它源於八世紀的印度，在十五世紀才笨拙地「歐洲化」，君主變成國王、大臣變成皇后、大象則變成主教。同樣地，最佳停止問題也有好幾種版本，各版本都反映出當時大眾關心的事物。十九世紀時，這類問題的常見形式是巴洛克彩券和女性選擇男性求婚者；二十世紀初，則是開車度假的遊客找旅館和男性找老婆。到了男性主導且以文書工作為主的二十世紀中期，則是男老闆挑女助理。「祕書問題」這名稱在歷史上首次出現在1964年的一篇論文[11]，後來就沒有再改變了。

為什麼是37%？

　　你找祕書時，失敗狀況可能有兩種，分別是太早決定和找得太久。找得久用意是等待更好的人選，結果卻沒有這樣的人。最佳策略顯然是找出兩者之間的適當平衡，不要挑半天，但也別不太挑。

　　如果你的目標是找到最優秀的應徵者[12]，不希望有任何閃失，那

於密西根大學的弗勒德檔案中）。他女兒當時高中剛畢業，跟一名年紀較長的男性關係密切，弗勒德夫婦很不贊成。1950年1月，他女兒在喬治華盛頓大學的一場研討會上做紀錄，弗勒德在研討會上介紹他的「未婚夫問題」。他曾說：「我當時無意解決這個問題，介紹這個問題只是希望（女兒）多考慮一下，而且感覺上這可能是個輕鬆的數學小問題。」弗勒德

麼在面試過程中,你當然不應該考慮錄取不是目前最佳人選的應徵者。然而最佳人選不是錄取的唯一條件。舉例來說,就定義而言第一個應徵者當然是最佳人選。大體上遇見「目前最佳」應徵者的機率,應該會隨著面試過更多人而降低,舉例來說,第二個應徵者是最佳人選的機率是 1/2,第五個應徵者的機率則是 1/5,第六個是 1/6,依此類推。隨著你面試過更多人,目前的最佳應徵者會越來越令你印象深刻(同樣地,就定義上而言,後來的應徵者一定比先前的好),但也越來越少見。

才面試一個人就判斷他是最佳人選而錄取他,是太草率了。如果有一百個人應徵,只因為第二個應徵者看起來比第一個好就錄取,似乎還是太急了點。那我們該怎麼做比較好?

依據直覺,有好幾種作法可行,比如你可以等目前最佳人選出現第三次時錄取,也可以等到第四次。另一個方法是在長期缺工(也就是長時間找不到適當人選)後,錄取第一個應徵者。

不過巧合的是,這些聽來比較合理的策略其實都不好。最佳解決方案反而是「思而後行」原則:設定一段「思考」階段,也就是研究各種選擇和蒐集資料,在這段期間不論遇到多優秀的人,都不錄取。過了這段時間就要隨時準備好出手,只要看到比思考階段的應徵者更好的人選,就馬上錄取。

想想祕書問題在應徵者極少時會有什麼結果,你就會了解「思而後行」為什麼勝出。只有一個人應徵時,問題不難──錄取他就好了!如

指出,羅賓斯數年後提出一個近似解,最後弗勒德自己找出了正確解。

11 這篇論文是 Chow et al., "Optimal Selection Based on Relative Rank"。

12 在文獻中,我們說的「目前最佳」應徵者指的是「人選」(但我們覺得這有點讓人混淆)。

果有兩人應徵,那麼不論錄取誰,成功率都只有1/2(兩人各有一半機會是最佳人選)。

如果有第三人應徵,狀況就變得有趣得多了。隨意錄取一人的成功機率變成1/3(33%)。只有兩人應徵時,我們錄取其中一人不比隨意選取來得好,但有三人應徵時,我們錄取誰可以好過隨意挑個人嗎?可以的,而且結果取決於我們如何對待第二名人選。面試第一名應徵者時我們沒有任何資訊,所以他自然是最佳人選。面試第三名應徵者時,由於我們已經放棄了前面的人選,所以別無選擇,只能錄取這個人。不過面試第二人時狀況正好介於前述兩者之間,我們知道這個人是否優於第一位,也可以選擇要錄取或不錄取。如果只要第二位比第一位好就錄取,或是比第一位更差就不錄取,會怎麼樣?這其實就是有三人應徵時的最佳策略。有三人應徵時,採用這種方式找到最佳人選的機率,跟兩人應徵時一樣都是1/2,有意思吧。[13]

如果列出有四人應徵時的各種可能狀況,可得知還是應該等到面試第二人才決定;有五人應徵時,則應該等到面試第三人再決定。

應徵人數越多,「考慮/做決定」的界線就越接近總人數的37%[14],這就是37%法則:面試前37%的應徵者時只觀察但不錄取[15],接下

---

13 採用這種策略時,有33%的機率可能錯過最佳人選,而有16%的機率可能根本找不到人。為了詳細說明,三位應徵者共有六種可能排列,分別是1-2-3、1-3-2、2-1-3、2-3-1、3-1-2和3-2-1。面談第一人時先按兵不動,接著只要有人更好就錄取的策略,在六種狀況中有三種會成功(2-1-3、2-3-1、3-1-2)。另外三種狀況為失敗,其中有兩種是太過挑剔(1-2-3、1-3-2),一種是太寬鬆(3-2-1)。

14 37%法則的推導方式是針對n個應徵者進行相同的分析——算出以最初k個應徵者設定標準,最後找出最佳應徵者的機率。這個機率可用k與n之比來表示,稱為p。n逐漸增加時,選出最佳應徵者的機率逐漸趨向數學函數 -p log p。p = 1/e時,此函數達到最大值。e的值

來看到比先前應徵者更好的人就錄用。

採用這個最佳策略時，找到最佳人選的機率是37％。這個問題的解決方案和成功率正好是相同的數字，因此具有特別的數學對稱性。[16]〈表1-1〉說明應徵人數不同時，你要面試幾人再做決定最好，由表格可以看出，成功機率（以及由考慮轉為錄取的時間點）隨應徵人數增加而逐漸趨近37％。

必須注意的是，就算採取最佳策略，失敗率都高達63％，也就是說大多數時候都沒有錄用最佳應徵者。這對於想找到「不二人選」的人是壞消息，不過還是有好的一面。從直覺看來，找到最佳人選的機率，應該會隨應徵人數增加而逐漸降低。舉例來說，如果我們隨意錄取，那麼100人應徵時，成功率為1％，100萬人應徵時，成功率只有0.0001％。不過特別的是，祕書問題的數學結果不會改變。如果你在最佳時刻停止，應徵者有100人時，找到最佳人選的機率是37％。應徵者如果有100萬人，信不信由你，成功率仍然是37％。因此應徵者人數越多，了解最佳演算法就越有價值。沒錯，絕大多數狀況下你沒辦法找到那個最佳人選，但不論應徵者有多少人，最佳停止是最佳策略。

為2.71828……，因此1/e為0.367879441……或略小於37％。而成功機率正好等於p的數學巧合則是因為log e等於1。所以如果p = 1/e，則-p log p就是1/e。有詳細說明的完整推導過程請參閱Ferguson, "Who Solved the Secretary Problem?"。

15 其實跟37％只有一線之隔。精確地說，最佳的考慮時間是1/e，e就是數學中的常數e，等於複利計算中的2.71828……。不過我們不需要小數點以下12位那麼精確，成功率介於35％至40％就非常接近最大值了。

16 數學家吉伯特和莫斯特勒認為這種對稱性「很有趣」，並在Gilbert and Mosteller, "Recognizing the Maximum of a Sequence"中花更長篇幅來討論。

表1-1：在徵人嗎？這個表格告訴你，面試多少人就下決定最好。

應徵人數	至少要面試這麼多人，才決定錄用誰	聘到最佳人選的機率
3	1（33.33%）	50%
4	1（25%）	45.83%
5	2（40%）	43.33%
6	2（33.33%）	42.78%
7	2（28.57%）	41.43%
8	3（37.5%）	40.98%
9	3（33.33%）	40.59%
10	3（30%）	39.87%
20	7（35%）	38.42%
30	11（36.67%）	37.86%
40	15（37.5%）	37.57%
50	18（36%）	37.43%
100	37（37%）	37.10%
1000	369（36.9%）	36.81%

把握最佳伴侶

無論哪個年齡層，男女感情似乎都沒什麼不同〔17〕，因此以代數語言說來，男女感情一向被視為已知量。

——英國人口學家和政治經濟學家湯瑪斯·馬爾薩斯

---

17 Malthus, *An Essay on the Principle of Population.*

18 許多來源提到這句話，例如Thomas, *Front Row at the White House*。

19 崔克在部落格貼文談到認識妻子是「以最理想的方式追尋愛情」。2011年2月，http://mat.tepper.cmu.edu/blog/?p=1392。

我嫁給第一個接吻的對象。[18] 我跟小孩講這件事時，他們快吐出來了。

———美國前第一夫人芭芭拉・布希

　　美國卡內基美隆大學作業研究教授麥可・崔克（Michael Trick）還是研究生時，正在追尋愛情。[19]「有一天我突然想到，這就是祕書問題嘛！我有個職缺，有幾個人應徵，我得選出最適合這職缺的人。」他開始分析數據。他不知道自己一輩子可能會交往幾名女性，不過不要緊，37％法則既可以套用在應徵人數，也可以套用在尋找期間。[20]假設他從十八歲尋尋覓覓到四十歲，那麼依據37％法則，選定終身伴侶的時間是26.1歲。[21]當時崔克恰好二十六歲，所以他遇見當時為止所遇過最好的女孩時，便採取行動了。他寫道：「我不知道她是否十全十美（用這個模型也判斷不出來），但她確實符合演算法這個步驟的所有條件，所以我就求婚了。」

　　「只不過她拒絕了。」

　　至少從十七世紀開始，數學家就很不擅長處理愛情問題。說到天文學家克卜勒（Johannes Kepler）最著名的事蹟，現代人或許認為是發現行星軌道為橢圓形，以及他是「哥白尼革命」的重要人物，這次革命中他和伽利略與牛頓等人，徹底顛覆了我們心目中人類在太空中的地位。不過克卜勒也有近在眼前的煩惱。1611年克卜勒的第一任妻子去世後，

---

20 應徵者在時間中的分布必須均等，37％法則才能直接套用在尋找期間，否則必須更精確地找出分布的37％。參見Bruss, "A Unified Approach to a Class of Best Choice Problems"。

21 至少等到26歲之後才求婚（18歲到40歲期間的37％）的分析首次出現在Lindley, "Dynamic Programming and Decision Theory"。崔克可能也是從這篇論文接觸到這個說法。

他花了很長的時間想再婚，前後追求了十一名女性。[22]在前四名當中，克卜勒最喜歡第四位（因為她體型高挑、身材又美），不過沒有停止尋覓。他寫道：「我原本打算就此定下來，但愛和理智為我帶來了第五名女性。這名女子以愛、謙遜的忠誠、節儉持家、勤勞以及對前妻所生子女的愛，贏得我的心。」

「然而，我仍繼續尋覓。」

克卜勒的親朋好友繼續為他介紹對象，他也繼續尋找，但其實找得並不認真。他的心思一直在第五名女子身上。跟十一名女性交往後，他決定不再三心二意了。「準備前往雷根斯堡時，我回頭找第五名女子表明心意，她也接受了我。」克卜勒和蘇珊娜・羅廷格（Susanna Reuttinger）結婚，包含前妻所生的子女，共育有六個孩子。根據傳記描寫，克卜勒後來的家庭生活相當美滿。

克卜勒和崔克都親身經歷了一些祕書問題過度簡化愛情追尋過程的方式，只是兩人的方式恰恰相反。在古典祕書問題中，應徵者一定會接受職位，因此不會有崔克那樣遭人拒絕的情形；此外應徵者一旦初次面試沒錄取就不會再錄用，這則跟克卜勒的策略相反。

從祕書問題初次發表到現在，數十年間許多人研究過各種變化，針

---

22 克卜勒的完整故事見於Koestler, The Watershed、Baumgardt, Johannes Kepler以及 Connor, Kepler's Witch。我們所知克卜勒找尋第二春的過程，大多來自1613年10月23日克卜勒從奧地利林茲寫給「一位不知名貴族」的信。

23 Smith, "A Secretary Problem with Uncertain Employment"證明如果採取行動被拒絕的機率為q，那麼若要提高找到最佳應徵者的機率，策略就是等到應徵者的比率等於$q^{1/(1-q)}$，接下來只要有優於先前應徵者的人選出現就錄取。這個比例一定小於$1/e$，所以錄取次數越多，機率就越高。可惜的是，這些機率仍然比我們未被拒絕時來得低——最後找到最佳人選的機率同樣是$q^{1/(1-q)}$，因此低於37％法則提出的機率。

對不同狀況提出最佳停止策略。舉例來說，如果可能遭拒，在數學上有個直截了當的解決方法：提早並經常採取行動。[23] 假如你有1/2的機會遭拒，提出37％法則的數學分析指出，你應該在面談過1/4的應徵者後就開始錄取。如果被拒絕，以後只要出現最佳人選就錄取，直到有應徵者接受職位。採取這種策略時，整體成功率（錄取最佳人選而此人也接受的機率）同樣是25％。以被拒絕的障礙和先建立標準的困難兩者兼而有之的狀況而言，這個機率不算很差了。

克卜勒怪罪自己「心神不定且懷疑」才導致他一直尋尋覓覓。他在一封信中哀嘆：「除了理解我們不可能實現其他許多欲望，難道沒有其他方式讓我不安的心接受它的命運嗎？」最佳停止理論在這裡同樣可以提供撫慰。心神不定和懷疑其實不是道德墮落或心理退化的徵兆，而是當事人有機會回頭時的最佳策略。如果你可以回頭錄用面試過的人，則最佳演算法是稍微調整「思而後行法則」：按兵不動時間拉長，同時設定退路。

舉例來說，假設立即錄取馬上生效，而回頭要約遭拒的機率是1/2，那麼根據計算結果，你應該等到見過61％的應徵者後[24]，才在後來的39％應徵者中出現目前最佳人選時錄用他。如果你考慮過各種

---

24 如果允許回頭錄取，則最佳策略取決於立即錄取被接受的機率q，以及回頭錄取被接受的機率p。起初應該跳過的人選比例可由相當複雜的方程式 $(q^2/q-p^{(1-q)})^{1/(1-q)}$ 算出。這個計算拒絕和回頭的整合方程式出自 Petruccelli, "Best-Choice Problems Involving Uncertainty"，但回頭錄取已經跳過的人選則出自較早的 Yang, "Recognizing the Maximum of a Random Sequence"。

選擇特定的q和p值時，可以簡化這個方程式。如果 p = 0，也就是回頭錄取一定遭拒時，就回到有拒絕情況的祕書問題。如果選擇 q = 1，也就是立即錄取一定會被接受時，開始錄取的比例將等於 e^{p-1}，這個值一定大於 1/e（也可以寫成 e^{-1}）。這代表有機會錄取已經跳過

可能狀況後依然單身（就像克卜勒），就回頭去找先前最好的人選。在這類允許回頭的狀況下，你找到最佳人選的機率同樣是61％。

對於克卜勒，實際狀況與古典祕書問題的差異，帶來了幸福的結局。事實上，在崔克這邊，這個古典問題的意外轉折造成的結果，也很不錯。崔克求婚遭拒後完成了學業，後來到德國工作。他在德國時某日「走進一家酒吧，跟一個美女墜入愛河，三星期後開始同居，接著請她一起到美國住一陣子」。她答應了，六年後，他們結婚了。

孰優孰劣一目了然——完全資訊賽局

古典祕書問題假設立即要約（給予職位或求婚）一定會被接受，而回頭的要約則完全失效，但我們剛剛討論的第一類變化，也就是拒絕與回頭，則改變了這個基本假設。對於這類變化，最佳策略其實依然相同：先按兵不動一段時間，接著隨時準備採取行動。

不過，我們還需要更深入提到祕書問題的基本假設。比方說，我們對應徵者一無所知，只知道他們彼此相較下誰較為優秀。我們沒有客觀或已有的優劣判別標準，此外比較兩名應徵者時只知道哪一個比較優秀，但不知道優秀多少。由於這個緣故，我們一定要有「思考」階段，在這階段冒著錯過優秀應徵者的風險，來建立適當的期望和標準。數學

的應徵者時，應該會使我們花費更多時間跳過應徵者（這點其實很容易想見）。在內文中，我們假設立即錄取一定會被接受（q = 1），但回頭錄取有一半會被拒絕（p = 0.5）。所以我們應該跳過61％的應徵者，接著一出現目前最佳人選就錄取，必要時等到結束再回頭錄取整體而言的最佳人選。

佩特魯切利（Petruccelli）探討的另一種可能狀況，是應徵者的興趣會逐漸減少，因此拒絕機率逐漸提高。如果應徵者接受錄取的機率是 qp^s，s 是跳過某應徵者後必須經過多少

家把這類最佳停止問題稱為「無資訊賽局」。

　　這類狀況顯然跟大多數找房子、找伴侶或徵人時的狀況不同。假設我們有某些客觀標準，例如應徵者都接受過打字測驗，測驗評分方式與SAT或GRE或LSAT測驗相仿，以百分等級表示。也就是說，從百分等級可以看出某應徵者在所有受測者中的排名，51級的應徵者只略高於平均，75級者則勝過3/4的應徵者，依此類推。

　　假設這群應徵者可以代表全部人口，而且沒有偏差或事先篩選。此外，假設我們決定「打字速度」是甄選應徵者的唯一標準。此時是數學家說的「完全資訊」，狀況將完全不同。1966年一篇研究這個問題的論文指出：「我們不需要靠經驗累積設定標準[25]，有時立刻就能做出有利的選擇。」如果第一個應徵者是95級，我們立刻就知道他非常優秀，而且可以很有把握地馬上錄取。當然，前提是我們認為不會出現96級以上的應徵者。

　　這就是問題所在。同樣地，如果我們的目的是找到最適合這個職位的人，那麼仍然需要衡量後面還有更強應徵者的可能性。然而由於已經有完整資訊，我們可以直接算出相關機率。舉例來說，下一名應徵者等於或高於96級的機率一定是1/20。因此是否停止面試，就看後面還有多少應徵者。完全資訊代表不需要先考慮才採取行動。此時我們可以採

「步」才回頭聯絡，則最佳策略取決於q、p和應徵者人數n。如果q/(1- p)大於n-1，則我們最好按兵不動，觀察所有應徵者後再錄取最佳人選。另一種方法是先觀察比例等於$q^{1/(1-q)}$的應徵者，接著只要有更優秀的應徵者出現就錄取。有趣的是，p = 0時的策略就是如此（成功機率也相同），也就是如果拒絕機率會逐漸提高，則有機會回頭錄取先前的應徵者沒什麼助益。

25 Gilbert and Mosteller, "Recognizing the Maximum of a Sequence."

用臨界值法則（Threshold Rule）[26]，只要某應徵者的等級超過特定值就立刻錄取。我們不需要先觀察一些人選來設定這個臨界值，但得清楚知道還有多少人可選。

這個數學法則指出，如果還有很多人可選，即使目前已出現很優秀的應徵者，你也應該跳過，看看有沒有更佳人選。但如果人選剩下不多，則應該考慮錄取略高於平均水準的人。以下說法人人聽過，而且頗具啟發性：沒有選擇時就要降低標準。反之，可以選擇的人比較多時就提高標準。重要的是，數學法則可以告訴我們，面臨這兩種狀況時，究竟該把標準降低或提高多少。

要了解這類狀況的機率，最簡單的方法是先考慮最終狀況再倒推回來。如果你面談到最後一名應徵者，那麼你顯然非得錄用他不可。但在跟倒數第二位應徵者面談時，問題就變成：「這個應徵者有50級以上嗎？」如果有，那就錄取，如果沒有，就值得賭賭看最後一位，因為下一名是50級以上的機率一定是1/2。同樣地，如果倒數第三位應徵者超過69級、或是倒數第四位應徵者超過78級，就應該錄取，依此類推。剩餘應徵者越多，標準就越高。無論如何，除非完全沒有選擇，否則

---

26 解決完全資訊賽局這類最佳停止問題的通用策略，是從結尾逆向推理，這個原理稱為「逆向歸納法」（backward induction）。舉例來說，假設有個遊戲是你丟出一顆骰子，然後決定要保留這個數字或再擲一次，最多可重擲k次（此範例取自Hill, "Knowing When to Stop"），則最佳策略是什麼？我們可以倒過來思考。如果k＝0，則我們沒有選擇，只能保留這個數字，平均點數是3.5（骰子點數的平均值，(1＋2＋3＋4＋5＋6)÷6）。如果k＝1，則擲出點數必須超過平均值，也就是4點以上時才應該保留。如果擲出1、2、3點，就應該再賭一把。依據這個策略，最後得到4、5、6點的機率有50%（平均點數是5）。因此k＝1時的平均點數是4.25，而k＝2時必須擲出5點以上才應該保留，依此類推。
因此逆向歸納法解答了一個古老的問題。我們常說「二鳥在林不如一鳥在手」，但2.0這個

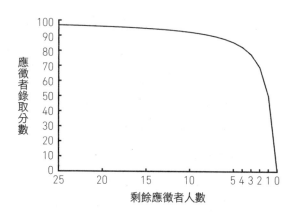

圖1-1：完全資訊祕書問題的最佳停止界線

絕對別錄取低於平均水準的人（只要你還是只想找應徵者中最優秀的一個，就絕對不要錄取不是目前最佳人選的人）。

在這類完全資訊祕書問題中，找到最優秀應徵者的機率是58％──比起百分之百還差得很遠，但已經比無資訊賽局的37％法則中的37％高出不少。如果知道所有資訊，大多數時候都會成功，即使應徵者非常多也一樣。

因此完全資訊賽局的結果往往出乎意料，甚至有點奇怪。釣金龜

___

係數在這裡正確嗎？數學指出林中的正確鳥數其實取決於手中的鳥有幾隻。如果把鳥換成骰子以便研究，擲出1、2、3點的價值完全比不上「林中」的骰子。但擲出4點的價值等於林中的一顆骰子，擲出5點的價值等於林中的2、3，甚至4個骰子。擲出6點的價值甚至超過無限大的骰子林的所有內容，不管它是什麼。

吉伯特和莫斯特勒以同樣方法，推導出在完全資訊祕書問題應該使用的一連串臨界值。在他們的論文中，這些臨界值本身不是以簡單的數學方程式描述，而是論文中的某些近似法。最簡單的近似法算出的臨界值是第n-k名應徵者的$t_k = 1/(1 + 0.804/k + 0.183/k^2)$。如果任一應徵者優於第n-k名應徵者的機率低於$t_k$，則應該錄取這位應徵者。因為k增加時，分母也隨之（以逐漸提高的速率）增加，所以我們應該隨時間消逝而快速降低臨界值。

婿的成功率通常會比追尋愛情高一點。如果依據收入的百分等級之類客觀標準評價伴侶,那麼你能運用的資訊,就比追求曖昧不明的情緒反應(像是「愛」)多得多。追尋愛情需要經驗和比較來建立標準。

　　當然,你要衡量的未必是淨值(好比打字速度)。只要是能夠提供完整資訊,呈現某應徵者總排名的客觀標準,都會使適用的解方從「思而後行法則」變成「臨界值法則」,最後大幅提升找到真正最佳人選的機率。

---

27 Freeman, "The Secretary Problem and Its Extensions" 綜合介紹了許多變化型祕書問題。以下簡單介紹幾個特別有用的結果。

　如果應徵者人數可能從1到n,則最佳規則是觀察前面 n/e^2 位應徵者(這樣大約是n人中的13.5%),接下來一有優於前面所有應徵者的人選出現就錄取,這樣的成功率為 $2/e^2$(Presman and Sonin, "The Best Choice Problem for a Random Number of Objects")。

　如果應徵人數可能無限多,但事求人在每位應徵者後結束的機率為p,則最佳規則是觀察前面 $0.18/p$ 位應徵者,如此的成功機率為23.6%(出處同上)。

　假設你想找到最優秀的祕書,但這麼做的價值隨尋找過程拉長而降低。如果觀察k位應徵者後找到最優秀者的報酬為 d^k,則提高期望報酬的策略可依據應徵人數設定臨界值。應徵人數增加時,此臨界值一定小於 $1/(1-d)$(Rasmussen and Pliska, "Choosing the Maximum")。如果d接近1,則接近最佳策略的方法是先觀察 $-0.4348/\log d$ 位應徵者,接著在優於先前應徵者的人選出現時就錄取。依照這個策略,無論應徵者總數有多少,都只需要觀察幾位應徵者就好。

　真實和理想化的徵人狀況之間有個差別,就是目標或許不是盡量提高找到最優秀者的機率。許多人探討過各種替代方案。Chow et al., "Optimal Selection Based on Relative Rank" 證明,如果目標是盡量提高錄取人選的平均排名,則必須採用另一種策略。此時不是以單一臨界值來評估應徵者的相對排名,而是一連串臨界值。觀察過的人選越多,臨界值越大,代表面試官到後來會把標準越放越寬。舉例來說,有四位應徵者時,對第一位應徵者而言,徵人過程停止的最低相對排名是0(第一位應徵者一定不會停止)、第二位是1(優於第一位才會停止)、第三位是2(最佳或第二佳才會停止)、第四位是4(這時已經停止了!)。採取這個策略時的平均期望排名是1⅞,優於任意錄取一位應徵者時的 $(1+2+3+4)/4 = 2½$。最佳臨界值的方程式必須以逆向歸納法推導,而且相當複雜,請有興趣的讀者自行參閱原始論文。

　　還有許多變化型祕書問題改變了其他假設〔27〕，更接近現實中追尋愛情（或徵人）的挑戰。不過我們能從最佳停止問題學到的，不只是如何約會或聘人，事實上賣房子、找車位以及在獲利時見好就收等問題，基本結構都是在選項逐一出現的先決條件下做出最佳選擇——所以說，這些問題基本上已經有解答了。

我們可以由古典祕書問題，以及平均排名狀況對不同排名分配報酬的方式，來思考兩者間的差別。在古典問題中，選擇最佳人選的報酬是1，選擇其他人則是0。而在平均排名狀況中，報酬等於應徵人數減去錄取人選的排名。有些顯而易見的方法可把這種狀況一般化，而且類似以提高平均排名策略的多臨界值策略適用於隨應徵者排名增加而減少的報酬函數（Mucci, "On a Class of Secretary Problems"）。另一個有趣的一般化方式（對眼光敏銳的戀人意義重大）是選擇最佳人選是1，但選擇其他人是 -1（不做任何選擇則是0）。此時應該觀察 $1/\sqrt{e}$ ≈ 60.7％的應徵者，接著選擇目前為止最佳的人選（如果都不符合這個條件，就寧缺勿濫）（Sakaguchi, "Bilateral Sequential Games"）。因此準備做承諾時，請務必仔細思考報酬函數！但如果我們在乎的不只是找到最佳人選，也在乎在一起的時間呢？Ferguson、Hardwick 和 Tamaki 在 "Maximizing the Duration of Owning a Relatively Best Object" 中探討了這個問題的數種變化型。如果在乎的只是和n個人中的最佳人選在一起的時間，則應該先觀察0.204n + 1.33個人，接著在優於這些人的人選出現時採取行動。但如果在乎的是和目前為止的最佳人選在一起的時間，則最初應該觀察的人數比例為 $1/e^2$ ≈ 13.5％。遇到尋覓伴侶可能在人生中占有相當比重的狀況（例如約會），觀察期間較短格外重要。

其實找到次佳人選比最佳人選更難。最好的策略是先跳過前面一半應徵者，接著選擇目前為止第二優秀的人選（Rose, "A Problem of Optimal Choice and Assignment"），成功機率只有1/4（找到最佳人選的機率反而有1/e），因此不要試圖遷就比較好。最後，還有些變化型指出，我們在徵人，應徵者本身則是在找工作。這個額外的對稱性（對約會這類狀況格外重要）使問題變得更加複雜。美國印第安那大學認知科學家彼得‧陶德（Peter Todd）曾經深入探討這種複雜性（以及簡化的方法），參見Todd and Miller, "From Pride and Prejudice to Persuasion Satisficing in Mate Search" 和Todd, "Coevolved Cognitive Mechanisms in Mate Search"。

什麼時候賣出房子最好？

如果再修改古典祕書問題的兩個面向，我們將從男女交往跳到房地產領域。先前我們說明過租房子是最佳停止問題，但已經有房子的人同樣會碰上最佳停止問題。

舉例來說，你現在要賣房子，跟幾名仲介談過後你將房子放上市場。房子重新粉刷、景觀也做了美化，現在就等買主出價。每次有人出價，你通常就得決定要接受還是回絕，但回絕是有代價的，比如在等到下次有人出價時，你可能得多付一個星期甚至一個月的貸款。

賣房子相當類似完全資訊賽局。[28]我們知道出價的客觀金錢價值，它不僅告訴我們哪些出價比較好，還能告訴我們好多少。此外，我們還知道市場狀況，因此至少能大致預測出價可能落在哪個範圍（因此可以仿照前述的打字測驗，知道每次出價的「百分等級」）。然而不同的是，我們的目標其實不是選出最高的出價，而是在過程中盡可能賺到最多的錢。由於等待必須付出金錢代價，所以現有的出價即使差強人意，可能也比幾個月後略高的出價來得有利。

有了這項資訊，我們就不需要按兵不動來設定臨界值，相反地可以設定一個最低接受值，只要出價低於它就一律拒絕，但一有人出價超過它就接受。不過如果存款有限，一定時間內沒賣掉的話就會缺錢，或是預期出價人數有限，此後應該不會有別人出價，那麼就應該在界線接近

---

28 Sakaguchi, "Dynamic Programming of Some Sequential Sampling Design"、Chow and Robbins, "A Martingale System Theorem and Applications"以及Chow and Robbins, "On Optimal Stopping Rules"都分析過賣房子問題。這裡我們只討論出價次數無限多的狀況，

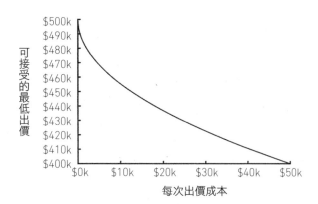

圖1-2：賣屋問題中的最佳停止臨界值

時降低標準（所以買房子的人通常會找「急售」的物件）。要是沒有這兩個考量，那麼就可以專心進行這個「等待賽局」的成本效益分析。

　　先分析最簡單的狀況：我們已經確定可能的出價範圍，以及此範圍內的所有出價金額機率相等。如果不需要擔心出價人數（和存款）告罄，就可以只考慮等待更高出價時的效益或損失。如果回絕目前的出價，那麼別人出價更高的機率乘以可能的價格，差距是否足以彌補等待的成本？最後，這類狀況的數學過程相當簡單清晰，停止價格可以表示成等待出價的成本的顯函數。〔29〕

　　這個數學結果不在乎你要賣的是價值數百萬美元的豪宅，還是破爛小屋，只在乎你可能得到的最高和最低出價相差多少。插入幾個具體

　　但這些論文的作者還針對可能出價次數已知且有限的狀況（這種方式比較不保守──如果機會有限，臨界值應該比較低）提出最佳策略。在出價次數無限多的狀況中，我們應該依據等待下次出價的期望值來設定臨界值，只要出價一超過臨界值就接受。

數字後就可以了解，這個演算法如何提供我們許多明確的指引。舉例來說，假設預期買方出價會介於四十萬至五十萬美元。首先，如果等待成本不重要，那麼就能永無休止地等下去。如果等待下次出價的成本只要一美元，就可以盡量多賺一點，等某個人出價到49萬9552.79美元，一毛也不退讓。如果等待每次出價的成本是兩千美元，就應該等到比較折衷的48萬美元。如果出價的人不多，等待每次出價的成本要一萬美元，則出價只要超過45萬5279美元就應該接受。最後，如果等待成本高達預期出價高低差的一半以上（以這個範例來說是五萬美元；（50萬－40萬）÷2＝5萬），那麼就完全沒必要等待，最好的選擇是接受第一次出價，趕緊完成交易。乞丐沒有挑剔的權利。

　　這類問題中有個重點必須注意，就是臨界值只與尋找成本有關。因為下次出價更好的機率以及等待的成本永遠不變，所以無論運氣如何，停止價格都沒有理由隨尋找過程而降低。在開始前設定好價格之後，就緊守別退讓。

　　威斯康辛麥迪遜大學的蘿拉・艾伯特・麥克雷（Laura Albert McLay）還記得，她要賣房子時就用上了最佳停止問題的知識。她解釋：「第一次出價很不錯[30]，但買方要我們提早一個月搬出，這樣成本相當高。

---

29 以價格範圍的比例（範圍底限為0，頂端為1）來表示出價價格 p 和等待下次出價的成本 c 時，下次出價價格高於 p 的機率為 1-p。如果較優出價出現，則我們期望賣出的平均金額相對於 p 的比例為 $\frac{1-p}{2}$。把這兩個結果相乘，可得出接受下次出價的期望結果，這個結果應該大於或等於成本 c，才值得繼續等待。方程式 $(1-p)(\frac{1-p}{2}) \geq c$ 可以簡化成 $\frac{1}{2}(1-p)2 \geq c$，再解開 p 即可得出解答 $p \geq 1-\sqrt{2c}$，如〈圖1-2〉所示。

30 Laura Albert McLay, personal interview, September 16, 2014.

31 Stigler, "The Economics of Information" 和 "Information in the Labor Market" 探討了如何把找工作當成最佳停止問題來處理。McCall, "Economics of Information and Job

當時還有別人出價，但我們一直等到理想的出價才賣。」對許多賣方而言，回絕一、兩次不錯的出價往往既心煩又傷神，尤其在接下來的出價沒有比較好的時候。不過麥克雷拿定主意，保持冷靜。她說：「要不是我懂這數學法則，真的很難把持住。」

這個原理可以套用在有一連串出價，但尋求或等待下次出價必須付出成本的各種狀況上，因此適用範圍遠不只有賣房子。舉例來說，經濟學家就曾運用這種演算法探討人如何找工作。[31]這個理論可輕而易舉地解釋，人求事和事求人為何經常同時存在，並不矛盾。

事實上，這些最佳停止問題的變化型，還有另一個更讓人驚奇的性質。前面提過，在克卜勒追尋真愛的過程中，可以「回頭去找」先前錯過的機會相當重要，不過賣房子和找工作時，即使可以考慮先前的機會，而且就算依然有這個機會，你也不應該這麼做。如果這個機會當初沒有超過你的臨界值，現在當然也不會。[32]你為了尋找下次機會而投入的成本已經無法挽回。不要妥協、不要事後諸葛，也不要回顧過去。

什麼時候該停車？

我發現校園中的三大管理問題是：學生的性愛、校友的運動，

Search" 提議運用等同於賣房子問題的解答模型。Lippman and McCall, "The Economics of Job Search" 則討論了這個模型的數個延伸狀況。如同祕書問題激發出許多變化問題，經濟學家也不斷以各種方式改良這個簡單的模型，使它更接近實際，像是允許同一天多次出價、調整賣方的成本，以及加入尋找期間的經濟變化等。Rogerson, Shimer, and Wright, "Search-Theoretic Models of the Labor Market" 深入探討了找工作時的最佳停止問題。

32 有一項找工作問題的研究曾經說：「假設先前拒絕的錄取無法回頭，但這其實不構成限制，因為問題並沒有改變，所以現在無法接受的錄取，日後同樣無法接受。」出處同上。

以及教職員停車。〔33〕
——美國加州大學柏克萊分校校長克拉克‧柯爾

還有個領域同樣有各種最佳停止問題，而且回顧過去一樣很不明智，那就是開車。駕駛人在史上最早的祕書問題文獻中也軋了一角，因為「汽車持續行進」這特性使絕大部分行車決策變成停止問題，包括找餐廳、找洗手間，以及在市區開車最常碰到的找車位。最有資格探討停車的，應該是《洛杉磯時報》譽為「停車搖滾巨星」的加州大學洛杉磯分校都市規劃特聘教授唐納‧蕭普（Donald Shoup）了。我們從北加州開車南下拜訪，而且告訴他我們會早早出發以免遇到出乎意料的交通狀況。他回覆道：「與其為出乎意料的交通狀況預作準備，我想你們應該先為可預料的交通狀況做規劃。〔34〕」蕭普最著名的事蹟或許是寫了《免費停車的高昂成本》（*The High Cost of Free Parking*）這本書，此外他投入許多心力，促使大眾討論與了解我們開車前往目的地的實際狀況。

我們應該同情可憐的駕駛人。依據蕭普的模型，理想的停車位是恰到好處地在車位的「標價」、走路的時間和不便、找車位花費的時間（依目的地和時間等而差別相當大），以及停車所花費的汽油等因素之間，求取平衡。這個公式隨車上乘客人數而變，乘客可以分攤車位的花費，

---

33 摘自Clark Kerr, "Education: View from the Bridge," Time, November 17, 1958。

34 Donald Shoup, personal correspondence, June 2013.

35 如需進一步了解賽局理論的運算風險，請參閱第十一章。

36 關於SFMTA開發的SFpark系統的進一步資訊，以及以蕭普的構想為出發點擬定的動態計費系統，請參閱http://sfpark.org/how-it-works/pricing/。（蕭普本身擔任顧問工作的）

但無法分攤尋找的時間或體力。在此同時，駕駛人還得想到，停車位最多的區域或許也是需求最大的區域。停車具有賽局理論的特質，你想贏路上的其他駕駛人，他們也想贏你。[35]但即使如此，停車的許多挑戰都源自一個數字：占用率。占用率是已經有車的車位和所有車位的比例。占用率很低就很容易找到好車位，如果占用率很高，任誰要找到車位都不容易。

蕭普提出，停車所面臨的許多難題，其實源自城市採行的政策導致占用率居高不下。如果某地的停車成本太低（最可怕的是不需要成本），就有很大的誘因使人把車停在那裡，而不是停遠一點再前往目的地。由於大家都想停在那裡，但多數人在抵達後會發現停車位已滿，只好再浪費時間與化石燃料另覓他處。

蕭普提出的解決方案，包括安裝可隨需求提高停車費率的數位停車計費錶（舊金山市區現在已經實施這項措施）。[36]停車費率依據目標占用率設定，蕭普認為目標占用率應該在85％左右（許多大都市的占用率接近100％）。他指出；占用率從90％提高到95％時[37]，車輛僅增加5％，但找車位的時間變成兩倍。

了解停車也是最佳停止問題後，占用率對停車策略的主要影響就很明顯了。你沿著馬路開車時，每次看見空車位就必須做決定，是要停這裡，還是朝目的地再開一下找找看？

這項計畫於2011年開始實施，是全世界第一項這類計畫。想了解該計畫的新近分析，請參閱Millard-Ball, Weinberger, and Hampshire, "Is the Curb 80% Full or 20% Empty?"。

37 Donald Shoup, personal interview, June 7, 2013。更精確地說，使用率從90％到95％的增加率是5.555……％。

表1-2：找車位的最佳策略

占用率（％）	必須跳過的車位數
0	0
50	1
75	3
80	4
85	5
90	7
95	14
96	17
97	23
98	35
99	69
99.9	693

假設你開在一條無限長的道路上[38]，停車格以等距離排列，你的目標是盡量縮短走到目的地的距離，解決方案就是「思而後行」法則。駕駛人如果要停到最佳位置，必須先跳過空車位，等接近目的地到一定距離後，一看到車位就停下來。從考慮轉為行動的距離，取決於車位可能的占用率。〈表1-2〉舉了一些例子。

---

38 這裡探討的基本停車問題是DeGroot, *Optimal Statistical Decisions*中的一個問題。解答是在距離目的地少於 $-\log 2 / \log(1-p)$ 個停車格時，一看到空位就停進去。p為任一停車格為空格的機率。

39 蕭普的《免費停車的高昂成本》第十七章討論計費方式可為每個街區創造一個空車位的最佳路邊停車策略。蕭普指出，這個策略「取決於貪心和懶惰的矛盾（個人特質）。此外，這本書的第十三章還討論了是否「逡巡」尋找便宜的路邊停車位，還是付費使用私立停車場。

40 Tamaki, "Adaptive Approach to Some Stopping Problems"讓停車格為空格的機率可依

如果這條無限長道路的占用率和大都市一樣高達99%（只有1%的車位空著），那麼你應該在距離目的地將近70個車位（距離超過四百公尺）時，一看到車位就停進去。但如果政府採取蕭普的提議，使占用率降到85%，那麼你只要等到距離目的地半條街左右再開始認真找空位。〔39〕

大多數人開車時不是走在完全筆直且無限長的路上，所以如同其他最佳停止問題一樣，研究人員也針對這個狀況設想出許多變化。〔40〕比方說，他們研究出允許車輛迴轉、越接近目的地空車位越少，以及駕駛人必須和前往同樣目的地的其他駕駛人搶車位等，各種狀況下的最佳停車策略。然而無論有哪些變數，空車位越多一定會讓人比較輕鬆。這是地方政府擬定政策時該注意的一點：停車不是提供資源（車位）和提高使用率（占用率）那麼簡單。停車也是個過程（最佳停止問題），而且會消耗注意力、時間、燃料，同時造成汙染和壅塞。政策正確可以解決整個問題，而且跟直覺相反的是，鬧區有很多空車位可能代表措施發揮了功能。

我們問蕭普，他的研究是否對他自己從洛杉磯通勤到UCLA上班有幫助。全世界最頂尖的停車專家應該有什麼祕密武器吧？

的確有。他說：「我騎自行車。」〔41〕

據位置變化，並探討這些機率是否可能立即估算。Tamaki, "Optimal Stopping in the Parking Problem with U-Turn" 添加了可迴轉這個條件。Tamaki, "An Optimal Parking Problem" 以DeGroot的模型為基礎，探討停車機會不是分散點的延伸狀況。Sakaguchi and Tamaki, "On the Optimal Parking Problem in Which Spaces Appear Randomly" 運用這個連續概念，並假設目的地不明確。MacQueen and Miller, "Optimal Per sis tence Policies" 探討的則是允許繞行街區的連續版本。

41 Donald Shoup專訪，June 7, 2013。

何時應該見好就收？

1997年，《富比世》雜誌選出波里斯・貝瑞佐夫斯基（Boris Berezovsky）為俄羅斯首富[42]，他的財產總值大約三十億美元。但僅僅十年前，他還只靠著在蘇聯科學院擔任數學家的薪水生活。他賺大錢的方法是藉助他的研究建立的業界關係設立一家公司，協助外國汽車廠商和蘇聯汽車製造廠 AvtoVAZ 互相溝通。貝瑞佐夫斯基的公司後來成為 AvtoVAZ 汽車的大型經銷商，藉由分期付款方案，利用盧布惡性通貨膨脹而獲利。他以合作取得的資金買下 AvtoVAZ 部分股權，接著收購 ORT 電視公司，最後買下 Sibneft 石油公司。他成為新的寡頭階級後開始參政[43]，於1996年支持葉爾辛參與總統大選，並且在1999年選擇普丁繼任。

接著他的運氣便開始走下坡。普丁贏得大選後不久，貝瑞佐夫斯基公開反對擴張總統權力的修憲案。他持續公開批評普丁，導致兩人關係逐漸惡化。2000年10月，有人問普丁對貝瑞佐夫斯基的批評有何看法，他答道：「國家手上有棍子，只能用來打一次，但可以打在頭上。[44]

---

42 *Forbes*, "World's Billionaires," July 28, 1997, p. 174.

43 Paul Klebnikov, "The Rise of an Oligarch," *Forbes*, September 9, 2000.

44 摘自法國《費加洛報》2000年10月26日的俄國總統普丁專訪。

45 Berezovsky and Gnedin, *Problems of Best Choice*.

46 解決在獲利時見好就收問題的方法有好幾種。第一種是盡量延長連續贏錢的長度。假設你要拋起一個出現正面的機率為 p 的硬幣，每次拋硬幣必須付出 c 元。硬幣出現正面時，你可獲得1元，但只要出現反面，你就輸掉所有贏到的錢。那麼你何時該停止拋硬幣？諾曼・史塔爾（Norman Starr）於1972年證明，答案是拋出 r 次正面後收手，而 r 是使 $p^{r+1} \leq c$ 的最小數。因此如果是 p = 1/2 的正常硬幣，而每次拋硬幣要付0.1元，則你應該在連續拋出四次正面後停手。關於連續拋出正面的分析請參閱 Starr, "How to Win a War if You

我們還沒有用過這支棍子……哪天真把我們惹毛了，我們會毫不猶豫地動用。」次月，貝瑞佐夫斯基就離開俄羅斯流亡英國，爾後持續批評普丁政權。

貝瑞佐夫斯基如何決定應該離開俄羅斯？有沒有數學方法可以協助我們思考如何「在獲利時見好就收」？貝瑞佐夫斯基或許思考過這個問題，因為他擔任數學家時的研究領域正是最佳停止問題，他撰寫的第一本（也是唯一一本）書籍，則專門討論祕書問題。[45]

「在獲利時見好就收」這類問題有數種不同面貌[46]，但（依照俄羅斯獨裁者的說法）最適用於貝瑞佐夫斯基的一種稱為「搶匪問題」。在這類問題中，一個搶匪有機會犯下一連串搶案，每次搶劫可以獲得若干財物，每次也都有機會逃脫，但如果被抓，就會遭到逮捕並失去所有財物。那麼他應該採用哪種演算法來提高預期所得？

對偷盜電影劇本而言，數學能解決這個問題真是壞消息：有一群盜賊試圖引誘已經退休的老搶匪再幹最後一票，奸巧的小偷只要算數字就好。此外，這個問題的結果也相當簡單易懂：應該犯下幾起搶案，大約等於逃脫機率除以被抓機率。如果你是經驗豐富的搶匪，每次搶劫有

Must"，論文中把它當成在持久戰中取勝的模型。更全面的分析請參閱Ferguson, "Stopping a Sum During a Success Run"。

增加連續拋出正面次數也適用於某些商業場合。假設有一種連續交易，每次交易的成本是 c，賺錢的機率是 p，成功時每次可賺到 d 元，但失敗時會輸掉所有錢，則你應該在贏到 r 元時收手，r 是使 $p^{r/d+1} \leq c/d$ 的最小數字。想大撈一票的藥頭們，趕快記下來。

在內文討論的搶匪問題中，假設每次搶劫平均可獲得 m 元，帶著贓款逍遙法外的機率是 q。但搶匪如果被抓就會失去一切，而被抓的機率是 1-q。解決方法是：當得到的總金額大於或等於 mq/(1 − q) 時就應該收手。搶匪問題在 Haggstrom, "Optimal Sequential Procedures When More Than One Stop Is Required" 中是更複雜的進階問題的一部分。在這個問題中，搶匪還必須決定要搬到哪個城市。

90％的機率逃脫（有10％的機率失去一切），那就應該在搶劫九次後金盆洗手（90÷10＝9）。單靠蠻力且成功率只有五成的業餘搶匪呢？搶第一次不會有損失，但不要再次挑戰運氣。

　　儘管貝瑞佐夫斯基的專長是最佳停止問題，他的結局卻有點悲慘。2013年3月，在他位於英國伯克郡的住宅中，一名保鏢發現他在上鎖的臥室裡上吊身亡。[47] 驗屍報告的官方結論是[48]，他與俄羅斯的多位死對頭打了多起官司，變得一文不名，才會走上絕路。他或許應該早點見好就收，賺個幾千萬美元就好，不要插手政治。唉，不過這不是他的作風。他的數學家朋友雷奧尼德・博古斯拉夫斯基（Leonid Boguslavsky）說了個故事：當時他倆都還是年輕的研究人員，有一天他們到莫斯科附近的湖上滑水，他們要用的船壞了。大衛・霍夫曼（David Hoffman）在著作《寡頭政治》中是這麼說的：

　　　他們的朋友到海灘升起營火時，博古斯拉夫斯基和貝瑞佐夫斯基前往碼頭，試圖修復發動機……三小時後，他們拆解並重新

---

47 可參閱的報導包括 "Boris Berezovsky 'Found with Ligature Around His Neck,'" BBC News, March 28, 2013, http://www.bbc.com/news/uk-21963080。

48 可參閱的報導包括 Reuters, "Berezovsky Death Consistent with Hanging: Police," March 25, 2013, http://www.reuters.com/article/2013/03/25/us-britain-russia-berezovsky-postmortem-idUSBRE92O12320130325。

49 Hoffman, *The Oligarchs*, p. 128.

50 最佳停止法則存在的條件之一，是在最佳時機收手的平均報酬是有限的（參見 Ferguson, *Optimal Stopping and Applications*）。「三倍或輸光」遊戲則違反這個條件——如果正面出現k次後出現一次反面，則最佳狀況是正好在這次反面前停下，贏到 $3^k - 1$ 元。這種狀況的機率是 $1/2^{k+1}$，因此k的平均值是無限大。

如果你正在想，假設人越有錢，對金錢的評價就越低，因此金錢報酬增加到三倍時，它在

組合了發動機，但它還是無法發動。他們錯過了大半派對，但貝瑞佐夫斯基堅持繼續嘗試。博古斯拉夫斯基回憶道：「我們試了又試。」但貝瑞佐夫斯基就是不願意放棄。[49]

令人驚奇的是，最佳停止問題論述中也看得到不放棄的身影，而且是絕不放棄。它的面貌也許不像我們在前述問題裡討論的那樣，不過，有些連續決策問題根本不存在「見好就收」這個選項。[50]有個簡單的例子是「三倍或輸光」遊戲。假設你有一美元用來玩以下遊戲，而且次數不限：押上全部的錢，有50%的機會可以贏回三倍的錢，另外50%的機會則全部輸光。那麼你應該玩幾次？這個問題看似簡單，但沒有適用的最佳停止法則，因為你每玩一次，平均獲利就會增加一點。從1美元開始，你有一半機會獲得3美元，一半機會獲得0美元，所以第一局平均可獲得1.5美元。如果第一局贏了，那麼第二局你有3美元可以下注，結果可能獲得9美元或0美元，所以第二局的平均報酬是4.5美元。從數學運算看來，你應該一直玩下去，不過要是你真的這樣做，最後將

我們心目中的用處或許不會增加到三倍，這麼一來就可解決這一點的話，這裡有個簡單的解決方法：只提供用處可變成三倍的報酬，這個遊戲依然沒有最佳停止法則。舉例來說，如果金錢在你心目中的用途隨金額而呈對數增加，則這個遊戲將變成「立方或全輸」──下次你賭博時每贏一次，贏到的錢將變成原本的三次方。

有趣的是，儘管「三倍或全輸」遊戲沒有最佳停止法則，而且你的全部財產永遠可能輸光，玩這種遊戲時仍然有個不錯的策略，可以讓你選擇該下多少賭注。以小J・L・凱利（J. L. Kelly Jr.）命名，首次出現在 "A New Interpretation of Information Rate" 中的凱利下注法（Kelly betting scheme）是其中之一。在這個方法中，如果一連串下注時可贏b + 1次，且贏錢機率為p，則參與者每次投入全部財產的 $\frac{p(b+1)-1}{b}$ 時報酬率最高。以三倍或全輸遊戲而言，b = 2且p = 0.5，因此我們每次應該投下全部財產的1/4，而不要全部投入，因為這樣將會導致破產。凱利下注法的簡明歷史請參閱 Poundstone, *Fortune's Formula*。

一無所有。有些問題,不去管它要比解決它來得好。

隨時準備停止

我只會在世間走這一遭[51],因此只要是有益於其他生物或表達
善意的事,請讓我現在就做。不要讓我拖延或忽視,因為我不
會再來這裡。

——美國知名傳教士史蒂芬・格瑞列特(Stephen Grellet)

好好消磨下午[52],因為你帶不走它。

——美國作家安妮・迪拉德(Annie Dillard)

我們已經探討過不少生活中會遭遇的最佳停止問題,顯然大多數人
每天都會遭遇這類問題,只是形式不同。由於生活中充滿了最佳停止問
題,因此我們不禁想問:無論出於演化、教育或直覺,我們是否真能採
取最佳策略?

乍看之下答案是否定的。大約有十多份研究得出相同結果:一般人
多半會太早停止,因此錯過更好的機會。為了進一步了解這些發現,我
們訪問了加州大學河邊分校的艾姆農・拉波波特(Amnon Rapoport),他
在實驗室進行最佳停止實驗已長達四十多年。

---

51 這段話的出處不是很確定,但從十九世紀後半起就被當成貴格會教徒諺語,並且至遲
   從 1893 年起就被視為格瑞列特的作品。如需進一步了解,請參閱 W. Gurney Benham,
   Benham's Book of Quotations, Proverbs, and House hold Words, 1907。
52 Dillard, *Pilgrim at Tinker Creek*.
53 Seale and Rapoport, "Sequential Decision Making with Relative Ranks."

1990年代，拉波波特和戴瑞爾‧希勒（Darryl Seale）進行了最接近古典祕書問題的研究。[53]在這項研究中，受試者不斷重複處理祕書問題，每次有40或80位應徵者。找到最佳可能應徵者的整體機率相當不錯，大約為31%，跟最佳的37%相去不遠。大多數人採取的方式符合思而後行法則，但有4/5過早採取行動。[54]

拉波波特表示，他實際遭遇最佳停止問題時一直記得這一點。舉例來說，他找房子時，就經常克制自己別衝動地過早決定。他說：「雖然我的個性很沒耐心[55]，想直接租下第一棟房子，但我盡力控制自己。」

不過「沒耐心」正是古典祕書問題沒有納入考量的因素之一。畢竟在尋覓最佳祕書時，你還沒有祕書幫忙。此外，你還得騰出工作時間跟應徵者面談，沒辦法做事。這類成本或許可以解釋，為何受試者在實驗室中處理祕書問題時會提早停止。希勒和拉波波特指出[56]，如果尋找下一個應徵者的成本，是找到最佳祕書的價值的1%，那麼最佳策略就會符合受試者在實驗中由考慮轉為採取行動的狀況。

問題是在希勒和拉波波特的實驗中，尋找應徵者並不需要付出成本。那麼為何受試者在實驗室中的表現，就像需要付出成本一樣？

因為對受試者而言，時間就是成本。這個成本不是來自實驗設計，而是來自受試者的生活。

最佳停止問題通常不會考慮「尋找」所花費的時間成本，但它或許

---

54 出處同上。大多數人從觀察轉而採取行動的是40名應徵者中的13名，以及80名應徵者中的21名，分別是32%和26%。

55 Amnon Rapoport, personal interview, June 11, 2013.

56 Seale and Rapoport, "Sequential Decision Making with Relative Ranks."

可以解釋為何人們做決定時，經常背離這類模型的指示。最佳停止問題研究者尼爾‧貝爾登（Neil Bearden）說過：「我們人類在尋找一陣子後，往往會感到厭倦。感到厭倦並非不理性[57]，但很難建立完整模型。」

但這不影響最佳停止問題的重要性，反而顯得它更加重要，因為時間流逝會使所有決策變成最佳停止。[58]

最佳停止問題的權威教科書一開頭寫道[59]：「最佳停止理論探討選擇適當時機採取特定行動的問題」，我們很難想出比這更精確的言詞來描述人的境況。當然，我們決定買進和賣出股票的適當時機，但也決定打開一瓶留給特殊場合的紅酒的適當時機、打擾某個人的適當時機，以及接吻的適當時機。

從這個觀點看來，祕書問題最基本但最難以置信的假設（也就是嚴格的序列性和無法回頭的單向過程），其實就是時間本身的特質。因此最佳停止問題的表面假設，其實是活在世上的隱含假設。這個前提使我們不得不依據尚未得知的可能性做出決定，使我們不得不接受即使採取最佳行動，失敗率依然居高不下。選擇一旦錯過就過去了。類似選項或許會再度出現，但不會是同一個。猶豫（也就是沒有行動）和行動一樣無法挽回。單向道路上的駕駛人在乎的是車位，我們在乎的

---

57 Neil Bearden, personal correspondence, June 26, 2013。也可參閱 Bearden, "A New Secretary Problem"。

58 赫伯特‧賽門首次提出這類主張，也因為此項貢獻而獲頒諾貝爾獎。賽門傑出的研究生涯以研究政治開端，撰寫的論文主題為希望不大的管理行為。他深入探究由人組成的組織如何做出決策時，相當不滿意數理經濟學提出的決策模型太過抽象。這類模型符合一般人的想法，認為必須仔細思考各種選項，才可做出理性行動。

賽門研究組織如何做出決策時發現這些假設是錯誤的，必須提出替代說法。他在 "A Behavioral Model of Rational Choice" 中提出：「這項工作是以一種理性行為取代人類的整

則是第四個維度：我們在世上真的只走一遭。

直覺上我們視為理性的決策方式，是毫無遺漏地列出各種選項、小心翼翼地加以權衡，最後選出最好的一個。然而實際上，當時鐘（或計時器）不斷跳動，決策（廣義來說是思考）過程中最重要的面向其實只有一個，就是何時應該拿定主意。

體理性。這種行為符合人類與其他生物在生存環境中擁有的資訊管道和運算能力。」

賽門提出的解決方法運用經驗設定滿足、「夠好」結果的臨界值，再選擇超越臨界值的第一個選項，以更實際的方式說明人類的選擇（他稱之為「滿足」）。這種演算法與此處探討的最佳停止問題的解決方法，具有相同特質。我們可能需要花些時間建立對選項範圍的概念（如同祕書問題），或是了解不同結果的機率，以便決定臨界值。的確，賽門提出的範例之一就是賣房子，解決方法也類似這裡提出的解答。

59 這本教科書是Ferguson, *Optimal Stopping and Applications*。

2 開發與善用　Explore/Exploit

嘗試新歡？還是固守舊愛？

　　你餓得肚子咕咕叫。現在要去你最喜歡的那家義大利餐廳，還是去剛開幕的那家泰國餐館？要找最好的朋友一起去，還是找個想進一步認識的普通朋友？真難抉擇，不如就待在家裡好了。那麼要做你確定會成功的菜，還是上網搜尋新菜色？算了，何不叫個披薩就好？那要訂「老樣子」，還是問問有啥推薦餐點？你還沒吃到東西已經累壞了。原本你想放張唱片、看場電影或看本書放鬆放鬆，但一想到「要選哪個」，似乎又沒那麼輕鬆了。

　　我們每天都得在某方面差距很大的選項中做出選擇：要嘗試新事物，還是堅持自己最喜歡的東西？我們都曉得，生活是在創新和傳統、最新和最棒、冒險和堅持舊愛之間取得平衡。然而這正如找房子時應該按兵不動或採取行動的兩難局面一樣，真正的問題其實是：平衡點到底在哪裡？

　　我們打招呼時常說：「最近有啥新鮮事？」羅伯‧波西格（Robert Pirsig）在1974年的經典著作《禪與摩托車維修的藝術》（*Zen and the Art of Motorcycle Maintenance*）中，曾質疑這個問題。他認為「新鮮」事會不斷更新，如果往這裡頭鑽，只會把未來磨得瑣瑣碎碎的。他覺得改問：「最近有啥好事？」會好得多。然而現實世界沒那麼單純。想到我們現在最愛的事物也曾經是「新」的，可以提醒我們世上或許有更好的選擇等待發現，因此應該多留意新事物。

　　一些老掉牙的格言證實有這樣的矛盾，但沒辦法解決它。「新不如舊〔1〕；新歡是銀，老友是金」和「人生在世永遠需要新朋友」〔2〕講得都很實在，也令人朗朗上口，但它們沒有講清楚「銀」和「金」以哪種比例組成對人生最好。

　　電腦科學家致力於尋找這個平衡點已經超過五十年，他們稱這類問題為「開發與善用權衡」（explore/exploit tradeoff）。

開發與善用

　　「開發」和「善用」這兩個詞的意涵完全相反，但它們對電腦科學家而言，有更明確和中性的意義。簡單說來，開發是蒐集資料，善用則是運用現有資訊取得已知的良好結果。

　　完全不開發當然不是很好，但完全不善用同樣不是好事。在電腦科學的定義中，人生中許多最快樂的時刻，往往是善用而得到的結果。一家人假日聚在一起是善用，愛書人帶著喜歡的書和熱咖啡坐下來細細品味、樂團演奏暢銷歌曲與台下粉絲同樂、或是老夫老妻隨著「他們的歌」

1　Joseph Parry, "New Friends and Old Friends," in *The Best Loved Poems of the American People*, ed. Hazel Felleman (Garden City, NY: Doubleday, 1936), 58.

2　Helen Steiner Rice, "The Garden of Friendship," in *The Poems and Prayers of Helen Steiner Rice*, ed. Virginia J. Ruehlmann (Grand Rapids, MI: Fleming H. Revell), 47.

3　Scott Plagenhoef, personal interview, September 5, 2013.

4　弗瑞德瑞克‧莫斯特勒在1955年4月14日寫給梅瑞爾‧弗勒德的信中，講述了這個名稱的起源。當時莫斯特勒和合作研究者羅伯‧布希（Robert Bush）正在研究學習的數學模型（這是數學心理學的濫觴，本書作者葛瑞菲斯正在進行的研究也與此有關）。莫斯特勒和布希對於以T字形迷宮進行的一連串實驗格外感興趣。這項實驗把動物放進T字形迷宮的底部，必翩翩起舞等，也都是善用。

此外，開發還可能是難以逃離的漩渦。

舉例來說，音樂不斷推陳出新是挺好的，但倘若你是樂評家，那麼新作不斷問世就令你難以招架了。樂評家的工作是盡力發掘新作來聽，熱愛音樂的人或許覺得在音樂評論媒體工作像在天堂一樣，但倘若你必須不斷探索新作品，就難以好好享受你鑑賞的事物，這某方面來說好比身處地獄。曾任《音叉》（*Pitchfork*）網站總編輯的史考特・普拉根霍夫（Scott Plagenhoef）最懂這種經驗。他曾這樣形容樂評家的生活：「你會試圖在工作中找空檔[3]，聽自己想聽的東西。」他曾經極度渴望拋開品質不一的陌生音樂，聽聽自己喜歡的音樂，因此他的iPod裡只放新音樂，好在非常想聽史密斯樂團時沒辦法拋開責任。樂評家犧牲自己，不斷開發，讓大眾得以善用。

電腦科學中最能具體呈現開發與善用之矛盾的，是「多臂土匪問題」。賭場常把吃角子老虎機稱為「獨臂土匪」，「多臂土匪」這個奇怪名稱便是由此而來。[4]假設你進賭場試手氣，裡面擺了許多吃角子老虎機，每部機子的報酬率都不同，而你對此一無所知，除非實際花錢玩，

須自己決定往左或往右。食物（也就是報酬）可能出現在迷宮的任一端，也可能不出現。為了探究人類的這種行為，他們便用了一具機器，這具機器有兩支拉桿可讓受試者拉下，莫斯特勒把這部機器稱為「雙臂土匪」。後來他把這個問題的數學形式告訴同事，經過一般化後成為多臂土匪問題。這封信目前保存於美國密西根大學弗勒德檔案。

Berry and Fristed, *Bandit Problems*完整介紹了多臂土匪問題。本章討論的是，每部吃角子老虎機可能提供報酬，也可能不提供，每部機器的贏錢機率不同，但金額相同。這類吃角子老虎機在文獻中稱為「白努利土匪」，因為描述拋硬幣的機率分布依據十七世紀瑞士數學家白努利命名為「白努利分布」（Bernoulli distribution）。另外也可能有其他的多臂土匪，每具機器提供報酬的方式和分布都不確定。

否則你不會知道哪部最容易贏錢（吃角子老虎迷則稱為「賠錢」）、哪部只會吃錢。

你當然希望贏越多錢越好，而且顯然你必須以某種方式測試每一部機器（這就是開發），最後選定最可能贏錢的那台（這就是善用）。

要理解這個問題的微妙之處，先想像你面前只有兩部吃角子老虎。其中一部你玩過15次，9次贏錢、6次輸錢。另一部你只玩過2次，輸贏各1次。那麼哪一部比較容易贏錢呢？

直接拿贏錢次數除以下注次數，就可以得出這部機器的期望值（expected value）。比較期望值的話，第一部機器顯然較佳（15注9贏，期望值為60％。第二部只有50％）。不過事情沒那麼簡單。我們才下注第二部兩次，說來其實還不知道它的實際報酬率有多高。[5]

實際上，選餐廳或挑唱片就像在人生賭場中決定要在哪台機器下注。然而了解開發與善用權衡，不只有助於更正確決定上哪兒吃飯或聽什麼音樂，還能幫助我們了解應該如何隨時間而改變目標，並且知道合理的行動過程多半未必會選擇最好的目標。這正是網頁設計和臨床試驗等工作的核心（這兩個主題通常不會相提並論）。

一般人大多把決策視為彼此孤立，也就是每次分別尋找期望值最高的結果。不過決策極少是孤立的，期望值也不是唯一的結果。如果你思

---

5 選擇期望值較高的機器的「短視近利」法，在某些狀況下其實是最佳策略。Bradt, Johnson, and Karlin, "On Sequential Designs for Maximizing the Sum of N Observations" 證明，如果一具雙臂土匪提供報酬的機率（其中一具為p1，另一具為p2）滿足 p1 + p2 = 1，則此策略為最佳。他們猜測，如果兩個機率(p1, p2)不是(a, b)就是(b, a)（亦即若p1為a，則p2為b，反之亦然），則這個結論同樣適用。Feldman, "Contributions to the 'Two-Armed Bandit' Problem" 已經證明這點為真。Berry and Fristed, Bandit Problems 提出短視近利法的進一步細節，包括提出一個結果，證明當p1和p2只是兩個可能值時（例如p1和p2其

考的不只是下一個決策，而是未來對相同選項做出的所有決定，那麼開發與善用權衡就非常重要。數學家彼得・惠特（Peter Whittle）就曾經寫道，土匪問題「實質上體現了所有人類活動中的明顯衝突」。[6]

那麼，你應該選擇這兩部機器中的哪一部？這個問題不好回答。答案完全取決於我們尚未討論的另一件事：你打算在賭場裡待多久？

把握時間

羅賓・威廉斯（Robin Williams）在1989年的電影《春風化雨》（*Dead Poets Society*）中曾說：「孩子們，把握今朝，及時行樂。讓你的人生不同凡響。」

這個建議十分重要，但也有點自我矛盾。把握今朝和把握人生是截然不同的事。常言道：「今朝有酒今朝醉[7]，明日如何猶未知。」但我們或許也應該反過來想：「開始學個新語言或樂器，跟陌生人聊聊。人生漫漫，這些或許多年後才會開花結果。」在權衡新事物和舊愛時，最重要的是我們打算在上面花多少時間。

工作和生活中，都經常面對開發與善用權衡的資料科學家及部落客克里斯・斯圖奇歐（Chris Stucchio）說：「我搬到一個城市時，會比離開時更常嘗試新餐廳。現在我大多光顧喜歡的餐廳，因為我知道自己不久

中一者或兩者可能是0.4或0.7，但我們不知道這兩個可能值何者為真），則選擇最高的期望值為最佳策略。

6　Whittle, *Optimization over Time*.

7　「今朝有酒今朝醉，明日如何猶未知」這組諺語，經常在日常生活和流行文化中出現，它似乎是由《聖經》中的兩段話組合而成。其一是《傳道書》8章15節：「人在日光之下，莫強如喫喝快樂」，其二是《以賽亞書》22章13節：「我們喫喝吧！因為明天要死了」。

後就會離開紐約。不過幾年前我到印度的浦納（Pune）時，只能到處找看來不會拉肚子的地方吃飯。等到我快離開那城市，我只到喜歡的地方吃飯，而不是嘗試新餐廳……。當時即使找到更好的餐廳，我還是只能去一、兩次，那幹嘛冒這個險？」[8]

　　嘗試新事物有個發人深省的特質，就是探索和發現新喜好的價值會越來越小，原因是我們體會它的機會越來越少，比方說就算你待在某城市的最後一晚發現一家迷人的咖啡廳，日後也沒機會再度光顧。

　　反過來說，善用的價值則會越來越大。今天你最喜歡的咖啡廳，顯然至少跟你上個月最喜歡的差不多讚（如果你在上個月之後發現了另一家喜歡的店，那更是如此）。所以如果你還有時間用到開發結果，就選擇開發；如果你打算離場，就選擇善用。採取何種策略完全取決於時間。

　　有趣的是，由於策略取決於時間，所以觀察策略也可以推測出時間。以好萊塢為例，1981年十大賣座電影中只有兩部是續集，1991年有三部，2001年是五部。到了2011年，十大賣座電影中有八部是續集。事實上，2011年創下了大電影公司發行的新作中，續集所占比例最高的紀錄。但這個紀錄隔年就打破了，而2012年的紀錄在2013年就打破了。2012年12月，記者尼克・艾倫（Nick Allen）就意興闌珊的預言次年的好萊塢影壇：

8　Chris Stucchio, personal interview, August 15, 2013.

9　Nick Allen, "Hollywood makes 2013 the year of the sequel" http://www.telegraph.co.uk/culture/film/film-news/9770154/Hollywood-makes-2013-the-year-of-the-sequel.html。另參見http://www.shortoftheweek.com/2012/01/05/has-hollywood-lost-its-way/及http://boxofficemojo.com/news/?id=3063。

10「摩根史坦利的班哲明・史威本表示，2007年到2011年間，大型媒體集團旗下的五家電影公司（迪士尼、環球、派拉蒙、二十世紀福斯和華納兄弟），稅前收益減少約40％。」參見

X戰警將六度拯救觀眾[9]，加上《玩命關頭》第六集、《終極警探》第五集、《驚聲尖笑》第五集，以及《鬼入鏡》系列第五集。此外還有《鋼鐵人》第三集、《醉後大丈夫》第三集，以及《布偶歷險記》、《藍色小精靈》、《特種部隊》和《聖誕壞公公》續集等等。

依電影公司看來，續集好歹已經有固定觀眾群，是搖錢樹、是有把握的投資，也是一種善用。大量有把握的投資代表近利主義，就像斯圖奇歐即將離開某城市時的作法一樣。今年續集電影比全新電影更容易賣座，但未來受觀眾喜愛的系列電影要從哪來？續集電影氾濫不只令人惋惜（影評人當然會這麼覺得），也有點辛酸。電影產業進入全然專注於善用的階段，似乎是在宣示它的時代行將終結。

深入觀察好萊塢的經濟情勢更能證實這點。2007年至2011年間，大電影公司的收益減少了40％[10]，票房收入在近十年中有七年減少。[11]《經濟學人》曾說電影產業「大電影公司腹背受敵，既得面對成本高漲[12]，還要因應收益減少，保險之計就是製作更多他們有把握會賣座的電影，通常是續集、前傳、或是角色已是大眾耳熟能詳的電影」。換句話說，他們選了贏錢率最高的吃角子老虎，一直賭到賭場攆他們出去為止。

"Hollywood: Split Screens," Economist, February 23, 2013, http://www.economist.com/news/business/21572218-tale-two-tinseltowns-split-screens。

11 統計數字來源為http://pro.boxoffice.com/statistics/yearly及http://www.the-numbers.com/market/。另參見Max Willens, "Box Office Ticket Sales 2014: Revenues Plunge to Lowest in Three Years," *International Business Times*, January 5, 2015。

12 "Hollywood: Split Screens," *Economist*, February 23, 2013, http://www.economist.com/news/business/21572218-tale-two-tinseltowns-split-screens

贏錢繼續玩、輸錢換一台

找出解答「如何處理多臂土匪問題」的最佳演算法,顯然是一大挑戰。的確,彼得‧惠特曾經表示,二次大戰期間「同盟國分析專家(為了解決這個問題)傷透腦筋、耗盡體力,最後他們建議把這個問題空投到德國,改讓對方去傷透腦筋」。[13]

二次大戰結束後,解決方案才露出曙光。哥倫比亞數學家赫伯特‧羅賓斯(Herbert Robbins)提出,有一種簡單的策略雖然不算完美,但可大致解決這個問題。羅賓斯考慮只有兩部吃角子老虎的狀況,提出「贏錢繼續玩、輸錢換一台」演算法:隨意選擇一部機子下注,只要贏錢就繼續玩,如果某次下注後沒有贏錢,就換另一部。儘管這個簡單的策略跟完整的解決方案還差得很遠,但羅賓斯於1952年證明這方法優於完全仰賴機率。[14]

在羅賓斯之後,有一連串論文進一步探討這個「緊黏贏錢機」的策略。[15]從直覺上看來,如果你想在某部機器下注,而這部機器剛剛賠過錢,那麼你應該會覺得它比較有價值,更願意下注。的確,在許多狀況下,「贏錢繼續玩」確實是最佳開發與善用權衡策略的要素之一。

不過輸錢換一台就不盡然了。每次輸錢就換另一部機器太過輕率。

---

13 惠特對土匪問題困難程度的評論,出自他在Gittins, "Bandit Processes and Dynamic Allocation Indices"中的討論。

14 Robbins, "Some Aspects of the Sequential Design of Experiments"介紹了「贏錢繼續玩、輸錢換一台」演算法。

15 Bradt, Johnson, and Karlin, "On Sequential Designs for Maximizing the Sum of N Observations"證明在某部機器提供報酬的機率不明,但另一部則已經確定時,「緊黏贏錢機」一定有效。Berry, "A Bernoulli Two-Armed Bandit"則證明這個原理對雙臂土匪機一

假設你光顧一家餐廳一百次，每次都覺得很不錯，結果有一次感到失望，那麼以後你就不再上門了嗎？好選擇不應該因為少許瑕疵就受到這麼大的懲罰。

更重要的是，「贏錢繼續玩、輸錢換一台」沒有考慮你要用多少時間來最佳化。如果你上次光顧最喜愛的餐廳時覺得失望，那麼即使你明天就要離開這座城市，這種演算法照樣只會叫你下次換別家。

羅賓斯探討多臂土匪問題的成果，吸引研究人員前仆後繼探索這問題，在其後數年獲得不少進展。蘭德公司（RAND Corporation）數學家李查・貝爾曼（Richard Bellman）針對事先知道共有多少種選擇及機會的狀況[16]，提出精確解答。如同完全資訊祕書問題，貝爾曼的訣竅是從後向前推，先假設最後一次下注，依據前一次決策的所有可能結果，考慮應該選擇哪部吃角子老虎。得出結果後，接著考慮倒數第二次機會、再考慮前一次、再向前推一次，依此類推到一開始。

貝爾曼的方法得到的答案相當正確，但如果選擇很多而且在賭場待很久，那麼可能會計算得頭暈腦脹，甚至根本算不出來。此外，即使能算出所有可能結果，我們當然也不會知道究竟有多少機會（甚至連有多少選項也不知道）。因為這些理由，多臂土匪問題其實還是沒有解決。惠特曾說：「這個問題很快成為經典問題，也成為不妥協的代名詞。」[17]

定正確。把這個結果加以一般化（並把不適用的案例特徵化）的過程，請參閱Berry and Fristed, *Bandit Problems*。

16 這個「有限範圍」版本多臂土匪問題的解決方式，請參閱貝爾曼的巨著《動態程式設計》（*Dynamic Programming*）。這本書是許多與最佳化和機器學習相關主題的起點（有時則是終點），非常重要。除了其他用途，動態程式設計還可有效解決必須運用逆向歸納法的問題。我們在第一章的完全資訊遊戲中也曾經遇到這類問題。

17 參見Gittins, "Bandit Processes and Dynamic Allocation Indices" 前言。

吉廷斯指數

然而在數學中，我們經常可以由特例推出通則。1970年代，聯合利華公司聘請了年輕的數學家約翰・吉廷斯（John Gittins）協助他們改善某些藥品試驗工作，沒想到他們居然因此破解了數十年來無法解答的數學謎題。

吉廷斯目前在牛津大學擔任統計學教授，當時聯合利華向他提出的問題是：假設目前有數種化學物質，該怎麼做才能最快決定用哪種物質對抗某種疾病最有效？吉廷斯試著以他心目中最普遍的形式來思考這個問題：有多個選項可選擇，每個選項的報酬率不同，有一定量的心力（或是金錢或時間）要分配給這些選項。當然，這也是多臂土匪問題。

不論營利性的製藥公司還是專業醫療人員，都經常面臨開發與善用彼此對立的需求。公司想投入研發經費開發新藥，但也想確保可賺進利潤的現有產品有很好的表現。醫師想投予目前最好的藥物，好好治療患者，但也希望鼓勵實驗研究，開發更好的藥物。

這兩種狀況應該要花多少時間，顯然都不是很清楚。就某種意義而言，製藥公司和醫師都有興趣探知不確定的未來。公司希望永續經營，但重大醫學突破則可持續幫助未來的人類。儘管如此，現在還是比較重要：讓眼前的患者痊癒，要比一星期或一年後讓患者痊癒來得有價值，利潤當然也是如此。經濟學家把這種「現在比未來更有價值」的情形稱為「折現」。

吉廷斯採取與以往研究者不同的方法，從這些方面探討多臂土匪問題。他設定的目標是提高報酬，但不是一定期間所獲得的報酬，而是無窮無盡但有折現的未來所獲得的報酬。

　　這類折現在日常生活中不算陌生。如果你到某城市旅遊十天，那麼在決定要去哪家餐廳時，你應該考慮自己僅有十天。但如果你住在這個城市，就沒必要考慮時間了，你甚至會覺得距離現在越遠，報酬價值越低。舉例來說，你對今天晚餐吃什麼，關心程度高於明天晚餐吃什麼，對明日晚餐的關心程度又高於一年後的，確切差異則取決於你的「貼現函數」。吉廷斯假設報酬價值依幾何級數降低，也就是說，你每次光顧餐廳的價值，是上次造訪價值乘以特定比例。假設你認為自己有1％的機率出車禍，那麼明日的晚餐對你的價值會是今日晚餐的99％，因為你有可能享用不到前者。

　　吉廷斯藉助這個以幾何級數折現的假設，研究出他認為「至少已經相當接近」的策略[18]：分開思考多臂土匪的每支手臂，試著列出這支手臂的價值。他想像的場面相當巧妙：賄賂。

　　在著名電視遊戲節目《一擲千金》(Deal or No Deal)中[19]，參加者得從26個公事包中選出一個，公事包裡有獎金1美分到100萬美元不等。遊戲進行時，一個稱為「金主」的神祕人物會固定在某些時候打電話進來，提供金額不等的一筆錢給參加者，要他們別打開自己選的公事包。參加者可以決定要多少錢，才願意放棄公事包中不知道有多少的獎金。

　　遠在《一擲千金》節目開播的好幾年前，吉廷斯就發現多臂土匪問題都一樣。[20]我們不熟悉或一無所知的每部吃角子老虎機，都有保證贏錢率，一旦知道這個機率，我們就沒興趣在這部機器下注了。吉廷斯

---

18 John Gittins, personal interview, August 27, 2013.

19 這個遊戲始於2000年在荷蘭開播的節目《百萬遊艇》(Miljoenenjacht)，後來在世界各地發展出眾多版本。

稱這個數字為「動態分配指數」，但現在它被稱為「吉廷斯指數」，這個數字可以得出一個顯而易見的賭場常勝策略：選擇指數最高的吃角子老虎機。[21]

事實上，這個指數策略遠不只是接近，而是藉由以幾何指數折現的報酬率，完全解決了多臂土匪問題。開發和善用之間的矛盾化成由兩者構成的單一數字，只要提高這個數字就好。[22] 吉廷斯對這項成就相當謙虛。他輕輕笑著說：「這不是費馬最後定理，但這個定理解決了許多涉及開發和善用困境的問題。」

現在，依據某部機器的過往紀錄和我們的折現率，實際計算這部機器的吉廷斯指數仍然相當複雜。然而只要知道某一組假設的吉廷斯指數，就可用來解決所有類似問題。最重要的是，機器有多少部都沒關係，因為每部機器的指數必須分別計算。

〈表2-1〉中，列出了假設下次下注的報酬價值為此次的90%時，最多9次贏錢與輸錢的吉廷斯指數。[23] 表中的值可用來解決各種多臂土匪問題。舉例來說，在這些假設下，你應該選擇過往紀錄是2注1贏，而非過往紀錄為15注9贏的機器（前者的期望值為50%，後者則

---

20 以往的研究者也發現了這種固定期間內的「單臂土匪問題」的解決方法（Bellman, "A Problem in the Sequential Design of Experiments"; Bradt, Johnson, and Karlin, "On Sequential Designs for Maximizing the Sum of N Observations"）。

21 本節內容總結：扒著吉廷斯指數最高的吃角子老虎機。

22 吉廷斯指數隱含的概念首次出現在1972年的一場研討會，在研討會紀錄中為 Gittins and Jones, "A Dynamic Allocation Index for the Sequential Design of Experiments"。但最權威的說明是 Gittins, "Bandit Processes and Dynamic Allocation Indices"。

23 白努利土匪的吉廷斯指數分數表格出自 Gittins, Glazebrook, and Weber, *Multi-Armed Bandit Allocation Indices*，這篇論文是這個主題的綜合指南，它假設完全忽視報酬的機率。

表2-1

各種贏錢與輸錢次數的吉廷斯指數值，假設下次報酬價值為此次的90%。

贏錢次數

	0	1	2	3	4	5	6	7	8	9
0	.7029	.8001	.8452	.8723	.8905	.9039	.9141	.9221	.9287	.9342
1	.5001	.6346	.7072	.7539	.7869	.8115	.8307	.8461	.8588	.8695
2	.3796	.5163	.6010	.6579	.6996	.7318	.7573	.7782	.7956	.8103
3	.3021	.4342	.5184	.5809	.6276	.6642	.6940	.7187	.7396	.7573
4	.2488	.3720	.4561	.5179	.5676	.6071	.6395	.6666	.6899	.7101
5	.2103	.3245	.4058	.4677	.5168	.5581	.5923	.6212	.6461	.6677
6	.1815	.2871	.3647	.4257	.4748	.5156	.5510	.5811	.6071	.6300
7	.1591	.2569	.3308	.3900	.4387	.4795	.5144	.5454	.5723	.5960
8	.1413	.2323	.3025	.3595	.4073	.4479	.4828	.5134	.5409	.5652
9	.1269	.2116	.2784	.3332	.3799	.4200	.4548	.4853	.5125	.5373

(左側縱軸標示：輸錢次數)

為60%）。從表中可以查得，下注次數較少的機器的指數為0.6346，而下注次數較多的機器則只有0.6300。因此問題解決了：這次先繼續試試運氣，下次再換部機器。

　　觀察表中的吉廷斯指數值會發現幾個有趣的現象。首先，你可以看出贏錢繼續玩法則確實有其作用：任選一列從左看到右，指數一定逐漸增加。因此如果選到正確的機器，而且這次下注贏了錢，那麼（依據〈表2-1〉內由左到右的數字變化）繼續在同一部機器下注是最好的選擇。第二，你還可以看出輸錢換一台策略在什麼時候會更糟。一開始贏錢9次，接著輸錢1次的指數是0.8695，還是高於表中其他的值，因此應該至少在這部機器再下注一次，再考慮換不換。

　　不過這個表格最有趣的或許是左上角的內容。0注0贏，也就是一部我們完全不了解的機器期望值為0.500，但吉廷斯指數為0.7029。換

表2-2

各種贏錢與輸錢次數的吉廷斯指數值，假設下次報酬價值為此次的99%。

贏錢次數

		0	1	2	3	4	5	6	7	8	9
輸錢次數	0	.8699	.9102	.9285	.9395	.9470	.9525	.9568	.9603	.9631	.9655
	1	.7005	.7844	.8268	.8533	.8719	.8857	.8964	.9051	.9122	.9655
	2	.5671	.6726	.7308	.7696	.7973	.8184	.8350	.8485	.8598	.8693
	3	.4701	.5806	.6490	.6952	.7295	.7561	.7773	.7949	.8097	.8222
	4	.3969	.5093	.5798	.6311	.6697	.6998	.7249	.7456	.7631	.7781
	5	.3415	.4509	.5225	.5756	.6172	.6504	.6776	.7004	.7203	.7373
	6	.2979	.4029	.4747	.5277	.5710	.6061	.6352	.6599	.6811	.6997
	7	.2632	.3633	.4337	.4876	.5300	.5665	.5970	.6230	.6456	.6653
	8	.2350	.3303	.3986	.4520	.4952	.5308	.5625	.5895	.6130	.6337
	9	.2117	.3020	.3679	.4208	.4640	.5002	.5310	.5589	.5831	.6045

句話說，你完全沒碰過的機子，吸引力還勝過10次下注有7次贏錢的機子！（編按：後者見表格7贏3輸一欄，吉廷斯指數值為0.7181。）順著對角線往右下看，2注1贏的指數是0.6346，4注2贏是0.6010，依此類推。如果勝率50％的情形持續下去，指數最後會逐漸趨近0.5000，經驗逐漸證實這部機子其實跟其他機子沒兩樣，此外令人想進一步開發的「獎賞」會逐漸減少。不過這個趨近過程相當緩慢，開發的獎賞仍相當吸引人。的確，請注意即使第一次下注就輸錢，過往紀錄是1注1輸，吉廷斯指數仍然高於50％。

我們還可以了解開發與善用權衡如何隨我們對未來折現而改變。〈表2－2〉的橫軸和縱軸依然分別是贏錢次數和輸錢次數，只是假設下一次報酬的價值是此次報酬的99％，而非90％。未來的權重和現在相差無幾時，相對於接受確定事物，選擇偶然發現之事物的價值會變得更高。在這個表中，過往紀錄是0注0贏、從來沒有測試過的機器，贏錢機率竟然高達86.99％！

照吉廷斯指數來看，要是有機會善用開發而來的結果，那麼我們有絕佳又精確的理由偏好未知事物。俗語說：「這山望著那山高。」但數學告訴我們為什麼如此——即使我們覺得未知事物沒有改變甚至更糟，但它提供了更好的機會。在球季剛開始時，沒有經驗的菜鳥比實力似乎相當的老將更有價值，正是因為我們對菜鳥一無所知。開發本身是有價值的，因為嘗試新事物可提高發現最佳選擇的機會，因此考慮未來而非只專注於現在將促使我們趨向創新。[24]

吉廷斯指數確實為多臂土匪問題提供了簡單明瞭的解答，但它並未宣告這類問題完全解決，也不代表我們能用它處理生活中所有的開發與善用權衡問題。例如，吉廷斯指數只在某些強烈假設下效果最佳。它以未來報酬的幾何級數折現為依據，認為每次下注的價值比上一次下注來得低，但許多行為經濟學和心理學實驗發現[25]，人並非如此。如果改換選擇需要付出代價[26]，吉廷斯策略就不是最佳策略了（另外那山或

---

24 把這點做到極致時，就會產生稱為最少失敗法則（Least Failures Rule）的簡單策略，也就是每次都選擇失敗次數最少的選項。因此到達一個新城市時，就隨意選一家餐廳，如果這家餐廳不錯，就持續光顧，只要一對它感到不滿意，就隨意再選擇一家餐廳。如此繼續下去，直到對所有餐廳都有一次不滿意時，就回到用餐滿意次數最多的那家餐廳，繼續重複這個過程。這種策略形成了「贏錢繼續玩」原則，如果你夠有耐心，認為明天的報酬跟今天的報酬同樣有價值，則吉廷斯指數產生的結果正是如此（此法則請參閱Kelly, "Multi-Armed Bandits with Discount Factor Near One"。正式說來，如果折現依幾何級數降低，在折現率接近1時，這種方法是最佳策略）。在隨時都有許多新餐廳開張的大城市中，最少失敗法則的意思就是如果你感到不滿意，還有很多餐廳可選，不要再光顧就對了。

25 可參閱的資料很多，例如Kirby, "Bidding on the Future"。

26 這個案例分析請參閱Banks and Sundaram, "Switching Costs and the Gittins Index"。

許看起來比較高，但我們不一定要前去，更不用說還得花力氣爬山）。更重要的或許是，吉廷斯指數很難馬上計算出來。帶著指數表選餐廳或許可以吃到一頓好料，但耗費的時間和精神或許並不划算。（等一下！我可以解決這個問題。這家餐廳在35次中有29次很好，但另一家是16次中有13次很好，所以吉廷斯指數是……欸？大家都跑哪去了？）

　　吉廷斯指數問世以來，這些考量促使電腦科學家和統計學家尋找更簡單、更具彈性的方法，來處理多臂土匪問題。對人類而言（對機器也是），這些策略比查找吉廷斯指數更容易應用在各種狀況，而且效果依然相當不錯，它們也解決了人類考慮冒險一試時最害怕的事。

遺憾與樂觀

遺憾，我有過幾次[27]，但少到不值一提。
——法蘭克・辛納屈

我本身是個樂觀的人[28]，不樂觀似乎沒什麼意義。
——溫斯頓・邱吉爾

　　如果吉廷斯指數對你而言太複雜，或是你面對的狀況沒有幾何級數折現的特質，那麼你還有一個選擇：特別注意**遺憾**。當你選擇要吃什麼、要跟誰聚會，或是要住在哪座城市，遺憾特別重要。眼前有許多不

---

27 法蘭克・辛納屈，《My Way》，摘自My Way（1969年），保羅・安卡（Paul Anka）作詞。
28 Prime Minister Winston Churchill, speech, Lord Mayor's Banquet, London, November 9, 1954. Printed in Churchill, Winston S. Churchill: His Complete Speeches。

錯的選項時，我們很容易因為想到選擇錯誤的後果而猶豫不決。這類遺憾通常源自我們沒做到的事，以及沒有嘗試過的選擇。管理理論學家切斯特‧巴納德（Chester Barnard）有段名言：「放手嘗試的話，就算不成功你至少還有收穫[29]；但沒有嘗試就沒有結果，這樣的損失難以估計。」

　　遺憾有時也是很大的激勵力量。傑夫‧貝佐斯（Jeff Bezos）決定創辦亞馬遜網路書店前，在紐約的 D. E. Shaw & Co. 公司擁有薪水優渥的穩定工作。在西雅圖創辦網路書店是很冒險的事，連他的老闆（就是 D. E. Shaw 本人）都要他仔細考慮。貝佐斯說：

　　　我發現的架構可使決策變得極為容易，我給它取了名字（大概只
　　有書呆子會這樣命名），叫做「遺憾最小化架構」。我想像自己已
　　經八十歲了[30]，我說：「好，現在我要回顧人生，我希望自己
　　遺憾的次數越少越好。」我知道我八十歲時不會遺憾曾經嘗試這
　　些事。我不會遺憾曾經參與我認為非常重要的網際網路。我知
　　道如果失敗了，我不會遺憾，也知道如果沒有嘗試，日後一定
　　會懊悔；當我想到往後自己會因此日日感到懊喪，決定怎麼做
　　就變得非常容易。

　　電腦科學沒辦法讓你的人生沒有遺憾，但或許可以讓你擁有貝佐斯追求的──讓你一生的遺憾減到最少。

---

29 Barnard, The Functions of the Executive.

30 Jeff Bezos, interview with the Academy of Achievement, May 4, 2001, http://www.
achievement.org/autodoc/page/bez0int-3。

　　我們之所以會感到遺憾，是因為比起實際選擇的事物，沒有選的那個在日後看來更好。在多臂土匪問題中，巴納德說的「難以估計的損失」其實可以精確計量，遺憾則指派了一個數字：採取特定策略得到的總報酬，和每次都選擇最佳機器（假設我們從一開始就知道哪部機器最好）理論上可得到的總報酬，兩者的差。我們可以算出不同策略的這個數字，從而找出使這個數字最小的策略。

　　距離他最初探討「贏錢繼續玩、輸錢換一台」三十年之久，1985年羅賓斯再次挑戰多臂土匪問題。他和同樣任職哥倫比亞大學的數學家黎子良（Tze Leung Lai）證明了關於遺憾的數項關鍵性質。[31] 首先，假設你並非全知，你的遺憾總量很可能永遠沒有止境，即使你已經選擇了最佳策略也一樣，因為最佳策略不是每次都毫無瑕疵。第二，如果你捨其他策略而選擇最佳策略，遺憾會增加得比較慢。此外，策略正確時，你會越來越了解問題，也更能做出正確選擇，所以遺憾的增長速率會隨之降低。第三也是最明確的一點：最小可能遺憾（同樣假設你並非全知），是隨下注次數呈對數增加的遺憾。

　　遺憾呈對數增加代表最初10次下注犯錯的次數，和接下來90次下注相同，或是第一年的犯錯次數和其後9年的次數總和相同（換句話說，最初10年的總次數，也和後來90年的總次數相同）。這個數字讓人鬆了一口氣。我們不能寄望有一天完全沒有遺憾，但如果依據減少遺憾的

---

31 Lai and Robbins, "Asymptotically Efficient Adaptive Allocation Rules."

32 上述論文首先提出這類演算法，再由Katehakis and Robbins, "Sequential Choice from Several Populations"、Agrawal, "Sample Mean Based Index Policies"，以及Auer, Cesa-Bianchi, and Fischer, "Finite-Time Analysis of the Multiarmed Bandit Problem"等論文不斷改良。最後這篇論文提出了同類策略中最簡單的一種。這種策略指定第j號機器的分

演算法下注，我們感到遺憾的次數應該會逐年遞減。

從黎教授和羅賓斯開始，近幾十年來，研究人員一直在尋找使遺憾次數最少的演算法[32]，他們發現的演算法中最常見的，是**信賴上界**（Upper Confidence Bound）演算法。

以圖像呈現統計數字時通常會有「誤差槓」（error bar）。誤差槓從任一資料點向上方和下方延伸，指示此度量的不確定性，顯示這個量的實際可能值範圍，這個範圍稱為「信賴區間」。[33]某事物的相關資料增多時，信賴區間會逐漸縮小，代表評估結果越來越精確（舉例來說，一部吃角子老虎機下注兩次有一次賠錢，另一部是下注十次有五次賠錢，此時兩部機器的期望值相同，但前者的信賴區間較大）。信賴上界演算法指出，遇到多臂土匪問題時，選擇信賴區間頂端最高的選項就對了。

因此，信賴上界演算法和吉廷斯指數一樣，對多臂土匪問題中的每部機器指定一個數字。這個數字是這部機器依現有資訊得出的合理最大值。所以信賴上界演算法不考慮目前哪部機器表現最好，只選出日後可能表現最好的機器。舉例來說，如果你沒去過某家餐廳，當然不知道它棒不棒。即使你去過一、兩次，點過幾樣菜，擁有的資訊可能仍不足以確定它或許優於你的舊愛。信賴上界演算法和吉廷斯指數同樣必定大於期望值，但會隨我們對某個選項的經驗增加而越來越小（只有一個普通評價的餐廳說不定還是很棒，但有一百個普通評價的餐廳就不大可能）。

數為 $\frac{s_j}{n_j} + \sqrt{(2\log n)/n_j}$，其中 s_j 為在這部機器下注 n_j 次中贏錢的次數，且 $n = \sum_j n_j$ 為所有機器的下注總次數。這是成功取得報酬的機率（即為 $\frac{s_j}{n_j}$）的上界。選擇分數最高的機器可確保遺憾呈對數增加（但這個分數可以稍加調整，使它在實際運用時效果更好）。

33 信賴區間出自 Neyman, "Outline of a Theory of Statistical Estimation"。

信賴上界演算法提供的建議，類似於吉廷斯指數的結果，但不需要假設幾何級數折現，所以更容易計算。

信賴上界演算法可以告訴我們「不明朗中的樂觀」[34]原則。這類演算法指出，樂觀有時可能完全合理。這類演算法觀察現有的證據，只看某個選項的最佳狀態，凸顯出你意想不到的可能性。結果，這類演算法自然地把開發帶入決策過程，熱情迎向新選項，因為每個新選項都可能非常棒。舉例來說，MIT的萊斯利‧凱爾布林（Leslie Kaelbling）就運用這個原理打造「樂觀機器人」[35]，提高未知領域的價值，讓機器人探討周圍的空間。這對人的生活當然也有影響。

信賴上界演算法的成功，讓我們更有理由相信懷疑是有益的。採用這類演算法的建議，你應該會很高興認識新朋友和嘗試新事物，假設它們會帶來最好的結果，而不考慮反面證據。就長期而言，樂觀是防止遺憾的最佳方法。

網路上的土匪

2007年，谷歌產品經理丹‧希洛克（Dan Siroker）請假加入歐巴馬在芝加哥的總統競選團隊。他主持「新媒體分析」團隊，帶進谷歌一項網路技術，用在競選團隊的鮮紅色「捐款」按鈕上。結果十分令人驚奇：他的工作成果為團隊多帶來五千七百萬美元的捐款。[36]

---

34 Kaelbling, Littman, and Moore, "Reinforcement Learning."

35 Leslie Kaelbling, personal interview, November 22, 2013. 。請參閱Kaelbling, Learning in Embedded Systems。

36 Siroker and Koomen, A/B Testing.

37 Christian, "The A/B Test." 此外可參閱Steve Hanov, personal interview, August 30, 2013,

他究竟怎麼處理這個按鈕？

他做了 A/B 測驗。

A/B 測驗的過程是這樣[37]：一家公司為某個網頁製作好幾個版本的初稿，或許試著使用不同色彩或影像，或為某篇新聞下不同標題，或是在畫面上採用不同的物件配置。接著隨機指派這些網頁給進入網站的使用者，每個人指派的數量通常相同。某個使用者看到的或許是紅色按鈕、另一位可能看到藍色按鈕；有些人看到「捐款」，有些人或許看到「捐獻」。接著觀察相關數字（例如點選率或使用者平均收益等）。一段時間後如果發現在統計上有明確效果，「勝出」的版本通常就會獲得採用，或是成為另一輪實驗的對照組。

在歐巴馬捐款網頁這個例子中[38]，希洛克的 A/B 測驗頗有啟發性。以第一次進入競選網站的使用者來說，「捐款」或「取得禮物」按鈕的效果最佳，即使計入贈送禮物的成本後也是如此。以從來沒有捐過錢的長期訊息訂戶來說，「請捐款」效果最佳，或許因為這樣可引起他們的罪惡感。至於曾經捐款的人，「捐獻」促使他們繼續捐款的效果最佳，理由可能是某人已經「捐款」了，但他仍可以持續「捐獻」。但在所有例子中，讓競選團隊吃驚的是，有一張歐巴馬全家的黑白照片，效果勝過團隊提出的所有照片與影片。這些各不相干的最佳化累積起來的總效應相當驚人。

---

and Noel Welsh, personal interview, August 27, 2013。

38 Dan Siroker, "How We Used Data to Win the Presidential Election" (lecture), Stanford University, May 8, 2009，參見 https://www.youtube.com/watch?v=71bH8z6iqSc。此外可參閱 Siroker, "How Obama Raised $60 Million," https://blog.optimizely.com/2010/11/29/how-obama-raised-60-million-by-running-a-simple-experiment/。

　　如果你近十年來一直在使用網際網路，那麼你也曾經涉入其他人的開發與善用問題。企業想發掘能賺錢的事物，同時要讓這個事物發揮到極致，這就是開發和善用。亞馬遜和谷歌等大科技公司從2000年開始，就對使用者進行實際A/B測試[39]，其後幾年，網際網路成為全世界規模最大的對照實驗。這些公司要開發和善用什麼？簡言之，他們的目標就是你：他們想知道哪些事物能吸引你移動滑鼠，打開皮夾。

　　企業進行A/B測試的對象包括網站導覽[40]、行銷電子郵件的主旨和寄送時機，有時甚至包括實際特色和定價方式。世界上沒有單一的谷歌搜尋演算法和亞馬遜結帳流程，只有不可透露又難以理解的微妙排列（谷歌在2009年曾經為了一個工具列，測試41種深淺不同的藍色）。[41]在某些狀況下，世界上沒有兩個使用者的使用經驗完全相同。

　　擔任過臉書資料部門經理的資料科學家傑夫・哈默貝契爾（Jeff Hammerbacher）曾經向《彭博商業周刊》表示：「我這一代最傑出的頭腦都在研究如何讓大眾點閱網路廣告。」[42]這句話可說是本世紀的〈嚎叫〉（Howl）——詩人艾倫・金斯堡（Allen Ginsberg）曾經在這首長詩中，以「我看著我們這一代最傑出的頭腦毀於癲狂」[43]，來描述「垮掉的一代」。

　　哈默貝契爾認為這種狀況「糟透了」。不過不論我們怎麼看它，網路都促成了點擊實驗科學發展，以往的行銷人員想都沒想過會有這種事。

---

39 谷歌第一次A/B測試是在2000年2月27日執行。可參閱Christian, "The A/B Test"。

40 可參閱Siroker and Koomen, *A/B Testing*。

41 Laura M. Holson, "Putting a Bolder Face on Google," *New York Times*, February 28, 2009.

42 Ashlee Vance, "This Tech Bubble Is Different," *Bloomberg Businessweek*, April 14, 2011. http://www.bloomberg.com/bw/magazine/content/11_17/b4225060960537.htm.

43 Ginsberg, *Howl and Other Poems*.

　　我們都知道2008年歐巴馬競選的結果，不過他的首席分析師希洛克後來又有什麼發展？歐巴馬就職後，希洛克回到加州，和谷歌同事彼特・庫門（Pete Koomen）一起創辦「最佳站」（Optimizely）網站最佳化公司。2012年美國總統大選期間，競選連任的歐巴馬和共和黨候選人米特・羅姆尼（Mitt Romney）兩大陣營都成為這家公司的客戶。

　　A/B測試初次嘗試性運用後不到十年，就已經不算祕密武器了。它已經深入企業和政客的網路經營，成為理所當然的一部分。下次當你打開瀏覽器，你看到的色彩、影像、文字，甚至價格，當然也包括廣告，都是開發與善用演算法依據你的點擊計算出來的結果。在這類多臂土匪問題中，你不是賭徒，而是大獎。

　　A/B測試過程本身也逐漸精進。最標準的A/B設置方式，是先把網路流量平均分配給兩個選項，測試一段時間後再把所有流量分配給勝者——這或許未必是解決問題的最佳演算法，因為如此一來，在測試持續進行時，有一半使用者會被迫使用較差的選項。找出更好的方式或許能得到非常高的報酬。谷歌目前每年收益約五百億美元[44]，當中有90％以上來自付費廣告，至於線上商務的總交易金額則達每年數千億美元。[45]因此不論是經濟上或技術上，在網際網路本身，開發與善用演算法都占有相當大的比重。現在仍有許多演算法正在激烈角逐最佳演

44 谷歌的財務狀況都詳列在季財務報告中。2013年報告中的廣告收益為506億美元，大約占總收益556億美元的91％。參見https://investor.google.com/financial/2013/tables.html。

45 線上交易總金額資料來源為Forrester Research。可參閱"US Online Retail Sales to Reach $370B By 2017; €191B in Europe," Forbes, 3/14/2013, http://www.forbes.com/sites/forrester/2013/03/14/us-online-retail-sales-to-reach-370b-by-2017-e191b-in-europe/。

算法的地位〔46〕，統計學家、工程師和部落客等，也一直在爭議各種商業狀況下權衡開發和善用的最佳方式。

爭論各種開發與善用問題的解決方法彼此間有何差異，這事似乎令人難以理解。事實上，這些區別非常重要，而且不只攸關總統大選和網路經濟的成敗。

它還攸關人命。

用演算法審視臨床試驗

1932年到1972年間，美國阿拉巴馬州麥肯郡數百名非裔梅毒患者，參與了美國公共衛生服務長達四十年的「塔司基吉梅毒研究」（Tuskegee Syphilis Study），在醫療專業人員安排下刻意不接受治療。1966年，公共衛生從業人員彼得・巴克斯頓（Peter Buxtun）提出抗議，1968年再次提出，但直到他向媒體揭露這次事件，並於1972年7月25日刊登在《華盛頓明星報》（*Washington Star*）上〔47〕，次日又成為《紐約時報》頭版消息後，美國政府才中止這項研究。

在大眾強烈譴責以及美國國會舉行聽證會後，美國政府開始著手明訂醫學倫理的原則和標準。在馬里蘭州鄉間貝爾蒙特（Belmont）會議中心舉行的委員會，於1979年提出貝爾蒙特報告。〔48〕這份報告制訂了

---

46 舉例來說，克里斯・斯圖奇歐曾經撰寫一篇諷刺文章《多臂土匪演算法為何優於A/B測試》。後來有另一篇諷刺文章的標題則是《不要使用土匪演算法，它可能並不適用》，作者同樣是他。參見 https://www.chrisstucchio.com/bg/2012/banditalgorithmsvsab.html 和 https://www.chrisstucchio.com/blog/2015/dontusebandits.html。2012年斯圖奇歐撰寫的貼文有部分參考帕拉斯・喬普拉的《多臂土匪演算法為何不「優於」A/B測試》（https://vwo.com/blog/multi-armed-bandit-algorithm/），而這篇文章又有部分參考史提夫・

醫學實驗的道德實施方式，因此像塔司基吉實驗這樣，明顯違反醫療專業人員對患者之責任的惡劣實驗，未來不可能再出現。不過這份報告也表示，還有許多例子很難畫出明確界線。報告中指出：「希波克拉底的格言『不傷害』一直是醫學倫理的基礎原則。（生理學家）克勞德‧伯納（Claude Bernard）將它推展到研究領域，並指出即使其他人可能受益，也不應該傷害任何人。然而即使要避免傷害，也必須學習有害的事物，而在獲得這項資訊的過程中，或許就會有人受到傷害。」

　　因此貝爾蒙特報告承認，「根據自己深信的資訊去行事」與「搜尋更多資訊」這兩者之間確實存在矛盾，但並未提出解決方法。此外報告也明確指出，獲取知識往往價值極高，因此可以暫時忽視一般醫學倫理的某些部分。報告指出，新藥品和療法的臨床試驗即使已經盡可能減少風險，但通常仍然必須承擔傷害某些患者的風險。

　　　行善原則並非永遠明確而毫不含糊。舉例來說，可能對研究對象造成風險、但短期內看不出直接助益的兒童疾病研究，仍是難以取捨的道德問題。有人認為不應准許進行這類研究，有人則指出，這樣的限制將阻礙未來可能為兒童帶來極大助益的研究。同樣地，正如各類難題一樣，行善原則涵括的各種主張可能互

漢諾夫的《每次都能打敗A/B測試的二十行程式碼》（http://stevehanov.ca/blog/index.php?id=132）。

47 Jean Heller, "Syphilis Patients Died Untreated," *Washington Star*, July 25, 1972.

48 *The Belmont Report: Ethical Principles and Guidelines for the Protection of Human Subjects of Research*, April 18, 1979. 參閱網址：http://www.hhs.gov/ohrp/humansubjects/guidance/belmont.html。

相衝突，使選擇變得更加困難。

在貝爾蒙特報告發表至今這數十年間，出現了一個基本問題：臨床試驗的標準進行方式，是否真能降低病患的風險？傳統臨床試驗把患者分成若干組，每一組在研究時間內接受不同治療（除非遇到例外狀況，否則試驗不會提早結束）。這種程序著重在明確釐清「哪種治療方式較好」，而非在試驗中為每位患者提供最好的治療。因此它的運作方式和網站的A/B測試完全相同，一部分人在實驗中獲得的是較差的體驗。然而醫師和科技公司一樣，需要在實驗時蒐集關於哪個選項較佳的資訊。這項資訊不僅能造福未來的患者，同樣也嘉惠現在的病人。

尋找網站最佳配置的實驗影響數百萬美元，但尋找最佳治療方法的臨床試驗則直接關係到生死。現在有越來越多醫師和統計專家認為，目前的試驗方法不對：我們應該把選擇治療方式當成多臂土匪問題，試著在實驗進行期間就為患者提供更好的治療。

1969年，現在任職於哈佛大學的生物統計學家馬文‧紀倫（Marvin Zelen）提議進行「適應式」試驗。[49]他提出的構想是隨機式「贏錢下注」

---

49 參見Zelen, "Play the Winner Rule and the Controlled Clinical Trial"。儘管這個構想十分新穎，但首先提出的並非紀倫，而是耶魯大學病理學院講師威廉‧R‧湯普森（William R. Thompson），他探討某種療法的效果是否優於另一種療法的問題，並於1933年提出自己的解決方法（Thompson, "On the Likelihood That One Unknown Probability Exceeds Another"）。

湯普森提出的解決方法（任意選擇選項進行取樣，而選擇某個選項的機率相當於就現有證據看來，此選項為最佳選項的機率），是近年來機器學習領域中許多探討此問題的研究工作的基礎（我們將在第九章介紹隨機性和取樣在演算法中的用途）。莫斯特勒和羅賓斯開始研究雙臂土匪問題時，似乎都沒有留意到湯普森的研究成果。幾年後，李查‧貝爾曼發現這演算法。這種方式跟「贏錢繼續玩，輸錢換一台」相仿，但使用某種治療方法的機率隨療法成功而提高，且隨其失敗而降低。在紀倫提出的程序中，起初在帽子裡放進兩個球，每個球代表一種治療方式。隨機從帽子取出一個球（然後放回去），讓第一位患者接受這種治療方式。如果選擇的治療方法成功，就多放一個代表這種治療方式的球。因此現在帽子裡有三顆球，兩個代表成功的治療方式。如果這次治療失敗，就多放一個代表另一種治療方式的球，讓它更容易抽中。

　　十六年後，紀倫的演算法首次運用在臨床試驗上，這項研究大膽地以體外循環維生系統（也就是「葉克膜」）治療嬰兒呼吸衰竭。葉克膜是密西根大學的羅伯·巴雷特（Robert Bartlett）在1970年代發明的，這套系統把流向肺的血液攔截下來轉到體外，用機器使血液與氧氣結合後再送回心臟。這個方法頗為大膽，本身就有相當風險（包括可能造成栓塞），不過在沒有其他選擇時不失為一個方法。1975年，加州橘郡一名新生女嬰情況十分危急，連呼吸器都無法供應足夠的氧，最後靠葉克膜挽救了生命。[50]當年這名女嬰現在四十多歲[51]，而且已經結婚生子。但葉克膜技術和程序在問世初期，被認為實驗性質極高，針對成人進行

篇「很少人知道的論文」，並指出「我們承認是以標準方式發現這些論文，也就是查閱另一篇論义（Bellman, "A Problem in the Sequential Design of Experiments"）時，在同一本期刊上發現的」。

50 University of Michigan Department of Surgery, "'Hope' for ECMO Babies," http://surgery.med.umich.edu/giving/stories/ecmo.shtml.

51 University of Michigan Health System, "U-M Health System ECMO team treats its 2,000th patient," March 1, 2011, http://www.uofmhealth.org/news/ECMO%202000th%20patient。

的初期研究更顯示〔52〕，它不比傳統療法來得優異。

1982年至1984年，巴雷特和密西根大學的同事，針對呼吸衰竭的新生兒進行了一項研究。〔53〕他們很清楚自己想解決「阻攔未確證但有機會挽救生命的治療方法的道德問題」，而且「不想單純為了符合傳統隨機分派技術，而不讓另一方患者接受挽救生命的治療」，因此他們轉而採用紀倫的演算法。這個策略後來造成一名嬰兒被分派使用傳統治療方法，最後死亡，另外有連續11名嬰兒被分派使用葉克膜治療，最後全部存活。正式研究結束後，1984年四月至十一月間，另有10名嬰兒符合使用葉克膜治療的標準，其中有8名接受葉克膜治療且全部存活，2名以傳統方式治療，後來全都死亡。

這些數字相當引人注目，但密西根大學的研究結束後不久，葉克膜又陷入爭議。試驗中接受傳統治療的患者太少，明顯偏離標準研究方法，而且程序本身的侵入性相當高，又有潛在風險。這篇論文發表後，哈佛公共衛生學院生物統計學教授吉姆・魏爾（Jim Ware）和醫學院同事仔細檢視試驗數據，認為這些資料「無法判定葉克膜不需進一步研究就可常態性使用」。〔54〕因此魏爾等人設計了第二次臨床試驗，目的依然是獲取知識，並以比較和緩的方式有效地治療患者。

他們隨機指定患者採用葉克膜或傳統治療方法，直到其中一組的死

---

52 Zapol et al., "Extracorporeal Membrane Oxygenation in Severe Acute Respiratory Failure."

53 Bartlett et al., "Extracorporeal Circulation in Neonatal Respiratory Failure."

54 摘自 Ware, "Investigating Therapies of Potentially Great Benefit: ECMO"，其中提及的結論摘自 Ware and Epstein, "Comments on 'Extracorporeal Circulation in Neonatal Respiratory Failure'"。這篇文章的主題是評論 Bartlett et al., "Extracorporeal Circulation

亡人數到達預設的數字，此後再讓參與研究的所有患者接受兩種治療方式中效果較好的一種。

在魏爾研究的第一階段中，10名接受傳統療法的嬰兒中有4名死亡，但接受葉克膜治療的9名嬰兒全部存活。4名嬰兒死亡後，試驗進入第二階段，讓20名患者全部接受葉克膜治療，其中有19名存活。魏爾等人至此不再懷疑，並且斷定「出於道德，很難為進一步隨機研究辯護」。[55]

但在魏爾的研究之前，就已經有人公開提出這個看法，世界頂尖的多臂土匪問題專家唐‧貝瑞（Don Berry）也是其中一人。[56]在魏爾發表於《統計科學》期刊上的論文旁，貝瑞在評語中指出：「魏爾的研究隨機指定患者接受非葉克膜療法是不道德的……就我看來，魏爾根本不應該進行這樣的研究。」[57]

然而就連魏爾的研究，也沒有讓整個醫界得出結論。1990年代，醫學界又進行一項葉克膜研究，範圍涵蓋英國近兩百名嬰兒。[58]這次研究沒有採用適應式演算法，而是採取傳統方法，隨機把嬰兒分成人數相同的兩組。研究人員說明這次實驗的理由，是各方對證據的解讀不同，所以葉克膜的效用「仍有爭議」。這次研究顯示，不同治療方式在英國的差異，比起美國的兩次研究來得小，但結果確實「符合以往的初

---

in Neonatal Respiratory Failure"。

55 Ware, "Investigating Therapies of Potentially Great Benefit: ECMO."

56 貝瑞在他1971年的博士論文中證明緊黏贏錢機是最佳策略，這項結果發表於Berry, "A Bernoulli Two-Armed Bandit"。

57 Berry, "Comment: Ethics and ECMO."

58 UK Collaborative ECMO Group, "The Collaborative UK ECMO Trial."

步發現，葉克膜支持方式可降低死亡風險」。這個結果付出了多少代價呢？傳統治療組的嬰兒死亡人數，比接受葉克膜治療那組多出24名。

　　有的人可能很難理解，為什麼說服醫界接受適應式臨床試驗的結果這麼困難。然而統計學於二十世紀初問世後，對醫學造成相當大的影響。以往每出現一種新的治療方法，醫師都必須說服彼此，後來才有明確的指導原則界定證據是否足以採信。接受標準統計方法有可能至少暫時打破這種平衡。

　　葉克膜爭議之後，貝瑞從明尼蘇達大學統計系，轉職到休士頓德州大學安德森癌症中心，運用研究多臂土匪問題開發的方法，針對各種癌症治療方式設計臨床試驗。[59]儘管他仍然大力反對隨機臨床試驗，但也有人支持。近年來，他支持的概念終於開始成為主流。2010年二月，美國食品藥物管理局（FDA）發行《藥物與生物製劑之適應式設計臨床試驗》指南[60]，儘管FDA一向堅守自己信任的選擇，但這份文件表示，該局終於願意開發其他作法。

變化不定的世界

　　熟悉多臂土匪問題後，往往會發現生活中隨處可見這類問題。我們做的決定極少完全孤立，絕大多數都會提供資訊，讓我們日後做其他決定時參考。因此如同最佳停止問題，我們也想知道一般人解決這類問題的能力如何。心理學家和行為經濟學家已經在實驗室中深入探

---

59 Don Berry, personal interview, August 22, 2013.

60 FDA於2010年2月發布的 "Adaptive Design Clinical Trials for Drugs and Biologics" 查閱網址是http://www.fda.gov/downloads/Drugs/Guidances/ucm201790.pdf。

討過這個問題。

　　大致說來大多數人傾向於過度開發，也就是對新事物的偏好遠大於原本最喜愛的事物。艾摩斯・特維斯基（Amos Tversky）和瓦德・艾德華（Ward Edwards）曾經進行一項關於此現象的簡單示範，並於1966年發表。實驗人員給受試者一個上頭有兩盞燈的箱子[61]，告訴他們每盞燈會點亮一段固定比例的時間（但比例多少不確定），接著給予受試者1000次機會，他們可以觀察哪盞燈點亮，或是不觀察而直接對結果下賭注（這和傳統的土匪問題不大一樣，使用者並非同時下注和觀察，因此要到最後才知道是否贏到錢），這種方式是純粹的開發對善用，直接把獲取資訊和運用資訊分開。大多數狀況下，一般人會理性地先觀察一陣子，再下注在看來最好的結果上，然而實際上受試者觀察的時間，總是大幅超出應有程度。究竟多出多少呢？在某次實驗中，一盞燈點亮的時間是60%，另一盞是40%，差異不算明顯，也不算特別小。結果受試者平均選擇觀察505次，另外495次選擇下注。不過數學指出，觀察38次就應該開始下注，讓自己有962次機會獲利。

　　其他研究得到的結論也差不多。1990年代，華頓商學院研究人員羅伯・梅爾（Robert Meyer）和石勇（Yong Shi，音譯）曾進行一項研究，讓受試者在兩個選項中選擇一個，其中之一獲得報酬的機率為已知，另一個則為未知。具體地說是兩家航空公司[62]，一家是準點率已知的老公司，另一家是還沒有過往紀錄的新公司。目標是在某段時間內盡量提

---

61 這項研究參見Tversky and Edwards, "Information Versus Reward in Binary Choices"。
62 Meyer and Shi, "Sequential Choice Under Ambiguity."

高準點率，由於我們不確定老公司是否一定比較好，因此數學上的最佳策略是一開始只選擇新公司。如果到了某個時間可以確定老公司比較好，也就是說，如果新公司的吉廷斯指數小於老公司的準點率，那麼就應該立刻改選老公司，而且不再回頭（因為在這個條件下，一旦你不再選擇新公司，就無法取得關於新公司的資訊，新公司也沒機會挽回了）。但在實驗中，新公司表現很好時，受試者選擇它的次數太少，表現不佳時，選擇次數又太多。此外受試者也沒有完全放棄新公司，而是有時選新的、有時選舊的，尤其是兩家公司都沒有準時起飛時。這些現象都符合一般人過度開發的傾向。

最後，心理學家馬克・史蒂維斯（Mark Steyvers）、麥可・李（Michael Lee）和埃里克－揚・瓦亨馬克斯（Eric-Jan Wagenmakers）以四臂吃角子老虎機進行實驗[63]，給一群參與者15次機會選擇要在哪部機器下注。接著他們把參與者採取的策略加以分類，結果顯示大約有30%最接近最佳策略，47%最接近「贏錢繼續玩，輸錢換一台」，而有22%似乎是在換一部機器和選擇目前所知最佳機器之間隨機變換。這同樣符合過度開發的特徵，因為「贏錢繼續玩，輸錢換一台」和偶爾隨意選擇一部機器，都會使參與者嘗試最佳選項以外的機器，但他們其實應該完全採取善用策略。

所以，我們很容易太早決定聘誰當祕書，但又常常太晚決定不再嘗

63 Steyvers, Lee, and Wagenmakers, "A Bayesian Analysis of Human Decision-Making on Bandit Problems."

64 不定土匪的概念出自 Whittle, "Restless Bandits"，這篇論文探討在某些狀況下，可採用一種類似吉廷斯指數的策略。Papadimitriou and Tsitsiklis, "The Complexity of Optimal Queuing Network Control" 探討了不定土匪在運算上的挑戰，以及後來關於其有效最佳解

試新航空公司。然而沒有祕書必須付出代價，太早決定只選某家航空公司也一樣。世界是會改變的。

標準多臂土匪問題假設每部機器的贏錢機率固定不變，但這對航空公司、餐廳或我們必須重複選擇的其他狀況而言，不一定成立。如果每部機器的贏錢機率會隨時間而變（這種狀況稱為「不定土匪」）[64]，問題將變得困難許多（事實上，現在還沒有演算法能完全解決這個問題，許多人認為未來也不會有）。這個問題的困難在於，它已經不是開發一段時間後再好好善用：當世界可能改變[65]，不斷開發或許是正確選擇。你先前感到失望而好幾年沒去過的餐廳，說不定現在已經換人經營，或許值得再去一次。

亨利・大衛・梭羅在著名的散文〈散步〉中，曾提到他為何喜歡在家附近遊覽、為何永遠看不膩這一帶，而且總能發現新事物，或對麻省的風景驚奇不已。

「其實我們可以發現，十英里半徑或午間漫步範圍內風景的功能，與人類七十年的壽命之間有某種和諧感。[66]你永遠看不膩這片風景。」

要在變化不定的世界中生活，本身也要有變化不定的特質。只要事物持續改變，你就不能完全停止開發。不過，為了解決標準版多臂土匪問題而開發的演算技術，同樣適用於變化不定的世界。吉廷斯指數和信賴上界演算法的估算結果和基本原則相當正確，報酬隨時間改變幅度不

的悲觀看法。

65 Navarro and Newell, "Information Versus Reward in a Changing World" 提供近年來的結果，贊同人類的過度開發行為源自假設這個世界不停改變。

66 Thoreau, "Walking."

大的話，更是如此。世界上許多報酬現在可說比以往更穩定。莓果園可能在某個星期成熟，下個星期就腐爛。不過安迪·沃荷（Andy Warhol）曾經說過：「可樂就是可樂。」[67]擁有在變化不定的世界中演化而得的直覺，在工業標準化的時代中不一定有幫助。

最重要的或許是，研究擁有最佳解答的各種多臂土匪問題，不只能開發演算法，還能讓我們體會世事。由這類問題的古典形式衍生的概念性詞彙：開發與善用間的矛盾、時間的重要性、0-0 選項的高價值、盡量減少遺憾等等，不僅讓我們以新方式理解自身面臨的某些問題，也能了解人類生活的所有層面。

開發……

實驗室研究雖然能解答疑惑，但我們面臨的許多重要問題跨越時間太長，難以在實驗室中研究。了解周遭世界的架構以及建立長久的社會關係，都是我們畢生的功課，所以了解人生過程中初期開發和晚期善用的普遍模式，應該會很有幫助。

人類有個奇怪的特質，就是我們必須花費多年才能自立，心理學家一直希望了解和解釋這個特質。北美馴鹿和羚羊一出生就要開始逃離掠食者，但人類要一歲多才開始走路。加州大學柏克萊分校發展心理學教授、著有《搖籃中的科學家》（The Scientist in the Crib）的艾莉森·戈普尼克（Alison Gopnik）曾經解釋人類的依賴期為何那麼長：「這樣可讓我們以發展方式解決開發與善用權衡問題。[68]」前面提過，良好的多臂吃角子老虎機玩法通常是一開始先開發，再依據開發結果善加善用。然而戈普尼克指出：「這種方式的缺點是開發階段的報酬通常不理想。」那麼童年時期呢？「童年時期讓我們有機會開發各種可能性，不需要擔心報酬，將報酬問題交由父母、祖父母和保母來處理。」

學齡前兒童的家長如果能這樣看待自己的孩子，或許會稍微寬心：他們正處於時間跨越一生的演算法中的短暫開發階段（本書作者湯姆有兩個活力十足的學齡前女兒，他很希望她們採用遺憾最少的演算法）。不過這也為兒童的理性提供了新看法。戈普尼克指出：「長久以來大人通常認為兒童在各方面認知不足，因為在我們看來，兒童的善用能力非常差。兒童沒辦法穿鞋子、不懂長期計畫，也不擅長專注；他們在這些方面都非常不在行。」不過兒童對新玩具非常感興趣，很擅長隨機按下按鈕，以及很快地從一件事跳到另一件事。如果說兒童的目標是開發，那麼他們該做的確實就是以上這些事情。嬰兒把家裡每樣東西都放進嘴巴嘗嘗看，就跟大人在賭場裡每部吃角子老虎都拉拉看一樣。

更廣泛地說，我們對理性的直覺通常源於善用而非開發。我們討論決策時通常只注意單一決策的立即報酬，如果把每個決定都當成最後一次，那麼採取善用方式確實合理。但是我們一輩子要做許多決定，其中有不少、尤其是人生初期那些決定，強調開發（也就是捨已知最佳事物而選擇新事物、捨安全而選擇刺激、捨考慮而選擇隨機等），才是真正合理的選擇。

孩子那些我們看來任性善變的舉止，或許比我們所想的更睿智。

---

67 Warhol, *The Philosophy of Andy Warhol*.

68 Alison Gopnik, personal interview, August 22, 2013。另參見 Gopnik, *The Scientist in the Crib*。

……以及善用

我的閱讀生活已經走到與許多人相似的重要關頭[69]：在後半輩子，我應該讀更多新書呢？還是停止這種無益的消費（說無益是因為永無止境），開始重讀過去為我帶來最多樂趣的書籍？
——作家莉迪亞‧戴維斯（Lydia Davis）

幼兒的極端對比是老人。從開發與善用困境的觀點來思考老化，也有助於深入了解我們的生活將如何隨時間而改變。

史丹佛大學心理學教授羅拉‧卡爾史丹森（Laura Carstensen）在學術生涯中，一直挑戰著我們對年華老去的成見。[70]具體地說，她研究的正是人類的社會關係如何隨年齡改變，以及背後的原因。基本模式相當明顯：人類的社會網絡（也就是參與的社會關係數目）幾乎一定會逐漸縮小。但卡爾史丹森的研究改變了我們對這個現象應抱持的看法。

傳統上對老人之所以社會網絡縮小的解釋是：老化降低了生活品質，社會網絡縮小只是其中一環。原因是維繫社會關係的能力降低、脆弱程度提高，以及逐漸脫離社會。不過卡爾史丹森認為，事實上老人的社會關係減少，是他們自己選擇的；她說社會關係減少是「一輩子選擇下來的結果。[71]人類會出於策略或基於適應去培養他們的社會網絡，提升他們的社會和情緒獲益，同時減少社會和情緒風險」。

---

69 Lydia Davis, "Someone Reading a Book," *Can't and Won't: Stories.*

70 Carstensen, "Social and Emotional Patterns in Adulthood" 中提出了我們在此討論的「社會情緒選擇理論」，並提出某些證據。

卡爾史丹森和同事發現，社會網絡隨老化而縮小的主要原因，是削減次要關係，轉而專注於少數親近的朋友和親人。這個過程似乎是刻意的選擇。人類接近生命終結時，往往希望更專注於最具意義的關係。

在檢驗這個說法的實驗中，卡爾史丹森和合作伙伴芭芭拉‧弗里德瑞克森（Barbara Fredrickson）請受試者選擇最想和誰共度半小時：親近的家人、剛剛讀過的一本書的作者，或是新近認識、有共同興趣的朋友。年紀較長的人偏好選擇家人，年輕人則喜歡認識作者或交新朋友。但有個重大轉折是，如果請年輕人想像自己正要搬到美國另一端，則他們同樣偏好選擇家人。[72]而在另一項研究中，卡爾史丹森和同事發現，反過來看的結果也一樣：如果請老人想像現在醫學有重大突破，能讓他們多活二十年，則他們的選擇就跟年輕人完全相同。[73]重點是社會偏好上的差異跟年齡關係不大，而跟人們認為自己處於決策期間的哪個位置有關。

隨時知道自己還剩下多少時間，正是電腦科學對解決開發與善用困境的建議。我們出於刻板印象，認為年輕人善變、老人不喜歡改變，事實上老人和年輕人都是依據自己的時間，做出完全適宜的行為。刻意把社會網絡限縮到只留下最具意義的關係，是享受來日不多的餘生的合理反應。

理解老年是善用的時間，有助於對典型老化現象提供新觀點。舉例來說，進入大學通常是令人興奮的快樂時光，因為那裡是新的社會環

---

71 出處同上。

72 Fredrickson and Carstensen, "Choosing Social Partners."

73 Fung, Carstensen, and Lutz, "Influence of Time on Social Preferences."

境，有許多你不認識的人。但進入安養院雖然同樣是新的社會環境，也有許多不認識的人，卻往往讓人難受。兩者的差別有一部分是：我們在人生的這些階段，處於開發與善用連續過程中的哪個位置。

開發與善用權衡還可告訴我們，該如何看待老人給的建議。如果你的祖父告訴你哪家餐廳很棒，你應該聽他的話，因為那是他數十年來尋尋覓覓的心得。但如果他每天下午五點都到同一家餐廳，那麼你可以大膽開發其他選擇，就算其他選擇可能更差也沒關係。

如果把未來的人生視為好好運用幾十年來累積的知識的機會，最大的收穫應該是這句話：人生應該越過越好。開發者用樂趣來交換知識。前面提過，吉廷斯指數和信賴上界演算法，可使陌生選項的吸引力膨脹到超越我們的期望，因為驚喜的報酬往往高達好多倍。不過這同時也表示在大多數狀況下，開發一定會使我們失望。把注意力轉移到最愛的事物上應該可以提高生活品質，而且看來確實如此。卡爾史丹森發現，年長者通常對本身的社會網絡比較滿意[74]，而且表達出來的感情安樂程度通常高於年輕成人。

所以成為那家傍晚餐廳的常客，品味人生的開發成果，應該是件頗值得期待的事。

---

74 情緒幸福感隨年齡增長而增加的證據參見Charles and Carstensen, "Social and Emotional Aging"。

3 | 排序　　　　　　　　　　　　Sorting

依照順序排列

想找的字的第一個字母如果是 a[1]，就從這份字表的開頭處找起，如果是 v，就找結尾處。同樣地，如果這個字的開頭是 ca，就找 c 字母的開頭處，如果是 cu，就找 c 的結尾處，依此類推。

——羅伯・卡德禮（Robert Cawdrey），《英文字母順序字表》

丹尼・希利斯（Danny Hillis）創辦思考機器公司（Thinking Machines），發明著名的連結機器（Connection Machine）平行處理超級電腦之前，是麻省理工學院大學部學生，住在學生宿舍，經常被室友的襪子嚇到。

希利斯跟許多大學生不同，他害怕的不是室友不洗襪子（其實他經常洗），而是襪子洗好後的事情。

這名室友會從乾淨置衣籃抽出一隻襪子[2]，接著隨機抽出另一隻。如果第二隻跟第一隻不一樣就丟回去，接著反覆這麼做，一次抽出一隻襪子，不一樣就丟回去，直到能湊成一雙。

1　Cawdrey, *A Table Alphabeticall* 是史上第一本英文字典。想進一步了解排序與搜尋的歷史，請參閱 Knuth, *The Art of Computer Programming*, §6.2.1。如需進一步了解字母順序的發明，請參閱 Daly, *Contributions to a History of Alphabetization*。

2　Hillis, *The Pattern on the Stone*.

如果籃子裡只有10雙不同的襪子，這麼做平均只需要抽19次就能湊成一雙，接著再抽17次就能湊成第二雙。算下來室友只需在整堆衣服裡抽110次，就可以把20隻襪子全部湊起來。

這件事足以讓未來的電腦科學家要求換寢室。

現在，單單應該如何排列襪子這件事，電腦科學家就能講很久。2013年張貼在程式設計討論網站「堆疊溢位」（Stack Overflow）上的襪子問題[3]，引發的熱烈討論累計一萬兩千字。

我們跟曾經獲得圖靈獎的傳奇密碼學家朗‧李維斯特（Ron Rivest）聊到這個主題時，他承認：「襪子令我很頭痛！[4]」

當時他穿著拖鞋。

---

3 "Pair socks from a pile efficiently?" 2013年1月19日網路代號amit的人張貼於Stack Overflow網站，參見http://stackoverflow.com/questions/14415881/pair-socks-from-a-pile-efficiently。amit真實身分為以色列理工學院研究生阿米特‧葛羅斯（Amit Gross），他寫道：「我昨天正在把洗好的衣服裡的襪子配對，突然想到我的方法不是很有效率。當時我就是傻傻地找。先拿起一隻襪子，然後在整堆衣服裡「重複檢視」，尋找另一隻襪子。這樣平均必須重複檢視 $(n/2) \times (n/4) = n^2/8$ 隻襪子。身為電腦科學家，我想著我可以怎麼做？」

阿米特的疑問有好幾種答案，但最獲其他程式設計師支持的答案是執行基數排序（Radix Sort）：找出襪子變化的維度（例如色彩、圖樣等），並且先依據每個維度加以排序。每次排序只需要檢視所有襪子一次，把襪子分成數個小堆。即使我們必須看過這幾堆裡的所有襪子好尋找另一隻，花費的時間也只與最大堆襪子數量的平方成正比，而不是襪子總數的平方（如需進一步了解基數排序，請參閱下方關於排序一疊紙牌的尾註）。

但如果我們配對襪子是為了在需要時比較容易找出一雙，那麼我們可以採用更理想的尋找程序，減少排序的需求。

假設你的襪子只有色彩一個變化維度，而抽屜裡未配對的襪子共有三種色彩。那麼如果從抽屜裡任意取出四隻襪子，就至少會有一雙成對（要了解原因，可以想像最差的狀況：一開始拿出的三隻襪子色彩都不一樣。當你拿出第四隻，色彩一定會跟前三隻襪子中的一隻

排序的大用處

　　排序是電腦作業的核心。事實上從許多方面而言，電腦是為了排序而創造的。十九世紀末，美國人口大約每十年增加30%，人口普查的「調查對象」也從1870年僅五個，增加到1880年的兩百多個。1880年的普查表格花了八年製作，完成後沒多久，1890年的普查就開始了。當時有一位作家說，辛苦整理紀錄用紙的職員沒有瞎掉或發瘋真是奇蹟。[5]整個政府可能會被自己的重量壓垮，必須想點辦法才行。

　　發明家赫曼·何樂禮（Herman Hollerith）由火車的打孔票得到靈感，設計出一套以打孔馬尼拉紙卡儲存資訊的系統，以及計算和排列紙卡順序的機器，稱為「何樂禮機」。何樂禮於1889年取得專利，美國政府則

相同）。無論襪子有幾種色彩，取出比色彩數多一隻的襪子，就一定能配成一雙。因此如果你只是希望每天早上可以輕鬆一點，就不用花時間一隻隻配對了。

這個簡潔的襪子配對問題，解決方法的依據是「鴿籠原理」（Pigeonhole Principle）。這個簡單但效力宏大的數學概念出自十九世紀德國數學家彼得·古斯塔夫·雷瓊·狄利克雷（Peter Gustave Lejeune Dirichlet）。（Rittaud and Heeffer, "The Pigeonhole Principle" 追溯了鴿籠原理的歷史，包括狄利克雷和年代可能更早的參考文獻。）這個概念相當簡單：如果有一群鴿子降落在一組鴿子籠裡，但鴿子的數量多於鴿籠，則至少有一個籠子必須容納一隻以上的鴿子。電腦科學運用鴿籠原理，來了解關於演算法理論特性的基本事實。舉例來說，我們不可能設計出一種演算法來壓縮任何檔案但不損失任何資訊，因為大檔案比小檔案更多。運用鴿籠原理可以得出襪子配對問題的永久解：每次都買相同的襪子。如果襪子全部相同，就永遠不需要配對。對許多電腦科學家而言（包括某些回應阿米特問題的程式設計師），這是最簡潔的方法：重新定義問題，這樣就能有效地解決了。

不過有件事必須先講好：決定要買哪種襪子時請特別留意。朗·李維斯特對襪子特別頭痛的原因，是他買的襪子左右不同。這樣將使鴿籠原理無法發揮作用，要確保能拿出一雙成對的襪子，必須拿出比襪子總雙數多一隻的襪子。

4　Ronald Rivest, personal interview, July 25, 2013.

5　Martin, "Counting a Nation by Electricity."

採用何樂禮機執行1890年人口普查。當時沒有人看過這種機器。一名驚奇不已的觀察者寫道:「這部機器運轉得像上帝的石磨一樣精確[6]，但速度超出許多。」但另一位觀察者則認為這項發明的用途有限:「這部機器只有政府會用[7]，發明者很難因此致富。」何樂禮把這個預言剪下保留起來——結果它大錯特錯。何樂禮的公司於1911年與其他幾家公司合併[8]，成為電腦、製表與紀錄公司，幾年後它改名為「國際事務機器公司」，縮寫是IBM。

此後排序持續促進電腦發展，直到進入二十一世紀。史上第一個為內儲程式(stored-program)電腦撰寫的程式[9]，就是高效率排序程式。事實上，正因為電腦的排序能力超越IBM的專用卡片排序機[10]，美國政府才決定投下龐大經費購買一般用途的機器。1960年代有一項研究估計，全世界的運算資源有1/4以上用於排序。[11]這點其實可以想見，因為排序對於處理各種資訊都十分重要。無論是找出最大或最小、最常見或最罕見、紀錄、製作索引、挑出重複物件，或者單純只要找出需要的資料，各種工作一開始通常都得先排序。

排序其實比我們所想的更普遍。追根究底，排序的主要理由就是以好用的方式呈現物件，因此排序也對人類的資訊經驗極為重要。我們周遭充滿排序過的清單，然而就像魚活在水裡因而對水的存在無感，我們也必須刻意觀察才能發現它們，從而發現它們無處不在。

6　出處同上。

7　摘自 Austrian, *Herman Hollerith*。

8　Austrian, *Herman Hollerith*.

9　這裡說的「撰寫」真的是用手寫的。著名數學家馮紐曼於1945年草草寫下這個排序程式時，電腦其實還要等好幾年才問世。雖然一般認為電腦程式起源於1843年艾達·勒夫雷斯

　　電子郵件信箱收件匣通常會列出眾多郵件中最上方的五十封，排序的依據是收信時間。我們在Yelp網站上查找餐廳時，看到的是幾百家餐廳中最上方的十幾家，排序依據則是距離最近或評價最高。部落格列出一部分文章的清單，排序依據是張貼日期。臉書上的最新消息、推特上的文字以及Reddit網站的首頁，也都依據某種方式排出清單。我們常把谷歌和Bing這類網站稱為「搜尋引擎」，其實它們算是排序引擎。谷歌之所以成為尋找各類資料的霸主，關鍵並非它能在全世界好幾億個網頁中找出我們搜尋的文字，而是它很有效地排序這些網頁，只呈現最有關聯的十個網頁。

　　就許多方面而言，排序處理過後的龐大清單中最上方的部分，是通用的使用介面。

　　電腦科學讓我們得以了解這些例子背後的實際運作，從而讓**我們**在難以依照順序排列帳單、論文、書籍、襪子等時候，得以深入了解問題（其實我們每天需要排序的次數往往超乎我們所想）。排序可量化混亂的缺點和優點，讓我們了解有些狀況不可能依照順序排列。

　　此外，如果開始仔細觀察，就會發現我們排序的對象除了資訊，也包括人。在運動領域與拳擊場上，用來建立排序的電腦科學出奇地有用。因此了解一些關於排序的概念，或許有助於解釋人類為何能一起生活，但極少發生衝突。換句話說，排序提供了關於社會特質的有趣線索；

提到查爾斯‧巴貝奇的「分析機器」，馮紐曼的程式則是史上第一個為儲存在電腦記憶體中而設計的程式。早期電腦必須以打孔卡輸入資訊，或連線進行特定運算，參見Knuth, "Von Neumann's First Computer Program"。

10 出處同上。

11 Knuth, *The Art of Computer Programming*, p.3.

社會特質可說是我們營造的另外一種規模更大、也更重要的秩序。

排序的苦惱

1955年，J・C・霍斯肯（J. C. Hosken）在史上第一篇公開發表的排序科學論文中寫道：「為了降低每單位產品的成本，人類通常會加大運作規模。」這就是商學院學生耳熟能詳的規模經濟。不過規模卻會給排序帶來災難。排序規模加大時，「排序的單位成本不減反增」[12]，可能導致嚴重的負規模經濟，違反我們直覺上認為的大量生產比較有利。做兩人份餐點通常不比做一人份困難，但一定比做一人份餐點兩次來得容易。不過如果有個書架上有100本書，另外有兩個書架上各有50本，排好前者需要的時間則會多於後者，因為此時需要整理的書以及每本書可以放置的空格，都多了一倍。需要處理的東西越多，狀況就越糟。

這是排序理論最基本、也最重要的概念：東西越多越難搞。

由此可以推論得知，要減少排序的辛苦和麻煩，重點是盡量減少排序對象的數量。事實的確如此，避免襪子排序造成運算困難的最佳方法，就是經常洗襪子。假設洗襪子的次數增加為3倍，找襪子的時間就可減少為1/9。如果希利斯的室友不改變他特殊的找襪子方式，只消把洗襪子的間隔從14天減少到13天，那麼從衣服堆抽取襪子的次數就能減少28次（洗襪子的間隔如果增加一天，抽取次數則會增加30次）。

---

12 Hosken, "Evaluation of Sorting Methods."

13 雖然我們現在沒辦法找到布達拉克的表演影片，但網路上有很多試圖超越他的影片。這些人先把撲克牌分成四種花色，再依序排列每種花色裡的數字。不過克努特在《電腦程式設計的藝術》中曾經大聲疾呼：「有一種方法可以排得更快！」首先依照數字把撲克牌分成13疊（有一疊是所有的2、一疊是所有的3，依此類推）。接著把13疊牌放在一起，再把即使時間範圍只有兩個星期，我們都可發現排序規模開始變得難以處理。然而，電腦經常必須排列數百萬個項目。正如電影《大白鯊》裡的一句台詞「我們需要更大的船」，要順利完成工作當然需要更好的演算法。

但要回答應該如何排序以及採用何種方法之前，必須先研究另一件事：我們應該如何記錄數字。

大 O 記號——衡量最差狀況的標準

根據金氏世界紀錄記載，最快依序排好一副撲克牌的世界紀錄保持人[13]，是捷克魔術師茲德涅克・布拉達克（Zdeněk Bradáč）。2008年5月15日，他只花了36.16秒就依序排好52張撲克牌。[14]他是怎麼做的？他用了什麼排序技巧取得這個頭銜？儘管答案可能為排序理論帶來有趣的進展，布拉達克仍然拒絕透露他的祕密。

雖然我們只能崇拜布拉達克的高超技巧和靈巧雙手，但有一點可以百分之百確定，就是我們個人可以打破他的紀錄。事實上，我們百分之百確定我們能締造一個無法打破的紀錄。我們需要嘗試大約80,658,175,170,943,878,571,660,636,856,403,766,975,289,505,440,883,277,824,000,000,000,000次來締造這個紀錄。這個數字是52的階乘，在數學中寫成52!，是52張撲克牌所有可能排列的總數。只要嘗試這麼多次，早晚我

撲克牌分成四種花色。結果就是每種花色一疊，而每一疊都依照數字排列。這種方法是基數排序，跟後面我們介紹的桶排序有關。參見Knuth, *The Art of Computer Programming*, §5.2.5。

14 布拉達克創下的紀錄還不只這個。他可以戴上三副手銬再沉入水中後，以相仿的時間逃脫。

們會拿到一副洗過後恰好依照順序排列的牌。[15]這時我們就可以得意地把克里斯汀和葛瑞菲斯兩個名字放進金氏世界紀錄，旁邊再寫上不算太差的完排時間：0分0秒。

老實講，我們應該會一直嘗試到宇宙毀滅都拿不到這麼一副完美的牌。儘管如此，由此仍可看出紀錄保持人和電腦科學家之間最大的基本差別。金氏世界紀錄裡的高手只在乎最佳表現（還有冰涼的啤酒）。當然不會有人怪罪他們，因為各種運動紀錄呈現的都是最佳成績。然而電腦科學極少在乎最佳情況，反而比較想知道布拉達克這類紀錄保持人的平均完排時間，也就是讓他一一嘗試所有排列方式或選擇合理數目的樣本，以平均速度當成他的紀錄（現在你可以了解電腦科學家為什麼不適合做這些事了）。

此外，電腦科學家還想知道最差完排時間。最差情況分析可提供強而有力的保證，讓我們確定某個重要程序能在期限內完成。因此本章接下來的部分（其實是一直到本書結尾），討論的都是演算法的最差情況表現，否則會另外註明。

電腦科學特別發展出「大O記號」（Big-O notation）這種精簡方式[16]，

---

15 隨意排列物件，寄望獲得滿意的結果，其實也是一種演算法，稱為「猴子排序」（Bogosort），屬於電腦科學中唯一半開玩笑的「最差演算法設計」次領域。最差化相對於最佳化就等於悲觀相對於樂觀。最差演算法設計者互相競爭的，是設計出運算效能最差的演算法。

如果進一步探究，最差演算法設計者已經斷定猴子排序非常缺乏效率，因此他們提出「改良的」猴子猴子排序（Bogobogosort），方法是先用猴子排序排列兩個物件，接著排列三個物件，依此類推。如果順序到了某個時候亂掉，猴子猴子排序就重新開始。因此舉例來說，這種演算法排列四張牌的方法，是先把前兩張牌拋到空中，看看落下來時順序對不對，接著拋起前三張牌，看看落下來時順序對不對，最後才會拋起前四張牌，看看順序對不對。順序必須每次都正確，否則就要重新來過。首先提出猴子猴子排序的一位工程師提到，他

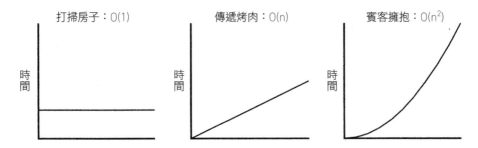

打掃房子：O(1)　　　　　傳遞烤肉：O(n)　　　　　賓客擁抱：O(n²)

時間　　　　　　　　　　時間　　　　　　　　　　時間

圖3-1：常數時間寫成O(1)，線性時間寫成O(n)，平方時間寫成O(n²)。

來計量演算法的最差情況。大O記號有個奇怪的特點，就是它本身並不精確，也就是說，它不是以分秒描述演算法的表現，而是提供一種方法來說明問題的規模與程式執行時間之間的關係。由於大O記號刻意忽略細節，剩餘的就是一種把問題劃分好幾大類的方法。

假設你要辦個晚宴，邀請n位賓客。為了接待客人而打掃房子需要的時間，和賓客人數完全無關。這類問題最簡單，稱為「1的大O」，寫成O(1)，稱為常數時間（constant time）。重要的是，大O記號不理會打掃需要多少時間，只說明打掃時間不受賓客名單影響。只邀一個客人要做的事，跟邀10個、100個或n個客人時完全相同。接下來，烤肉

在自己的電腦上執行了一整夜，連七個物件都排列不好，最後只好關掉電腦。其後的工程師表示猴子猴子排序其實還不是最差的，並且提議取得更多元資料，並且个針對資料，而是針對程式進行猴子排序：先隨意改變電腦記憶體中的資料，直到剛好變成可排序物件的排序程式為止。這項創舉需要的時間還有待研究，最差化的追尋也沒有停息。

16 大O記號出自1894年保羅・巴赫曼（Paul Bachmann）的書籍《分析數論》（Die analytische zahlentheorie），也參見Donald Knuth, The Art of Computer Programming, §1.2.11.1。正式說來，如果一種演算法的執行時間少於或等於多個f(n)（帶有正常數的係數）的乘積，則此演算法的執行時間為O(f(n))。另外有個大Ω記號，以Ω(f(n))表示執行時間大於或等於f(n)的乘積；還有大Θ記號，代表執行時間既是O(f(n))，也是Ω(f(n))。

在桌子上傳一圈需要的時間是「n的大O」，寫成O(n)，又稱為線性時間（linear time），也就是賓客人數如果加倍，盤子傳到你面前所需的時間也會加倍。同樣地，大O記號也完全不理會菜色數量或是否還會再上一輪。無論是哪種狀況，時間與賓客人數都呈線性相關。也就是如果把賓客人數與時間的關係畫出來，圖形將是一直線。此外只要有線性時間因素，在大O記號中就會掩蓋掉所有常數時間因素。更精確地說，這晚讓烤肉在餐桌上傳一輪，或是整修餐廳三個月後再讓烤肉在餐桌上傳一輪，對電腦科學家而言是一樣的。聽起來有點怪怪的？別忘了，電腦處理的n值可能成千上萬，甚至多達幾十億。換句話說，電腦科學家思考的是非常非常大的團體。如果賓客人數有幾百萬人，傳一圈烤肉需要的時間可能就會讓整修房子顯得微不足道。

如果賓客到達時都互相擁抱問候，又是什麼狀況？第一位賓客只要跟你擁抱就好，第二位需要擁抱兩次，第三位賓客則要擁抱三次。總共要擁抱多少次？這種狀況稱為「n平方的大O」，寫成$O(n^2)$，又稱為平方時間（quadratic time）。

同樣地，我們只在乎n和時間的關係，所以不會有每人擁抱兩次的$O(2n^2)$，也沒有擁抱加上傳遞食物的$O(n^2 + n)$，或是擁抱加上打掃房子的$O(n^2 + 1)$，全部都是平方時間，因此$O(n^2)$已經包含了一切。

接下來的狀況更糟。有一種狀況稱為指數時間（exponential time），寫成$O(2^n)$，也就是每多一位賓客，你的工作就會加倍。還有一種更糟的狀況是階乘時間（factorial time），寫成$O(n!)$。這類問題真的非常可怕，連電腦科學家都只會在說笑時提到，就像我們想像洗撲克牌洗到恰好依序排列，或是他們非常希望撲克牌自動排好。

兩種平方：氣泡排序和插入排序

2007年，當時還是參議員的歐巴馬到谷歌公司參觀，谷歌執行長艾瑞克‧史密特以面談工作的方式開始問答時間，他問歐巴馬：「排列100萬個32位元整數的最佳方式是什麼？」歐巴馬立刻做了個鬼臉回答：「我覺得應該不能用**氣泡排序**（Bubble Sort）。」谷歌工程師們立刻爆出一陣歡呼。有位工程師後來回想道：「他一說出氣泡排序，我就成為他的粉絲了。」[17]

歐巴馬排除氣泡排序是正確的，氣泡排序現在已經成了電腦科學學習者鍛鍊身手的對象，因為它單純、直覺，而且效率極差。

假設你打算依字母順序排列架上的書，最自然的方法就是掃視書架，找出順序錯誤的兩本（比如有一本品欽〔Pynchon〕的作品放在華勒斯〔Wallace〕的作品後面），把兩者對調，讓品欽位於華勒斯前面。接著繼續掃視到書架末端，然後再從頭開始。當你掃視整個書架都沒再發現書籍順序錯誤，就知道已經排序完成。

這就是氣泡排序，它的執行時間是平方時間。假設有n本書未依順序排列，每次掃視可以移動一本書，每次最多移動一格（找出小問題進行小幅度修正）。因此就最差情況而言，也就是整個書架完全反序排列時，一本書至少需要移動n格。因此n本書要移動n格的最差情況是$O(n^2)$。[18] 這個數字還不算可怕，因為它比先前提到的不斷洗牌到正

---

17 這名工程師是第二章提過的谷歌產品經理丹‧希洛克（Dan Siroker），可參見 "The A/B Test: Inside the Technology That's Changing the Rules of Business," *Wired*, May 2012。

18 實際上，氣泡排序的平均執行時間沒有比較好，因為每本書與正確位置間的平均距離是n/2格。電腦科學家還是會把n本書移動n/2格概算成$O(n^2)$。

好依序排列所需的O(n!)次少多了（假設你需要電腦科學家來證實這一點）。然而相同的是，這個平方項可能很快就變得相當驚人。舉例來說，排列五個書架需要的時間不是排列一個書架的五倍，而是多達25倍。

你或許可以採取另一種方式：先把書全部搬下書架，再一本本依照順序放回去。把第一本書放在書架中央，拿起第二本書跟第一本比較後，放在第一本的左邊或右邊。接下來拿起第三本，從左到右掃視架上的書，插入正確位置。接著不斷重複同樣步驟，直到所有書依照順序排在書架上。完工。

電腦科學家稱這種方式為**插入排序**（Insertion Sort），它的優點是據稱比氣泡排序更符合直覺，而且評價比較好，但缺點是它其實沒有快多少。採取這種方式時，每本書仍然需要插入一次，每次插入平均需要經過架上一半的書，才能找到正確位置。儘管插入排序確實比氣泡排序快一點，花費的時間仍然是平方時間，排列一個以上的書架依然要很久很久。

破除平方障礙：各個擊破

現在我們已經知道，這兩種看來十分合理的方法都是平方時間，排序對象一多就難以完成，這不禁讓人懷疑是否真有更快的排序方法。

這個問題乍聽和效率有關，但跟電腦科學家談論時，它會變得比較像形上學，類似光速、時間旅行、超導體或熱力學中的熵。宇宙的基本規則和限制是什麼？什麼是可能的？又容許什麼？粒子物理學家和宇宙學家藉由這類問題，一窺上帝的藍圖。相比他們，電腦科學家瞥見的上帝藍圖也不會少，只不過他們是問：依順序排列最少必須花費多少力氣？

我們是否能找出一種常數時間排序O(1)，這種方式就像在大批賓客到達之前打掃房子，無論排序對象是多是少，都能在相同的時間內完成？這個嘛，即使只要確認一個書架上的n本書已經排好，都不可能在常數時間內完成，因為這n本書必須一一檢視，所以要在常數時間內依序排好是不可能的。

那麼類似在餐桌上傳菜，物件數目加倍時，排序時間也加倍的線性時間排序O(n)呢？想想前面提過的例子，就會了解這也不大可能。先前例子中的n^2都源自必須移動n本書，而每次移動所需的時間也會隨n而增減。我們怎麼可能從n個物件移動n次，簡化到只剩下n本身？在氣泡排序中，總共處理n本書，每次處理可能移動n格，因此執行時間是$O(n^2)$。而在插入排序中，總共處理n本書，每次處理可能需要與其他n本書比較後，才插入書架，所以是平方時間。線性時間排序代表每本書的處理時間為常數，不論需要比較其他多少本書籍都不受影響，感覺上似乎不大可能。

由此可以得知，我們應該能在平方時間內照順序排好，但大概沒辦法在線性時間內完成，所以我們的極限大概介於線性時間和平方時間之間。有哪種演算法介於線性和平方之間，也就是介於n和n×n之間？

有，而且遠在天邊，近在眼前。

前面提過，資訊處理開始於十九世紀美國人口普查[19]，在何樂禮和後來的IBM努力下，發展出實體的打孔卡片排序機。1936年，IBM開始生產一系列對併機（collator），用途是將兩疊分別依序排列的卡片併在一起。由於這兩疊卡片已經各自依序排好，所以把它們合併起來相

---

19 如需進一步了解，請參閱Knuth, *The Art of Computer Programming*, §5.5。

當簡單，而且執行時間為線性時間：只要比較兩疊卡片中的第一張，把當中較小的那張放在新的一疊裡，如此不斷重複到依序排好為止。

約翰・馮紐曼（John von Neumann）於1945年為了展示內儲程式電腦的強大能力而撰寫的程式[20]，運用對併概念得出漂亮又具決定性的結論。依序排列兩張紙牌很簡單，只要把較小的那張放在上面就好。如果有兩疊已經依序排好的紙牌，每疊各兩張，那麼把兩者對併成一疊依序排列的四張牌也不難。重複這個程序若干次，就能形成兩疊數量越來越多而且已經依序排好的紙牌。很快地，你就可以像鴿尾式洗牌一樣，做最後一次合併，把一整副紙牌依序排好。

這種方法現在稱為**合併排序**（mergesort），是電腦科學中的傳奇演算法。1997年有一篇論文這麼寫：「合併排序在排序史上的重要程度[21]，相當於排序在運算史上的重要程度。」

合併排序具備強大能力的奧祕，在於它的複雜性確實介於線性時間和平方時間之間，更精確地說是線性對數時間（linearithmic time），寫成 $O(n \log n)$。每一次處理可使已依序排列的紙牌數目加倍，因此依序排列n張牌所需的次數，等於2自乘到等於n所需的次數，換句話說就是以2為底的對數。執行兩次對併可以排好4張牌，第三次可排好8張牌，第四次則可排好16張牌。不久之後，合併排序這種各個擊破的方式，

---

20 這部電腦是EDVAC電腦，馮紐曼當時的程式被列為最高機密軍事情報。參見Knuth, "Von Neumann's First Computer Program"。

21 Katajainen and Träff, "A Meticulous Analysis of Mergesort Programs."

22 目前的排序世界紀錄保存在http://sortbenchmark.org/。2014年，三星某團隊創下一分鐘內排序最多資料的紀錄，這項紀錄高達3.7 TB，相當於370億張紙牌，這些紙牌足以裝滿五百架波音747，遠超過布達拉克的人工排序撲克牌紀錄。

就衍生出許多種線性對數排序演算法。把線性對數複雜性當成平方複雜性的改良，可說嚴重低估它了。如果排序對象的數目是人口普查那種等級，兩種複雜性的差別將是29次對……3億次。難怪大規模工業排序問題都採用這種方法來解決。[22]

合併排序對於小規模的個人問題也相當有用。這種方法廣受採用的理由，是它很容易變化成平行處理。如果你還在找方法整理書架，合併排序的解決方法應該是打電話叫個披薩，找幾個朋友過來（數目最好等於2的次方），依人數把書本分成若干等分，讓每個人依序排列分派到的那疊書。接著兩人一組，把兩疊合併起來，不斷重複這個過程，一直合併到只剩兩疊，最後把兩疊書合併到書架上。不過要小心別讓披薩把書弄髒。

比較之外：贏過對數

美國華盛頓州普瑞司頓鎮附近一處不起眼的工業園區裡，在許多看來一模一樣的灰色入口中的某一個裡頭，躲著2011年和2013年美國國家圖書館排序冠軍。一條分成好幾段的漫長輸送帶，每分鐘可傳送167本書通過條碼讀取機[23]（一天是8萬5千本[24]），自動轉到適當的艙門，落入96個箱子中的某一個。

---

23 輸送主任東尼‧米蘭達（Tony Miranda）說：「我們每小時最多應該可以處理250批，平均每小時大約是180批。請記住，每一批大約有四十多本書。」摘自 "KCLS AMH Tour," November 6, 2007，https://www.youtube.com/watch?v=4fq3CWsyde4。

24 "Reducing operating costs," *American Libraries Magazine*, August 31, 2010, http://www.americanlibrariesmagazine.org/aldirect/al-direct-september-1-2010.

普瑞斯頓排序中心是全世界規模最大、效率也最佳的書籍排序機構，由金恩郡圖書館負責營運，該圖書館開始和擁有類似設備的紐約公立圖書館競爭，四年來兩者來來回回拿下前述頭銜。在2014年兩者對決前，紐約公立圖書館的書籍管理代理主任薩爾瓦多‧馬加迪諾（Salvatore Magaddino）表示：「金恩郡圖書館今年會贏我們嗎？想都別想。」〔25〕

從理論家的觀點看來，普瑞斯頓排序中心還有一點格外令人印象深刻。書籍通過系統時的排序時間是O(n)──是線性時間。

就某個重要面向而言，合併排序的線性對數時間O(n log n)確實是我們能夠達到的最佳結果。〔26〕目前已經確定，如果想透過一連串直接比較來依序排列n個物品，則比較次數絕對不可能少於O(n log n)次。這是宇宙的基本定律，不可能有別的答案。

不過嚴格說來，排序並非一定如此。因為有時我們不需要完全依序排列，此外有時也不需要一對一地比較排序對象。一旦接受這兩個原則，我們就能用粗略而可行的方法來排序，比線性對數時間更快完成。**桶排序**（Bucket Sort）漂亮地展現了這種方式，普瑞斯頓排序中心則是這種方式的最佳代言人。

在桶排序中，排序項目先分成數個依序排列的類別，不考慮更精細的類別內排序，不過以後可能會這麼做（在電腦科學中，「桶」這個詞代表一堆未排序的資料，但某些效能強大的桶排序實際應用則真的用桶

---

25 參見Matthew Taub, "Brooklyn & Manhattan Beat Washington State in 4th Annual 'Battle of the Book Sorters,' " *Brooklyn Brief*, October 29, 2014, http://brooklynbrief.com/4th-annual-battle-book-sorters-pits-brooklyn-washington-state/。

26 n個項目恰有n!種不同的排列，因此一種排序恰可產生log n!位元資訊，大約為n log n位元。由於n!等於n × (n – 1) × ... × 2 × 1，是n個數的積，其中n最大，因此n! < nn，所以

圖 3-2
圖為合併排序的進行方式。
假設書架上有8本任意排列的書，
首先把相鄰的兩本依序排好，
再把兩組對併成依序排列的4本，
最後把兩組4本書對併成完全依序排列。

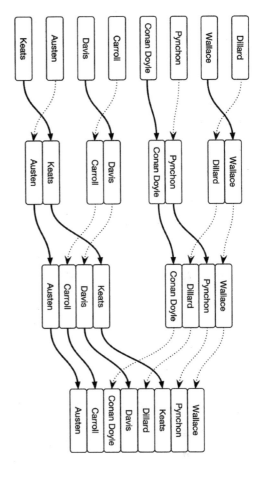

log n! < log nn，可以得知 log n! < n log n。這個把 log n! 概算為 n log n 的方法稱為「斯特靈近似法」(Stirling's approximation)，是以十八世紀蘇格蘭數學家詹姆士・斯特靈 (James Stirling) 命名。因為單一兩兩比較最多可產生一位元資訊，所以要完全確定n個物件的n! 種可能順序中的哪一種才是正確排列，必須進行 n log n 次比較。如需進一步了解，請參閱 Knuth, *The Art of Computer Programming*, §5.3.1。

子進行排序，金恩郡圖書館就是如此）。現在重點來了：如果要把n個項目分到m個桶子裡，則分類可在O(nm)時間內完成，也就是說，時間只與項目數目乘以桶子數目的積成正比。只要桶子的數目與項目數目比起來相當小，大O記號就會概算成O(n)，也就是線性時間。

打破線性對數障礙的關鍵，是了解排序項目的分布。桶子分配不適當會讓我們事倍功半，舉例說來，如果最後所有書籍都放在同一個桶子裡，等於根本沒有進展。然而如果分配得當，就能把排序項目大致等分成好幾組，依照排序「越多越難搞」的基本性質，如此就能大幅減少完全排好所需的時間。普瑞斯頓排序中心的工作是依據分館排列書籍，而不是依照字母順序，所以桶子由分館的流通量決定。某些分館的流通量特別大，因此會分配到兩個甚至三個桶子。

類似的資料對於排序人口也很有用。為了觀察排序專家的工作方式，我們造訪了加州大學柏克萊分校總圖書館。這座圖書館的書架總長超過八十公里，而且完全以人工排序。歸還圖書館的書先放在待整理區，依據美國國會圖書館制訂的索書號放在書架上。舉例來說，有一組書架上的待整理圖書的索書號是PS3000–PS9999。工讀生接著把這些書放上推車，以正確順序排列最多150本書，以便歸回書架。工讀生受過基本排序訓練，但一段時間後會發展出自己的方法。有了一些經驗後，他們能在四十分鐘內排好一整車150本書，而這類經驗大多與了解實際狀況有關。

柏克萊大學部學生何喬丹主修化學，也是超級排序高手，他告訴我們他如何處理PS3000–PS9999架上的一大疊書：

出於經驗，我知道編號35開頭的書很多〔27〕，所以我會先找來編號小於 3500 的書大致排一排，再更精細地依序排列。排完了編號 3500 以下的書，我知道編號 35 開頭的書相當多（共有 3500 到 3599），所以我會單獨處理這部分。如果這部分的書實在太多了，我就會再分得更細一點，例如 351 幾、352 幾和 353 幾等等。

喬丹的方法是先在推車上放 25 本書左右，再以插入排序法排好最後順序。他精心擬定的策略確實是最佳方法：桶排序。他能精確預測不同索書號的書大約有多少本，因此知道桶子的大致狀況。

亂得有理——照順序排好之後，要幹嘛？

了解這些排序演算法後，下次你打算依字母順序排列書架上的書時，就方便得多了。你應該會跟歐巴馬總統一樣，知道不應該用氣泡排序。而獲得圖書館員和機器認證的最佳策略，就是以桶排序分成小堆，再執行插入排序，或是辦個合併排序披薩派對。

但如果你找電腦科學家協助做這件事，他們應該會先問你是否真的需要排序。依據大學部教授的概念，電腦科學最重要的就是權衡。先前我們已經在思與行、以及開發與善用之間的拉扯中，了解了這一點。而最重要的權衡之一是排序和搜尋。它的基本原則是這樣的：排序資料所花的心力是先制行動，目的是讓我們口後不用花費心力搜尋資料。真正的平衡點應該取決於狀況的確實參數，但如果說排序唯一的價值是輔助日後搜尋，就可看出一個驚人的事實：寧亂勿整。

拿你絕對不會搜尋的資料來排序絕對是浪費時間，搜尋沒排過序的

---

27 Jordan Ho, personal interview, October 15, 2013.

資料則效率極差。

接下來，這個問題當然就變成：要如何事先評估這些資料未來的用途？

關於排序的優點，最佳代言人就是谷歌等搜尋引擎。谷歌的一項驚人本領是：你只要輸入一個詞，它就能在不到半秒內搜遍網際網路。這個嘛，其實它沒辦法搜尋，不過它也不需要搜尋。如果你是谷歌，而且你很確定以下幾點：第一，你會搜尋你的資料；第二，你不會只搜尋一次，而是會經常重複搜尋；第三，出於某種原因，排序所需時間比搜尋所需時間「沒價值」（其實原因是排序為機器事先進行、搜尋的則是使用者，而後者的時間非常寶貴），這些因素全都指出最好事先排序，谷歌和其他搜尋引擎的確也都這麼做。

那麼我們應該依字母順序排列書本嗎？大多數家庭的書架其實沒有什麼狀況非得排序不可，我們也極少搜尋某本書，此外未排序就搜尋的成本也相當低，如果我們知道每本書的大致位置，就能很快找到它。花兩秒鐘在依序排列的書架上找一本書，跟花十秒鐘在未排序的書架上找，其間的差別實在沒什麼。我們極少需要立刻找到一本書，因此也沒必要事先花費許多小時，只為了要找時能節省幾秒鐘。此外用眼睛搜尋很快，但用手排序很慢。

所以結論相當明顯：依序排列書架上的書花費的時間和精力，要比掃視搜尋書籍多得多。

書架上的書沒照順序排或許不致讓你耿耿於懷，但電子郵件就不然了，而在這方面搜尋也比排序好用得多。手動傳送電子訊息到資料夾花費的時間，跟實際傳遞紙張相仿，但搜尋電子郵件卻比翻找實體郵件有效率得多。搜尋成本降低時，排序的價值就會跟著變低。

史提夫‧惠特克（Steve Whittaker）是世界上最了解人類如何處理電子郵件的專家。他是IBM研究科學家和加州大學聖克魯茲分校教授，研究人類管理個人資訊將近二十年（他曾於1996年撰寫論文探討「電子郵件超載」[28]，當時有許多人根本還沒開始用電子郵件）。2011年，惠特克主持一項電子郵件使用者的搜尋與排序習慣研究，撰寫了一篇標題為《整理電子郵件是浪費時間嗎？》的論文。以下有雷：這篇論文的結論斬釘截鐵：沒錯。惠特克指出：「不論經驗或實驗都顯示如此。我跟許多人談到這類整理問題時，他們經常提到他們浪費了許多時間。」[29]

電腦科學指出，混亂和秩序造成的危險都可以量化，它們的成本都能以時間這個基準來呈現。不排序某些資料或許可以想成一種拖延行為，把責任推給未來的自己，讓他們連本帶利地付出逃避的代價。不過整個狀況其實更加微妙。混亂有時不只是出於偷懶，而是最佳選擇。

名次未必反映實力——運動賽事裡的演算法

搜尋與排序權衡指出，保持混亂往往更有效率。然而我們進行排序不只是為了節省時間，有時理出最終順序本身就是目的，這一點在運動場上尤其明顯。

1883年，查爾斯‧路特維吉‧道奇森（Charles Lutwidge Dodgson）突然對英國草地網球非常感興趣。他解釋道：

前陣子我觀賞草地網球錦標賽[30]，無意間看到某個在賽程中早

---

28 Whittaker and Sidner, "Email Overload."
29 Steve Whittaker, personal interview, November 14, 2013.

　　早落敗（因而喪失獲獎資格）的選手在發現拿下第二名的選手實力根本差他一大截後，覺得很丟臉，還因此痛哭流涕。這使得我注意到目前的給獎規則。

　　一般人看到這名選手痛哭流涕，或許會認為那是由於輸球而感到難過的關係，但道奇森不是一般有同情心的旁觀者。他是牛津大學數學講師，而這名運動員的反應促使他深入研究運動錦標賽的性質。

　　道奇森不只是牛津大學數學家——事實上他也不大記得自己是數學家了。現在一般人大多只知道他的筆名：路易斯‧卡羅（Lewis Carroll）。他用這個筆名寫了《愛麗絲夢遊仙境》和許多廣受喜愛的十九世紀文學作品。道奇森結合他的數學和文學天分，寫了一部比較不為人知的作品《草地網球錦標賽：正確的給獎方式及現行方式的謬誤證明》（*Lawn Tennis Tournaments: The True Method of Assigning Prizes with a Proof of the Fallacy of the Present Method*）。

　　道奇森很不滿意**單淘汰制**（Single Elimination）。這種方式讓選手兩兩對戰，只要輸一場就淘汰。道奇森強力主張，實力真正第二強的選手，不一定是最後遭冠軍淘汰的那一個，而可能是遭淘汰的任何一名。弔詭的是，奧運中確實有銅牌戰，代表我們似乎知道單淘汰制難以判定第三名屬誰。〔31〕然而事實上，這種賽制同樣難以判定第二名屬誰，更精確地說，除了冠軍以外什麼都無法判定。道奇森曾說：「以目前的給獎方

---

30 Dodgson, "Lawn Tennis Tournaments."

31 極少數狀況下會頒發兩面銅牌，例如拳擊比賽，原因是拳擊選手剛被擊倒後再度出賽可能會造成危險。

法而言，除了第一名，其他名次都毫無意義。」說白了，銀牌是騙人的。

他繼續指出：「就數學而言，實力第二強的選手獲得第二名的機率只有16/31，而實力最強的前四名，各自獲得應得名次的機率微乎其微，只有1/12！」

儘管道奇森在文壇享有盛名，但在草地網球界的影響力顯然不大。他提出複雜的三淘汰制當成解決方案[32]，但從未被採用。在這種賽制中，曾經贏過你的人如果輸給別人，連你也可能跟著淘汰。然而儘管道奇森的解決方案太過麻煩，他對此問題的批評卻是一針見血。（啊，單淘汰制錦標賽到今天仍然頒發銀牌。）

道奇森的推論中還有一點很有道理。人類排序的對象不只有資料、財產，還包含人類本身。世界盃、奧運、NCAA籃球、NFL美式足球、NHL冰球、NBA籃球，當然還有美國職棒大聯盟球賽等，這些比賽其實都在默默地執行排序。這些比賽的賽季、順位和季後賽，都是用來排出順序的演算法。

運動界一個很常見的演算法是**循環賽**（Round-Robin）。這種賽制中的n個隊伍一定會遭遇其他n-1個隊伍。雖然這種賽制最為完整，但也最花時間和體力。讓每一隊都跟所有其他隊伍比賽，就像讓所有賓客在晚宴上互相擁抱一樣，耗時等於令人喪膽的$O(n^2)$，也就是平方時間。

羽球、壁球和短柄牆球經常採用的**排位賽**（Ladder），是依照排名順序列出選手名單，每名選手可直接挑戰前一名選手，如果獲勝，兩人就

---

32 想了解電腦科學對道奇森的批評，請參閱Knuth, *The Art of Computer Programming*, §5.3.3 中關於「最小比較選擇」的討論。

對調排名。排位賽就是運動界的氣泡排序,因此執行時間也是平方時間,必須比賽 $O(n^2)$ 次才能得出最終排名。

然而最常見的賽制是單淘汰制(bracket tournamen),其中一例是 NCAA 籃球「瘋狂三月」。「瘋狂三月」每一輪比賽都會淘汰半數隊伍,從64強、32強進行到16強、8強、4強以及決賽。聽起來是不是很像對數?這類賽事其實就像合併排序,一開始是未排序的隊伍兩兩比賽,接著不斷對併再對併。

我們知道合併排序所需時間是線性對數時間 $O(n \log n)$,因此如果總共有64隊,只需要6輪(192場)就可結束賽事,不像排位賽或循環賽需要整整63輪(2016場)才能結束。演算法設計發揮作用,大大提升了效率。

瘋狂三月的6輪賽事聽起來好像還好,不過等一下,比賽共有192場?NCAA 聯賽不是只有63場嗎?

事實上,瘋狂三月不是完整的合併排序,它沒有把全部64隊完全依序排列。[33]要完整排出各隊名次,必須添加幾場來決定第二名、再添加幾場來決定第三名,以此類推,總共需要的比賽場數為線性對數。不過瘋狂三月沒有這麼做,而像道奇森不滿意的草地網球賽一樣採取單淘汰制,比賽隊伍一經淘汰就不加以排序。這麼做的優點是可以在線性時間內完成:因為每場比賽都會淘汰一隊,所以要選出冠軍隊只需要比賽 n-1 場,這個數字是線性的。不過這麼做的缺點,是無法真正知道第

---

33 不排列所有項目,而是找出其中最大、第二大或中位數等的演算法稱為「選擇」演算法,而非排序演算法。

34 崔克參與他共同創立的運動排程小組(Sports Scheduling Group)的工作。1981到2004年,

一名以外的名次。弔詭的是，單淘汰制其實完全不需要賽事結構。任意進行63次比賽就能產生一支全勝冠軍隊。舉例來說，我們可以挑出一支「王牌隊」，讓它一一接受其他隊伍挑戰，直到被擊敗為止，只要能擊敗王牌隊就能取而代之，繼續接受挑戰。然而這種賽制的缺點是無法同時舉行賽事，必須逐一進行63次比賽。此外，一支隊伍可能必須連續比賽63次，這樣應該會累壞。

　　儘管比道奇森晚生了一百多年，但把道奇森的運動數學分析帶進二十世紀的重要人物，非麥可‧崔克莫屬。我們在第一章談最佳停止點時提過他。他把37％法則運用在愛情生活後的幾十年，不僅娶得嬌妻，還成為作業研究教授。現在他還是職棒大聯盟和十大（Big Ten）與ACC等NCAA聯盟的主要排程員[34]，運用電腦科學決定當年的賽程。

　　崔克指出，運動聯盟從不考慮要盡快決定排名。相反地，設計運動賽程時，必須盡可能讓整個賽季的比賽都很精彩，而排序理論鮮少考慮這一點。

　　舉例來說，職棒大聯盟通常會舉行比賽來決定誰贏得分區冠軍。如果不管分區架構，某些比賽可能在球季開始不久就有結果。但我們一定會讓分區內的所有球隊在最後五個星期互相對戰。這麼做的目的是誰參加分區比賽都沒有關係，每支球隊必須在球季最後五個星期內，至少跟成績最接近的對手比賽六場。這樣對賽程或球季比較有利，因為這樣一來結果會更加不確定。[35]

美國職棒大聯盟的賽程都是由傑出的史提芬森夫妻以人工排定。ESPN曾經拍攝短片《賽程製作者》紀錄史提芬森夫婦的故事，由約瑟夫‧嘉納（Joseph Garner）執導。

35 Michael Trick, personal interview, November 26, 2013.

　　此外，設計運動賽程時，當然未必要盡量減少比賽場數。不記住這一點，電腦科學家會覺得運動排程的某些地方很奇怪。崔克提到棒球球季的2430場例行賽時曾說：「我們知道 n log n 是執行完整排序所需的正確比較次數。這樣就能決定每一隊的名次。如果他們只在乎誰拿到冠軍，那何必要比賽 n^2 次來決定冠軍呢？」換句話說，如果我們知道能在線性對數時間內全部排序完，再以單敗淘汰制比賽不到 n 次就能決定冠軍，為什麼要進行整整 $O(n^2)$ 次循環賽後，又安排好幾場比賽呢？這個嘛，聯盟其實沒興趣減少比賽場數。在電腦科學中，不必要的比較既浪費時間又浪費力氣，所以絕對不好，但在運動界並不是這樣。畢竟在許多方面，比賽本身就是重點。

排序效率差的價值──穩固

　　要訓練自己以演算法的眼光看運動，還有個或許更重要的方法，就是不要問我們應不應該信賴銀牌，而要問我們應不應該信賴金牌。

　　崔克解釋，在某些運動中，「例如棒球，一支球隊輸掉30％的比賽，另一支球隊就會贏30％的比賽，與球隊本身完全無關[36]」。這可能對單淘汰制造成令人憂心的影響。假設 NCAA 籃球賽有70％是由較強的一隊獲勝，那麼最強的球隊獲得冠軍的機率只有0.7的6次方，也就是不到12％！如果換一種說法，在 NCAA 聯盟中，真正最強的球隊獲得冠軍的機率是每十年才有一次。

---

36 出處同上。

37 Tom Murphy, "Tuning in on Noise?" 2014年6月22日發表於 "Do the Math" 部落格：
　　http://physics.ucsd.edu/do-the-math/2014/06/tuning-in-on-noise/。

在某些運動中，即使對比賽結果有70％的信賴，或許也太過相信
最終分數。加州大學聖地牙哥分校物理學家湯姆・墨菲把數值模擬技術
運用在足球上，推論出足球比賽的比數很低，因此比賽結果接近隨機的
程度，可能遠超出大多數球迷的想像。他說：「以3:2的比數而言〔37〕，
勝隊實力確實較佳的機率其實只有5/8⋯⋯我個人覺得這個結果不算很
好。就算是6:1的壓倒性比數，純屬僥倖的機率也有7％。」

電腦科學家把這種現象稱為干擾（noise）。目前介紹過的所有排序
方法，都假設比較過程十全十美、毫無瑕疵而且絕對正確，不可能把較
小的量誤判成較大。當你容許「有干擾的比較」出現時，電腦科學中最
神聖的某些演算法從此消失，而最可怕的某些演算法則隨之現身。

新墨西哥大學電腦科學教授戴夫・艾克利（Dave Ackley）的研究領
域，介於電腦科學和「人造生物」之間。他認為電腦可由生物學獲得某
些啟發。首先，在生物生活的世界中，絕大多數過程不具備電腦依賴的
可靠性，因此對生物而言，最重要的是學者說的「穩固性」。艾克利主
張，現在我們應該開始認知穩固性在演算法中的重要程度。〔38〕

因此，儘管程式設計權威巨著《排序與搜尋》（Sorting and Searching）
大膽宣稱「氣泡排序沒有明顯的彌補功能」〔39〕，艾克利等人依然認為，
氣泡排序這類演算法或許仍然有用途。氣泡排序效率極低（每次只能把
項目移動一格），因此很不容易受到干擾，遠比合併排序等速度較快的
演算法穩固。效率很高的合併排序反而脆弱。合併排序初期發生失誤，

---

38 Ackley, "Beyond Efficiency."

39 Knuth, *The Art of Computer Programming*, §5.5.

就像單淘汰賽中第一輪就大意落敗，不僅會使球隊奪冠的希望破滅，還導致球隊落入所有球隊的後半。[40] 反觀排位賽則像氣泡排序一樣，大意落敗只會使排名落後一名。

不過，氣泡排序其實並不是抗干擾能力最強的演算法，真正擁有這個頭銜的演算法[41]，是**比較計數排序**（Comparison Counting Sort）。這種演算法把每個項目與其他項目比較，並列出大於它的項目數，這個數字可以直接當成此項目的排名。比較計數排序兩兩比較所有項目，所需時間和氣泡排序同樣是平方時間，因此這種排序不受傳統電腦科學用途青睞，但它的容錯能力確實超強。

比較計數排序的做法聽起來應該很熟悉，它的方式就和循環賽一樣。換句話說，這種演算法非常像球隊的球季例行賽：每一隊都要跟分區中的其他各隊比賽，列出勝負紀錄並據以排名。

比較計數排序是目前已知最穩固的排序演算法，不論平方或更好，都可以讓運動迷體認到一件事：如果你支持的球隊沒有打進季後賽，別發牢騷啦。合併排序的季後賽要靠運氣，但比較計數排序的例行賽則否，冠軍戒指或許不一定實至名歸，但分區排名則完全反映實力。換句話說，如果你的球隊在季後賽中很早就出局，那只是運氣不佳，但如果是沒有打進季後賽，那表示實力不夠好。運動酒吧裡跟你同樣失望的球迷或許會同情你，但電腦科學家可是毫不留情。

---

40 不過必須指出的是，NCAA的瘋狂三月賽事是刻意如此設計，藉以彌補其演算法的這個缺陷。前面提過，單淘汰制最大的問題似乎是：第一個遭冠軍隊淘汰的隊伍，有可能是實力第二強的隊伍，但排名落入（不排序的）後半。NCAA的解決方法是設定種子隊，讓排名最前面的球隊在最初幾輪不會碰頭。至少從最極端的狀況看來，種子隊的設定過程還算可靠，例如在瘋狂三月賽事史上，第16種子隊從來沒有擊敗過第一種子隊。

血腥排序：啄序和優勢階級

目前我們討論過的所有排序案例，排序過程都是從上而下，例如圖書館員把書籍上架、NCAA告知各隊何時與哪一隊比賽等。但如果一對一比較完全出於自發呢？如果排序是由下而上逐步發生，會是什麼狀況？

這看來有點像線上撲克比賽。

運動競賽大多有主辦單位負責統籌，但撲克比賽近十年來雖然越來越風行，卻一直處於無政府狀態。儘管某些著名賽事確實列出了參賽者的詳細排名（並據以給予酬勞），但許多撲克牌手比試的方式仍是「現金牌局」（cash game）。這種方式是兩名或以上的撲克牌手協調後，同意每手牌的輸贏都以現金交易。

艾薩克・海克斯頓（Isaac Haxton）是全球頂尖的現金牌局撲克牌手，應該也是最了解這個領域的人。對於大多數運動，盡可能取得最佳名次就已足夠，選手對自己的實力知道得越少越好。然而海克斯頓解釋：「就某些方面而言，職業撲克牌手最重要的技能是評估自己的實力。[42]假如你有任一方面遜於全世界最強的撲克牌手，而且每次都願意跟比你強的人玩牌，最後你一定會輸個精光。」

海克斯頓是兩人對決和無限下注的好手。「兩人對決」代表一對一

---

41 Dave Ackley, personal interview, November 26, 2013。參見Jones and Ackley, "Comparison Criticality in Sorting Algorithms" 及 Ackley, "Beyond Efficiency"。如需進一步了解比較計數排序（又稱為循環賽排序），請參閱Knuth, *The Art of Computer Programming*, §5.2。

42 Isaac Haxton, personal interview, February 20, 2014.

比試，「無限下注」的意思就和字面一樣，下注金額取決於自己的經濟能力。在多手撲克現金牌局中，通常會有一位較弱的牌手（例如有錢的業餘牌手）不斷輸錢給桌上其他職業牌手，這些職業牌手不在乎彼此間的實力差距如何。但在兩人對決的領域裡就不一樣了。「你和對方對於誰比較強，判斷一定不同，否則一定是有一方故意放水。」

那麼如果已經有一定共識，也沒有人願意跟比自己強的人玩牌呢？這種狀況就會演變成牌手們一直在搶位子。線上撲克網站的桌數大多有一定限制。「所以想玩盲注50和100美元的兩人對決和無限下注的話，通常只有十桌。因此只有有共識的十名最強牌手出現……等待其他想這麼玩的人出現。」如果現在來了一位超級好手坐上其中一桌呢？假如原本在牌桌等待的人不想輸錢，就會立刻閃人。克里斯多夫·紐曼（Christof Neumann）表示：「假設有兩隻猴子〔43〕，其中一隻靜靜坐著進食，如果有另一隻走上前去，吃東西的那隻會站起來走掉。」

紐曼不是用撲克牌來當成比喻。他是瑞士納沙泰爾大學行為生物學家，研究彌猴的支配優勢，他描述的行為稱為「替代」（displacement）。

動物運用階級知識判斷不值得對抗時，就會出現替代行為。在許多動物社會中，食物、交配、適居空間等資源和機會相當稀少，因此必須決定誰能擁有哪些資源。事先建立順序，會比每當有交配機會或發現優質草地就打一架，要來得溫和得多。雖然我們看見動物彼此衝突時會感到害怕，生物學家卻常把啄序視為防範暴力的暴力手段。

43 Christof Neumann, personal interview, January 29, 2014.

44 Craig, *Aggressive Behavior of Chickens.*

45 Jessica Flack, personal interview, September 10, 2014。另參見DeDeo, Krakauer, and Flack, "Evidence of Strategic Periodicities in Collective Conflict Dynamics"; Daniels,

聽起來很熟悉吧？這就是搜尋與排序權衡。

建立啄序是基本運算問題的暴力解決方案。順帶一提，由於這個緣故，農場剪去雞喙或許立意良善，但其實會造成反效果。去喙讓雞無法藉打鬥來決定順序，使雞群更難以執行排序，所以在許多案例中，雞群內的敵對狀況反而增多。

從電腦科學的觀點來觀察動物行為，可以了解幾件事。首先，單一個體遭遇的敵對狀況次數，將隨群體擴大而大幅增加（至少呈對數增加，甚至可能呈平方增加）。母雞敵對行為（agonistic behavior）研究就發現，「每隻母雞的攻擊行為隨群體數目增加而增加」。[44]因此排序理論認為，以人道方式飼養家畜或許應該包含限制群體數量（野生雞群大約為十到二十隻，遠比養殖場中的雞群數量少）。研究也指出，幾個星期後除非有新成員加入，否則攻擊行為似乎就會消失，證實了群體會自動排序。

美國威斯康辛大學麥迪遜分校複雜性與集體運算中心副主任潔西卡・弗萊克（Jessica Flack）主張，探討自然界中分散式排序的關鍵，在於優勢階級其實就是資訊階級。弗萊克指出，這類分散式排序系統有個重大的運算負擔。[45]在一群獼猴中，每隻獼猴都必須確實了解猴群中的階級，才能減少打鬥次數，否則暴力行為將會不斷出現。

如果關鍵是群體首領掌握現行順序的能力，那麼動物的推理和記憶能力提升後，衝突應該會減少，人類的排序效率或許最接近。海克斯頓提到撲克牌界時曾說：「我是世界頂尖的兩人對決、無限下注德州撲克

Krakauer, and Flack, "Sparse Code of Conflict in a Primate Society"; Brush, Krakauer, and Flack, "A Family of Algorithms for Computing Consensus about Node State from Network Data"。想更廣泛地了解弗萊克的研究成果，請參見Flack, "Life's Information Hierarchy"。

牌手，我心裡有個全世界前二十名牌手排行榜，我想這些人心裡也有同樣的排行榜。我覺得大家的名單應該大同小異。」只有雙方心目中的排名不同時，現金牌局才會接踵而來。

以競賽取代打鬥

現在我們已經了解族群本身執行排序的兩個缺點。首先，排序至少會造成線性對數次數的對抗，使個體生活隨群體數目增加而陷入爭鬥。此外我們還必須要所有競爭者隨時記住其他個體不斷改變的地位，否則就會多打不必要的架，不僅影響生理，也影響心理。

但其實不需如此，有很多方式可以依序排列但不需付出代價。

舉例來說，有一種運動競賽只要舉行一場比賽，就能排出成千上萬參賽者的名次（相反地，參賽選手有一萬人的循環賽，就需要舉行一億場比賽），唯一的問題是：這場比賽所需時間，取決於速度最慢的參賽者。這種競賽就是馬拉松[46]，它指出了一個重要概念：競賽基本上和打鬥不同。

想想拳擊選手和滑雪選手、以及擊劍選手和賽跑選手的差別。奧運拳擊選手必須冒著腦震盪的危險上場比賽 $O(\log n)$ 次（通常是四至六次），才能獲得獎盃。讓更多選手參賽可能危及所有選手的健康。然而俯臥式雪橇、滑雪跳遠或單板滑雪選手只需要和重力對抗固定次數，不

---

46 有一種排序演算法類似馬拉松。Beyond-comparison排序理論中比較有趣（維基百科用「隱密」這個詞）的一項發展，源自一個令人意想不到的地方：惡名昭彰的網路留言板4chan。2011年初，一則匿名貼文宣稱：「天啊，我真是天才，請看我剛剛發明的排序演算法。」貼文作者說的「排序演算法」叫睡眠排序（Sleep Sort），它為每個未排序的項目建立一個處理執行序，要每個執行序「睡覺」，秒數等於它的值，然後「醒來」並輸出本身。的確，

受參賽人數影響。擊劍選手必須跟對手對戰O(log n)次，但馬拉松選手只需要比賽一次。如果能以一個簡單的數值來評量表現，就能以常數時間演算法決定名次。

從只能呈現排名的序數改成基數（直接指定評定水準的方式），就能自然地依序排列，不需要兩兩比較。因此這種方式不需要直接一對一對決，也能產生優勢階級。創造某種企業階級的財星500大企業排行榜也是如此。分析專家如果要找出全美國價值最高的公司，不需要一一比較那些似乎毫不相干的競爭者（多少企業軟體使用機台等於多少原油期貨？），比方微軟和通用汽車、通用汽車和雪佛龍、雪佛龍和沃爾瑪比較等等，而是透過金錢就能互相比較。只要有基準（任何基準都行），就能解決排序規模擴大產生的運算問題。

舉例來說，矽谷有一句關於會議的格言：「你得自己去找錢[47]，錢不會來找你。」所以廠商找創業者、創業者找創投、創投再去找有限的合作伙伴。個人可能會抱怨這些階級，但為了爭取認可而隱忍。結果，個體間的兩兩互動中極少爭奪地位。一般說來，任兩人之間不需要協調，就知道誰應該尊敬誰，大家都知道彼此的份量。

同樣地，儘管海上通行權在理論上是由極為複雜的公約加以規範，但實際上有個簡明易懂的總噸位法則（Law of Gross Tonnage）規定哪艘船該讓哪艘船。這個規則非常簡單，就是小船讓大船。有些動物很幸

最終輸出應該是已經排好序的。如果不管透露睡眠排序邏輯漏洞的實作細節，只看睡眠排序的表面值，它看來確實似乎有其作用，而不是自我陶醉：這種排序的執行時間與項目數完全無關，而是取決於其大小（因此它的效果還是不如直截了當的O(1)常數時間排序）。

47 這段話出自英國企業家亞歷山大・狄恩（Alexander Dean），參閱網址 https://news.ycombinator.com/item?id=8871524。

運，也具有明確的優勢階級。紐曼曾經觀察到以下現象：「就拿魚類來說，越大的魚越有優勢〔48〕，就這麼簡單。」因為規則如此簡單，所以海洋十分和平。魚類跟雞和靈長類不同，不需要流血就能排定順序。

我們思考人類形成大規模社會的關鍵因素時，很容易只注意到科技，包括農業、金屬、機械等，但以可量化的標準決定地位或許也很重要。金錢當然不一定是標準。舉例來說，敬老尊賢這類規則，同樣能參照共同基準來解決人的地位問題。同樣的原理也適用於國與國之間。受邀參加G20等外交高峰會的標準是GDP，儘管經常有人指出GDP這類基準太粗糙又有許多缺點，但只要有基準，就能以單一參考點決定所有排名，很快解決國家地位問題，而不需要進行線性對數次數的爭鬥與決議，不僅節省許多時間，還能挽救無數生命。

在小規模族群中，線性對數次數的打鬥或許行得通，自然界中的族群也經常如此。但在藉由兩兩比較決定地位的領域裡（對戰工具可能是言辭，也可能是砲火），衝突次數將隨群體數目成長而快速增加。要讓成千上萬、甚至數百萬個體生活在同一空間中，就必須從序數跳脫出來，跳到基數。

儘管我們經常抱怨現代人的生活就像老鼠賽跑，但人類和猿猴、雞甚至老鼠之間最重要的差別，正是以競賽取代打鬥。

---

48 總噸位法則似乎確實是海洋的主要規則，但這不代表魚類完全和平。魚類體型相當時同樣會打鬥，而且打鬥得十分激烈。

4 快取   Caching

忘掉就算啦！

在智力的實際運用中[1]，忘記的重要程度和記憶不相上下。
——美國心理學家威廉‧詹姆士（William James）

你面臨一個問題。你的櫃子已經滿到裝不下，鞋子、襯衫和內衣褲都散落在地。你想著：「該好好整理了。」好，現在你的問題變成兩個了。[2]

具體地說，你必須先決定要留下哪些東西，接著決定要怎麼收。還好有一種行業的人靠思考這兩個問題維生，他們會非常樂意提供建議。

談到該留下哪些東西，瑪莎‧史都華（Martha Stewart）說過應該問自己幾個問題：「這個東西在手上多久了？[3]現在還有用嗎？是否有其他相同的東西？我上次穿戴或使用它是什麼時候？」而談到該怎麼整理留下來的東西時，她建議「把類似的物品放在一起」，其他專家也同意這一點。《簡樸生活的實踐》（*The Joy of Less*）作者法蘭辛‧潔伊（Francine Jay）強調：「把所有裙子掛在一起[4]、褲子、洋裝、大衣也分別放在一

---

1 James, *Psychology*.

2 這種狀況類似1997年8月12日網景（Netscape）工程師傑米‧薩溫斯基（Jamie Zawinski）在一篇Usenet貼文中，首先提到的程式設計笑話：「有些人碰到問題時會想：『我知道，我要使用一般敘述。』現在問題從一個變成兩個了。」

3 Stewart, *Martha Stewart's Homekeeping Handbook*.

塊。」安德魯・梅侖（Andrew Mellen）自稱「全美國最會整理的人」，他則說：「物品依照類別整理〔5〕，便褲放一起、襯衫、大衣也分別放在一起。每個類別再依照色彩和樣式分開，例如長袖或短袖、以及領口等。」撇開這項工作可能衍生的分類問題不談，這個建議似乎不錯；它當然看來非常一致。

還有個規模更大的行業的從業人員也經常研究儲存，他們另有一套看法。你的儲物櫃面臨的挑戰，其實跟電腦管理記憶體時面臨的挑戰大致相同：空間有限，目標則是既要省錢、又要省時間。從電腦問世至今，電腦科學家一直在跟保留哪些資料以及如何安置資料的問題纏鬥不休。數十年來的研究結果顯示，瑪莎・史都華解說該丟掉哪些東西時提出的四個問題，其實是好幾個不完全並存的建議，其中有一個特別重要。

我們也可從電腦科學的記憶體管理，學習如何整理櫃子（還有辦公室）。乍看之下，電腦似乎非常遵守史都華「把類似物品放在一起」的心法。作業系統鼓勵我們把檔案分成許多資料夾，類似資料放在一起，形成不同階層，依內容越分越細。然而，正如學者可能以整潔的桌面遮掩腦子裡的混亂，電腦檔案系統也可能以表面看來有條有理的巢狀資料夾，遮掩資料實際儲存中精心設計的混亂。

快取在記憶體架構中的地位相當重要，而且可說無所不在，從以毫米計的處理器晶片布局到全球網際網路的地理分布，都看得到快取。它為我們提供新觀點，來觀察人類生活中形形色色的儲存系統和記憶體區

4　Jay, *The Joy of Less.*

5　Mellen, *UnstuffYour Life!*

6　Davis, *Almost No Memory.*

7　快取發展史的參考資料來源為 Hennessy and Patterson, *Computer Architecture*，這本書還

塊，不只電腦，也包括櫃子、辦公室、圖書館，甚至我們的頭腦。

把常用的東西放在手邊──記憶體階層

有一名女子知覺非常敏銳，但幾乎沒有記憶力〔6〕……

她的記憶力足以用來工作，而且她工作得很認真。

──美國作家莉迪亞・戴維斯（Lydia Davis）

　　大約從2008年開始，打算買新電腦的消費者在選擇儲存容量時，都會碰到一個難題，就是必須權衡容量和速度。電腦產業目前正處於從傳統硬碟轉換成固態硬碟的過渡期，相同價格買到的傳統硬碟，容量比固態硬碟大得多，但固態硬碟的效能則高出許多。大多數消費者現在已經知道這一點，或是開始選購不久後就會發現。

　　不過輕度使用者或許不知道，電腦本身內部也在進行許多尺度不同但內容相同的權衡，因此它被視為運算的基本原理之一。〔7〕1946年，同在普林斯頓的高等研究所工作的亞瑟・布克斯（Arthur Burks）、赫曼・戈德史坦（Herman Goldstine）和約翰・馮紐曼，提出一項他們稱為電子「記憶器官」的設計提案。〔8〕他們在提案中寫道，在理想世界中，機器當然應該擁有容量無限且速度迅如閃電的儲存裝置，但實際上這是不可能的（現在一樣不可能）。他們提出其實是他們心目中的重要發展：「一種階層式的記憶體，每個階層的容量都比上一層更大，不過速度較慢。」

詳細介紹了現代電腦設計中的快取方法。

8　Burks, Goldstine, and von Neumann, *Preliminary Discussion of the Logical Design of an Electronic Computing Instrument.*

由數種不同記憶體堆疊而成，包括容量較小但速度較快，以及容量較大但速度較慢的記憶體，或許能截長補短，同時發揮兩者的優點。

　　記憶體階層的基礎概念，對用過圖書館的人而言應該都很簡單。舉例來說，如果你要研究某個主題來撰寫論文，必須不時參考某幾本書，你當然不需要每次要用時都回圖書館查，而是把這些書借回家放在桌上，以便隨時查閱。

　　在電腦運算中，「記憶體階層」這個概念，一直到1962年擎天神（Atlas）超級電腦在英國曼徹斯特問世[9]，才不再只是理論。這部電腦的主記憶體是一個大型圓筒，旋轉時可以讀取及寫入資料，類似留聲機的蠟製圓筒唱片。不過擎天神電腦還有一個「工作」記憶體，它以偏振磁鐵製成，尺寸較小、速度較快。資料可以先從圓筒讀到磁鐵上，輕鬆地隨意讀寫，再把結果寫回圓筒。擎天神電腦問世後不久，劍橋大學數學家莫利司‧威爾克斯（Maurice Wilkes）發現，這種容量較小但速度較快的記憶體，不只是處理資料後再存回去的便利區域，還可用來存放稍後可能需要的片段資料、為未來的類似需求預作準備，同時大幅提升電腦的運作速度。如果你需要的資料仍然在工作記憶體中，就不需要從圓筒載入了。威爾克斯表示，這個較小的記憶體「可把來自速度較慢的主記憶體的資料，自動存放起來供後續使用[10]，不需要再多花時間存取主記憶體」。

　　其中的關鍵，當然是如何管理這個容量小、速度快又珍貴的記憶

9　Kilburn et al., "One-Level Storage System."

10　Wilkes, "Slave Memories and Dynamic Storage Allocation."

11　Conti, Gibson, and Pitkowsky, "Structural Aspects of the System/360 Model 85."

體，盡可能讓它提供我們需要的資料。繼續用圖書館當例子：如果你只進入書架一次就可以取得需要的所有書籍，這個星期的剩餘時間就在家工作，這樣其實跟全圖書館的書都在你桌上差不多。你越常回圖書館找資料，工作進度越慢，書桌對你的幫助就越少。

1960年代，IBM 360/85超級電腦採行了威爾克斯的提議[11]，並把它命名為「快取」。從此以後，快取開始出現在電腦科學的每個領域。把經常使用的資料放在手邊具有強大效益，因此廣受電腦運算的各個層面採用。處理器有快取、硬碟有快取、作業系統有快取、網路瀏覽器有快取，提供內容給瀏覽器的伺服器也有快取，因此能讓我們即時觀看貓咪坐在掃地機器人上兜風的影片，讓好幾百萬……不過這部分好像講得太早了一點。

有人形容近五十多年的電腦產業年年呈指數成長，這句話多少參考了著名的摩爾定律（Moore's Law）。英特爾的戈登・摩爾（Gordon Moore）於1975年提出這個定律，指出電腦中央處理器中的電晶體數量每兩年增加一倍。[12]不過記憶體的效能並沒有以相同的速率提升，因此相對於處理時間而言，存取記憶體的成本也呈指數成長，舉例來說，你撰寫論文的速度越快，意謂著每次去圖書館所損失的生產力越多。同樣地，如果工廠的生產速度每年增加一倍，但零件從海外運來的步調同樣緩慢，工廠取得零件的數量相同，那麼工廠沒事可做的時間反而加倍。

有一段時間，摩爾定律的建樹似乎相當小，只看到處理器以更快的

---

12 摩爾原先於1965年預測「在積體電路中裝入更多元件」的進展是每年加倍，但1975改成「數位積體電子裝置的進步幅度」為每兩年增加一倍。

速度虛耗時間，空閒的時間也更長。1990年代，這個現象被稱為記憶體牆（memory wall）。電腦科學防範撞牆的最佳措施，就是採用更多精巧的階層：快取之中再設快取，如此一直發展下去。市售的新款筆記型電腦、桌上型電腦和智慧型手機，記憶體階層是六層〔13〕，高效率的記憶體管理現在對電腦科學而言極為重要。

我們先解決談到快取（或儲物櫃）時，通常會想到的第一個問題：快取裝滿時該怎麼辦？

把隔最久才會再用的資料剔除──貝雷迪演算法

到了某個時候，只要多學一些知識，就會忘記一些你原本已經知道的事情。因此別讓無用的事擠掉有用的事，這點非常重要。〔14〕
──福爾摩斯

快取裝滿時，如果還需要存放其他資料，就必須騰出空間，在電腦科學中，這個騰出空間的程序稱為「快取替換」（cache replacement）或「快取剔除」（cache eviction）。威爾克斯曾經寫道：「快取記憶體的容量比主記憶體小很多，資料不可能永久存放在裡面〔15〕，所以系統必須具備某種演算法，逐步覆蓋這些資料。」這類演算法稱為**替換策略**

---

13 分別為暫存器（register）、L1、L2和L3快取、RAM以及磁碟。如需進一步了解記憶體牆，可參閱 Wulf and McKee, "Hitting the Memory Wall"。

14 Conan Doyle, "A Study in Scarlet: The Reminiscences of John H. Watson."

15 Wilkes, "Slave Memories and Dynamic Storage Allocation."

16 貝雷迪個人生平的參考資料來源為2002年他與菲利普‧L‧弗拉納（Philip L. Frana）的口述歷史訪談（參見 https://conservancy.umn.edu/bitstream/107110/1/oh352lab.pdf）。

（replacement policy）或**剔除策略**（eviction policy），或者直接稱為**快取演算法**。

前面提過，IBM 在 1960 年代在快取系統發展史上有著重要地位。不意外，該公司也是早期快取演算法研究的大本營，而且成果相當豐碩。其中最重要的大概是外號「雷斯」的萊斯洛・貝雷迪（László Bélády）設計的演算法。貝雷迪於 1928 年出生於匈牙利[16]，在那裡研讀機械工程。1956 年匈牙利革命時，他只帶著裝了「一套內衣褲和畢業論文」的背包就逃到德國，後來從德國前往法國，1961 年又移民美國，帶著妻子、「襁褓中的兒子和一千美元，其他什麼都沒有」。他似乎對應該保留和捨棄哪些東西非常敏銳，後來他進入 IBM 研究快取剔除。

貝雷迪於 1966 年發表的快取演算法論文，成為被引用次數最多的電腦科學研究長達十五年。[17]這篇論文說明，快取管理的目標，是盡量減少在快取中找不到需要的資料，以致必須轉而至速度較慢的主記憶體尋找的狀況。這類狀況稱為「尋頁錯失」（page fault）或「快取未中」（cache miss）。貝雷迪在論文中提到，最佳的快取剔除策略，是快取裝滿時就剔除最久之後才會再次需要的資料。

當然，要預測何時會再次需要哪些資料說來容易，做起來可沒那麼簡單。

他的快取演算法分析與結果請參閱 Bélády, "A Study of Replacement Algorithms for a Virtual-Storage Computer"。

17 依據貝雷迪自己表示：「我 1965 年的論文成為引用文獻資料庫軟體領域十五年來，被引用次數最多的論文。」J. A. N. Lee, "Laszlo A. Belady," in Computer Pioneers, http://history.computer.org/pioneers/belady.html。

這個無所不知、有先見之明、能預測未來並執行已知最佳策略的演算法，稱為**貝雷迪演算法**（Bélády's Algorithm），它是電腦科學家說的「預知型」演算法，也就是由預測的資料獲取資訊的演算法。聽起來很扯？其實不然（系統有些時候或許真能預測未來），只是預測未來通常沒那麼容易，軟體工程師也經常開玩笑說，在實際運用貝雷迪演算法時碰到「實作上的困難」。挑戰在於，我們要找到一種演算結果得盡可能接近預言的演算法，縱然大多時候我們只能被死死的卡在現在，而且僅能在有限程度上臆測即將發生的事。

我們可以直接採用**隨機剔除**（Random Eviction），把新資料放進快取，隨機覆寫舊資料。快取理論有個令人驚訝的初步結論就是，儘管這個方式不是十全十美，但還不算太差。事實上，只要有快取，不論我們怎麼運用，系統效率都能提高。我們常用的資料一定會很快又放回快取。另一個簡單的策略是**先進先出**（FIFO），剔除或覆寫在快取裡存放最久的資料。（就像瑪莎・史都華問的：「這個東西在手上多久了？」）第三種方式是**最近最少使用法**（LRU）：剔除未使用時間最長的資料。（也像史都華的問題：「我上次穿戴或使用它是什麼時候？」）

史都華這兩個建議不僅策略完全不同，而且其中之一顯然比較優異。貝雷迪以數種狀況比較過隨機剔除、先進先出和好幾種LRU，發現

---

18 數年後，貝雷迪也證明FIFO還有某些古怪的缺點，尤其是在極少數例子中，加大快取容量可能反而降低效能，這類現象稱為「貝雷迪異常」（Bélády's Anomaly）。Bélády, Nelson, and Shedler, "An Anomaly in Space-Time Characteristics of Certain Programs Running in a Paging Machine"。

19 如果有興趣嘗試更複雜的快取演算法，以下是幾種常見的變化版LRU：

• LRU-K: O'Neil, O'Neil, and Weikum, "The LRU-K Page Replacement Algorithm for

LRU的表現最接近預知。[18]LRU原理的效果源自電腦科學家說的「時序局部性」(temporal locality)：如果程式曾經呼叫某項資訊一次，不久後就可能再度呼叫。時序局部性有一部分源自電腦解決問題的方式（例如執行一個快速進行相關讀寫的迴圈），但其實人類解決問題的方式也有時序局部性。如果你用電腦工作，你可能會在電子郵件、瀏覽器和文書處理軟體之間不斷切換。如果你剛剛用過其中之一，代表可能會再用到它。如果沒有意外，上次使用時間離現在最久的程式，通常也會隔好一段時間才會用到。

事實上，這個原理在電腦呈現的使用者介面上更加明顯。電腦螢幕上的視窗有Z軸順序(Z-order)。Z軸順序是模擬的深度，可據以判斷哪個程式應該疊在哪個程式上方。使用率最低的程式最後會位於最底下。曾經擔任火狐瀏覽器創意主任的艾札・拉斯金(Aza Raskin)曾說：「我們使用新式瀏覽器（或電腦）時，大多數時間是在進行數位化的抽換紙張。」Windows和Mac OS的作業切換介面，也會反映這個「抽換動作」。當我們按下Alt＋Tab或Command＋Tab，就會看到應用程式依據使用頻率順序排列。

剔除策略相關文獻探討得相當深入[19]，包括考量使用的新近程度及頻率的演算法，以及不記錄最後一次存取，而是倒數第二次存取的演

Database Disk Buffering" 探討最近第K次使用後經過的時間（對於以K次未使用的快取中的物件而言，此值為最大）。這種方法可能造成頻率偏差。以倒數第二次使用為觀察目標的LRU-2最常見。

• 2Q: Johnson and Shasha, "2Q: A Low Overhead High Performance Buffer Management Replacement Algorithm" 把物件分成兩排，取得少許頻率相關資訊。物件由第一排開始，如果在快取中再次被提到，就放到第二排。接著以LRU把物件由第二排剔除回第一排，同

算法等等。然而儘管新穎的快取方案多不勝數，其中有些也確實能在適當條件下超越LRU，但LRU本身（以及小幅修改版本）仍然廣受電腦科學家喜愛〔20〕，運用在大大小小的各種應用程式中。LRU告訴我們，我們下次可能需要的資料就是上次用過的那些，再接下來需要的可能就是前面倒數第二次使用的資料。此外，我們可能最不需要的資料，就是未使用時間最長的那些。

除非我們有充分的理由採取其他策略，否則未來的最佳策略應該就是把先前的使用過程倒轉過來。最接近預知的策略是假設歷史會不斷重複，只不過順序相反。

把圖書館內外翻轉

在加州大學柏克萊分校地下室的加德納書庫裡〔21〕，有一扇門標著「非請勿入」，禁止任何人進入。門內是加州大學圖書館系統最珍貴的東

時也以LRU把物件由第一排中剔除。

- LRFU: Lee et al., "LRFU: A Spectrum of Policies that Subsumes the Least Recently Used and Least Frequently Used Policies"對每個物件指定一個分數，此分數隨每次使用而增加，但隨時間而減少，藉此結合新近程度和頻率兩者。
- The Adaptive Replacement Cache (ARC): Megiddo and Modha, "Outperforming LRU with an Adaptive Replacement Cache Algorithm"採用類似2Q的兩排法，但依據效能調整兩排的長度。
以上這些演算法在快取管理效能測試中的效能都優於LRU。
20 舉例來說，帕威爾·潘切卡（Pavel Panchekha）於2012年為Dropbox部落格撰寫了一篇文章，文中列出Dropbox採用LRU的理由，參閱網址https://tech.dropbox.com/2012/10/caching-in-theory-and-practice/。
21 給好奇加州大學柏克萊分校學生在我們造訪時究竟正在看些什麼的讀者：Thoreau's *Walden*; critical texts on *Song of Myself*, Cormac McCarthy, James Merrill, Thomas Pynchon, Elizabeth Bishop, J. D. Salinger, Anaïs Nin, and Susan Sontag; *Drown* by Junot

西。這裡有柯爾馬克・麥卡錫、湯瑪斯・品欽、伊莉莎白・畢夏普，還有J・D・沙林傑、阿內絲・尼恩、蘇珊・桑塔格、朱諾・迪亞茲和麥可・查本，另外還有安妮・普羅克斯、馬克・史川德和菲利普・迪克，以及威廉・卡洛斯・威廉、查克・帕拉紐克、東尼・莫利森、丹尼斯・強生、茱莉安娜・史帕爾、裘利・葛拉漢、大衛・塞德利斯、塞爾維亞・普拉斯、大衛・馬門、大衛・佛斯特・華勒斯和尼爾・蓋曼……。這裡不是圖書館的善本書室，而是圖書館的快取。

　　前面討論過，圖書館跟我們自己的書桌搭配起來，就是記憶體階層的自然範例。事實上圖書館具備各個部門和儲存設備，本身就是多層級記憶體階層的好例子，因此也面臨各種快取問題。它必須決定把哪些書放在前端有限的展示空間、哪些放在書庫，又有哪些要存放在其他地點的倉庫裡。要把哪些書存放在其他地點，各圖書館有不同的策略，但絕大多數都採取LRU原理。負責管理加大柏克萊分校各圖書館流程的

Díaz; *Telegraph Avenue* and *The Yiddish Policemen's Union* by Michael Chabon; *Bad Dirt* and *Bird Cloud* by Annie Proulx; *Mr. and Mrs. Baby* by Mark Strand; *The Man in the High Castle* by Philip K. Dick; the collected poetry and prose of William Carlos Williams; *Snuff* by Chuck Palahniuk; *Sula* by Toni Morrison; *Tree of Smoke* by Denis Johnson; *The Connection of Every one with Lungs* by Juliana Spahr; *The Dream of the Unified Field* by Jorie Graham; *Naked, Me Talk Pretty One Day*, and *Dress Your Family in Corduroy and Denim* by David Sedaris; *Ariel* by Sylvia Plath and *Oleanna* by David Mamet; D. T. Max's biography of David Foster Wallace; *Like Something Flying Backwards*, *Translations of the Gospel Back into Tongues*, and *Deepstep Come Shining* by C. D. Wright; the prose of T. S. Eliot; *Eureka* by Edgar Allan Poe; *Billy Budd, Sailor* and a collection of short works in poetry and prose by Herman Melville; *The Aspern Papers*, *The Portrait of a Lady*, and *The Turn of the Screw* by Henry James; Harold Bloom on Billy Budd, Benito Cereno, and "Bartleby the Scrivener"; the plays of Eugene O'Neill; *Stardust* by Neil Gaiman; *Reservation Blues* by Sherman Alexie; *No Country for Old Men* by Cormac McCarthy……等。

貝絲‧都普斯（Beth Dupuis）表示：「以主書庫為例，如果某件物品已經十二年沒用了，就應該處理掉。」[22]

而在十二年沒有用過的書籍之外，另外一端則是圖書館的「粗略排序」區，我們在前一章曾經造訪這個區域。書籍歸還後先送到這區，完整排序後重新放回書架。諷刺的是，工讀生認真地把這些書放回書架，但就某些意義而言是把它弄得更亂。

原因是這樣的：如果時序局部性成立，那麼粗略排序書架上的，都是整棟圖書館裡最重要的書籍。這些書籍剛剛用過，所以也是圖書館常客最可能想找的書。不論是把館內眾多書架中最有趣、最值得瀏覽的書架藏起來，或者讓認真的圖書館員不斷打亂它們，似乎都不應該。

在此同時，莫菲特大學部圖書館（最顯眼也最容易取用的書架）則陳列了剛購入的新書。特別陳列最近添加的館藏，而不是最近有人閱讀的書籍，這種作法體現了先進先出快取的概念。

在電腦科學家進行的大多數測試中，LRU演算法都表現得很優異。這帶出一個簡單的結論：把圖書館內外翻轉。把新進書籍放在後面，讓想看的讀者尋找；最近歸還的書則放在大廳，這類書籍比較適合瀏覽。

人類是社會性動物，大學部學生可能會發現，追尋自己的閱讀習慣很有趣。這樣可讓校園朝更有生機、更自由的方向發展，跟大學指定「通識書籍」的用意相同，都是促進智慧的共同基準形成。如此一來，不論這些在校園裡有人閱讀的書籍是什麼書，都有可能被其他學生意外發

22 Elizabeth Dupuis, personal interview, September 16, 2014.

23 Carroll, *Sylvie and Bruno Concluded*.

24 Stephen Ludin, "Akamai: Why a Quarter of the Internet Is Faster and More Secure than

現。這可以說是更加基層而且由下而上的通識書籍計畫。

這樣的系統不只是對社會有正面作用。由於最近歸還的書最可能馬上借出，所以這麼做效率也比較好。學生或許會疑惑，為何受歡迎的書有時在書堆裡，有時又在大廳？不過剛剛歸還而且正等待上架的書，無論如何都不會在書架上。這是因為它們在這個短暫的中間狀態暫時無法取得。讓歸還的書籍裝飾大廳，可讓學生有機會直接跳過上架程序看到它們。館員不需要進入書庫放置圖書，學生也不需要進入書庫再拿出來，這就是快取的原始用意。

街底的那片雲——距離非常重要

「其實我們製作了這個國家的等比例地圖！」[23]
我問：「你們經常用到這張地圖嗎？」
教授說：「這張地圖到現在還沒有打開過，因為農民不想用。他們說這樣會遮蓋整個國家，擋住陽光！所以我們現在用這個國家本身當地圖，我保證它同樣好用。」
——《愛麗絲夢遊仙境》作者路易斯‧卡羅

我們常把網際網路視為扁平、獨立和關係鬆散的網絡，其實完全相反。日前全球網際網路的資料流量，有1/4掌握在一家幾乎沒有媒體報導過的公司手中[24]：Akamai。它位於美國麻州，經營的業務正是快取。

---

the Rest," lecture, March 19, 2014, International Computer Science Institute, Berkeley, California。Akamai在本身的網站上宣稱：「全球網路總流量有15%到30%由Akamai提供。」（http://www.akamai.com/html/about/facts_figures.html）。

　　我們也經常把網際網路視為抽象、虛擬和不受地理環境影響。資訊界說我們的資料放在「雲端」，也就是一個散漫又遙遠的地方。同樣地，這些說法也都不對。事實上，網際網路是一大把實體線路和一個個金屬機架，而且它受到的地理環境影響可能超乎你的想像。

　　工程師設計電腦硬體時，考慮的地理環境影響尺度非常小：速度較快的記憶體通常比較接近處理器，盡量縮短資料行經的線路。現在的處理器時脈循環都以十億赫茲計算，也就是每次運算的時間不到一奈秒。或者這麼說，光在這段時間裡只能行進幾公分，因此電腦內部的實體布局非常重要。如果把同樣的原理套用到非常大的尺度，對於線路長達幾千公里的網際網路而言，實際地理環境就顯得十分重要。

　　如果你存放網頁內容快取的硬體所在位置更接近使用者，就能更快提供這些網頁。目前網路的資料流量大多由內容分配網路（CDN）管理，這個網路在世界各地都有電腦，存放較受歡迎的某些網站的內容副本。如此一來，呼叫這些網頁的使用者就能直接取用鄰近電腦中的資料，不需要跨越重重大陸到原始伺服器去取用。

　　目前規模最大的CDN由Akamai負責管理。提供內容的廠商付費，把自己的網站放在Akamai底下，以便提高效能。舉例來說，一名澳洲人觀看BBC提供的影片時，用的可能是位於雪梨的Akamai伺服器，這

---

25 Ludin, "Akamai."

26 關於亞馬遜書店的「混沌倉儲」系統參見http://www.ssi-schaefer.de/blog/en/order-picking/chaotic-storage-amazon/。

27 預先運送有人訂購的物品的美國專利字號為US Patent No. 8,615,473，2013年12月24日核准。"Method and system for anticipatory package shipping" by Joel R. Spiegel, Michael T. McKenna, Girish S. Lakshman, and Paul G. Nordstrom, on behalf of Amazon Technologies Inc。

個要求根本沒有送到倫敦，也沒必要這麼做。Akamai公司的總工程師史蒂芬·魯丁（Stephen Ludin）表示：「我們之所以成立這家公司，秉持的信念就是『距離非常重要』。」[25]

在先前的討論中，我們指出有某幾種電腦記憶體的效能較佳，但單位容量成本也比較高，記憶體階層因此誕生，希望兼取兩者的優點。不過要讓快取發揮效用，不一定要用不同材料來製作記憶體。只有在接近程度受到的限制比效能更大時，快取才有作用。

「需要的檔案應該盡量接近使用地點」的概念，同樣適用純實體環境。舉例來說，亞馬遜書店規模龐大的出貨中心，通常會避免採圖書館或百貨公司這類人類能理解的整理方式[26]，而要員工把貨品隨意放在倉庫的任何地方（電池可能放在削鉛筆機、尿布、烤肉架和電吉他學習軟體旁邊），再用條碼把每樣貨品的位置標註在中央資料庫中。不過這類刻意表面凌亂的儲存系統仍然有個看得見的例外：需求較大的貨品會擺在不同區域，比其他貨品更容易取用。這塊區域就是亞馬遜的快取。

亞馬遜把這個原理向前推進一步，並以這項創新發明取得專利。[27]這項專利的主旨稱為「預測包裹寄送」，根據媒體的說法[28]，亞馬遜能在消費者下手購買前就寄出貨品。亞馬遜跟其他科技公司一樣，希望

28 可參閱 Connor Simpson, "Amazon Will Sell You Things Before You Know You Want to Buy Them," The Wire, January 20, 2014, http://www.thewire.com/technology/2014/01/amazon-thinks-it-can-predict-your-future/357188/ 與 Chris Matyszczyk, "Amazon to Ship Things Before You've Even Thought of Buying Them?," CNET, January 19, 2014, http://www.cnet.com/news/amazon-to-ship-things-before-youve-even-thought-of-buying-them/。

擁有類似貝雷迪演算法的預測能力，但在規劃這項最新發展時，他們採用了快取概念。它這項專利其實是把最近在某個地區很受歡迎的貨品，運送到位於該地區的臨時倉庫，就像擁有實體貨品的 CDN 一樣。接著當消費者下單時，貨品距離消費者已經很近。預測個人的購買行為是不小的挑戰，但要預測幾千人的購買行為，大數法則就能派上用場了。好比說，某一天在柏克萊有人打算訂購回收紙漿衛生紙，當他們下單之後，衛生紙已經在運送途中了。

　　當在某地區很受歡迎的事物同樣出自這個地區，更有趣的雲端地理環境隨之出現。2011 年，網站設計人員米卡・莫提斯（Micah Mertes）用 Netflix 網站上美國各州的「當地最愛」〔29〕，繪製了一幅美國地圖，標示出各州最受歡迎的電影。令人驚奇的是，民眾喜歡看在自己居住的地區拍攝的電影。華盛頓州人喜歡看在西雅圖拍攝的《單身貴族》（Singles），路易斯安那州人喜歡看在紐奧良拍的《大出意外》（The Big Easy），洛杉磯人當然就喜歡看《愛就是這麼奇妙》（L. A. Story），阿拉斯加人喜歡看《勇闖阿拉斯加》（Braving Alaska），蒙大拿州人愛看《情歸蒙大拿》（Montana Sky）。〔30〕由於長時間高畫質影片檔案十分龐大〔31〕，地區性快取相當重要，Netflix 當然也就把電影檔案放在劇中人所在地（例如《愛就是這麼奇妙》放在洛杉磯），最重要的是，讓檔案跟影迷同在。

---

29 Micah Mertes, "The United States of Netflix Local Favorites," July 10, 2011, http://www.slacktory.com/2011/07/united-states-netflix-local-favorites/。

30 因為不明原因，緬因州人最愛看在愛達荷州拍攝的《男人的一半還是男人》。

31 2012 年，Netflix 宣布他們不想再扮演類似 Akamai 的角色，並開始建置本身的全球 CDN。參見 Eric Savitz, "Netflix Shift s Traffic to Its Own CDN," Forbes, June 5, 2012, http://

家中的快取──收納空間

雖然快取是為了整理電腦內部的數位資料而誕生，但顯然也很適合用來整理實際物品。史丹佛大學校長約翰‧亨尼斯（John Hennessy）曾參與開發現代快取系統的電腦架構，我們訪問他時，他立刻看出其間的關聯：

快取其實很常見〔32〕，因為我們經常這麼做。我的意思是，以我的資料量來說……我現在必須隨時更新的某些東西、我桌上的一堆物品、還有已經收起來的東西，最後存放在大學檔案系統裡，如果哪天我要用，可能要花上一整天才拿得出來。不過我們經常運用這種技巧來讓生活更有條理。

這些問題都很相似，因此我們說不定能把電腦科學提供的解決方案，運用到家裡。首先，當你要決定保留或捨棄哪些東西，LRU 可能就是不錯的原則，至少比先進先出好上許多。如果你念大學時買的 T 恤有時還會穿，就不一定要丟掉。但已經好久沒穿的格紋長褲呢？送去二手商店說不定還比較能遇上有緣人。

第二，充分運用地理環境。你通常在哪裡使用這個物品，就把那東

www.forbes.com/sites/ericsavitz/2012/06/05/netflix-shifts-traffic-to-its-own-cdn-akamai-limelight-shrs-hit/。如需進一步了解關於 Netflix 的 Open Connect CDN，請參閱 https://www.netflix.com/openconnect。

32 John Hennessy, personal interview, January 9, 2013.

西放在離那個地方最近的快取裡。教你收納的書大多沒有這樣的具體建議，但許多人認為有用的整理方案則經常提到這一點。舉例來說，有人說過茉莉·摩根斯坦（Julie Morgenstern）的《收納其實很容易》（*Organizing from the Inside Out*）有這麼一段話：「我把跑步和運動用品放在前門衣櫃底部的箱子裡。〔33〕我希望它盡量接近大門。」威廉·瓊斯（William Jones）的《讓東西找得到》（*Keeping Found Things Found*）裡有個更極端的例子：

> 有個醫師跟我提到她怎麼收納的。「我的小孩常覺得我很奇怪，但我就把東西放在我覺得等一下用得到它的地方，管它看起來合理不合理。」她舉了個例子：她說她把吸塵器集塵袋放在客廳沙發後面。〔34〕客廳沙發後面？這樣合理嗎？事實證明，我們使用吸塵器時通常是吸客廳的地毯……當集塵袋裝滿必須更換時，吸塵器通常在客廳，而新的集塵袋就在那裡。

　　尚未成為櫥櫃整理原則的最後一個理論，是多層級記憶體階層。具備快取可提升效率，但具備容量最小且速度最快、到容量最大但速度最慢等多個層級的快取，可能更好。以你的收納空間而言，櫥櫃是一個快取層級、地下室是第二個，便利倉是第三個（當然，存取速度會隨層級而越來越慢，所以你應該依據LRU原理，來決定哪些物品要從每個層

---

33 Morgenstern, *Organizing from the Inside Out.*

34 Jones, *Keeping Found Things Found.*

35 See Belew, *Finding Out About.*

級剔除到下一個層級）。不過我們或許還能添加一層快取來加快速度，也就是再買一個比櫥櫃更小、取用速度更快也更接近的收納箱。

　　儘管湯姆堅稱在床邊放一疊衣物是效率很好的快取方案，但他那好脾氣的老婆依然反對。還好，我們和電腦科學家談過後，為這個問題找出了解決方案。任職加州大學聖地牙哥分校，由認知觀點研究搜尋引擎[35]的瑞克‧貝盧（Rik Belew）建議使用衣帽架。[36]雖然現在用衣帽架的人不多，但那其實是個單套衣物櫃，可以收納上衣、領帶和便褲等，是滿足家中快取需求的絕佳用品。這件事充分展現電腦科學家不只能幫我們節省時間，甚至能挽救婚姻。

關於書面資料怎麼歸檔，收納專家大多說錯了

　　決定保留和捨棄哪些東西之後，最後一個挑戰就是該如何整理它們。我們已經討論過哪些東西要放進櫥櫃，以及櫥櫃應該放在哪裡，但該怎麼整理櫥櫃裡的東西呢？

　　目前我們經常看到的居家整理建議中，有個常見原則是「把類似的東西集中起來」，野口悠紀雄應該是目前唯一持相反看法的人，他說：「我必須強調一點，我的整理方法的基本原則[37]，不是依據內容來分類檔案。」野口是東京大學經濟學家，寫過一系列為整理辦公室和人生提供「超級」技巧的書籍，包括《超級說服法》、《超級工作法》、《超級學習法》，以及跟本書最有關的《超級整理法》等。

---

36 Rik Belew, personal interview, October 31, 2013.
37 Yukio Noguchi, personal interview, December 17, 2013.

　　野口剛開始研究經濟學時，經常被信件、資料和手稿等大量資料淹沒，每天花許多時間整理，因此開始尋找解決方案。一開始他只是把每份文件放進檔案夾，檔案夾上標註文件標題和日期，然後把檔案夾全部放進大箱子。由於不需要考慮每份文件的正確位置，這樣確實能節省時間，只不過沒有任何次序可言。到了 1990 年代初，他締造了重大突破：開始一律把檔案插入箱子的左手邊──他稱之為「超級整理法」。〔38〕

　　野口指出，不論新檔案還是舊檔案，都適用左邊插入法：每次取出檔案用過後要放回箱子時，一定要放到最左邊。找檔案時也一定要從最左邊找起。如此一來，最先看到的就是最近使用過的檔案。

　　野口解釋，他會這麼做，一開始只是因為塞到最左邊比塞回原處容易得多。但他後來慢慢發現，這種方式不只比較簡單，而且有效率得多。

　　用過一件物品後要放回去時，野口歸檔系統當然可以節省時間，然而這種方式是否容易找到需要的檔案，仍然是個問題。畢竟其他效率大師都建議我們，把類似物品集中在一起，跟野口的方法完全不同。的確，英文的整理（organize）一詞中包含了器官（organ），而器官則是許多形狀和功能類似的細胞集合在一起構成的。

　　不過電腦科學告訴了我們一件效率大師沒辦法保證的事。

　　雖然野口當時並不知道，但他的歸檔系統其實就是 LRU 原理（最近最少使用法）的延伸。LRU 告訴我們，把新內容加入快取時應該剔除

---

38 關於野口悠紀雄的歸檔系統，請參閱他的書籍《超級整理法》，最初由譯者威廉・李斯（William Lise）以英文引介。介紹這套系統的部落格文章現在在李斯的網站上已經找不到，但仍找得到它的頁庫存檔 https://web.archive.org/web/20031223072329/http://www.lise.jp/honyaku/noguchi.html。如需進一步了解，請參閱 Yukio Noguchi, personal interview, December 17, 2013。

最舊的內容，但沒有告訴我們應該把新內容放在哪裡。1970和1980年代電腦科學家進行的一連串研究，解答了這個問題。當時他們遇到的問題稱為「自組織列表問題」，狀況跟野口的歸檔困境幾乎完全相同。假如你有一組依順序排列的物品，你必須定時搜尋，找出其中某些物品。搜尋行為本身必須是線性，因為你必須從頭開始逐一看過每件物品，但你找到需要的物品後，可以放回任何位置。此時你應該把物品放在哪裡，才能盡可能提高搜尋效率？

丹尼爾・史利特（Daniel Sleator）和羅伯・塔爾占（Robert Tarjan）於1985年發表關於自組織列表的重要論文[39]，以古典電腦科學方式探討在所有可能要求順序下，以各種方式列表的最差情況表現。依照直覺，搜尋從前端開始，所以我們排列順序時，也希望把最可能用到的物品放在最前端。但最可能用到的物品又是什麼？這又回到預測未來能力的問題了。當時身兼普林斯頓和矽谷兩項工作的塔爾占表示：「如果我們事先知道順序，就能調整資料結構，盡量減少整個程序的總時間。這就是最佳離線演算法：可以稱為上帝的演算法[40]，或者至高無上的演算法。當然，沒有人能預知未來，所以問題是，如果我們無法預知未來，那該如何設計出接近至高無上的最佳演算法？」史利特和塔爾占的研究結果顯示，某些「十分簡單的自調整方案，居然具備一定程度的」預知能力。也就是說，如果我們遵照LRU原理[41]，每次都把物品放回列表的最前

---

39 Sleator and Tarjan, "Amortized Efficiency of List Update and Paging Rules" 提供了LRU原理理論性質的詳細結果。

40 Robert Tarjan, personal interview, December 17, 2013.

41 這種把LRU原理套用在自組織列表上的方法，稱為移至前端（Move-to-Front）演算法。

端，那麼搜尋所花的時間，絕對不會超過我們能預知未來時的兩倍。其他演算法都沒辦法保證這一點。

　　了解野口歸檔系統是LRU原理的實行範例可讓我們了解，LRU原理不只更有效率，而且是最佳方法。〔42〕

　　史利特和塔爾占的研究結果，還提出另一種變化──把野口歸檔系統旋轉90度就是了。簡單地說，一箱檔案夾轉個90度就變成一疊檔案，如此一來搜尋檔案時自然會從上到下，每次抽出文件後要放回去時不會放回原處，而會放在最上面。〔43〕

　　簡而言之，自組織列表的數學原理提出了一個十分創新的概念：在書桌上堆一大疊文件不但不是雜亂象徵，還是目前已知最精良、效率最佳的資料結構，沒必要因而有罪惡感。在別人看來那或許是凌亂、欠缺條理，其實它自有一套條理。由於我們無法預知未來，所以把用過的東西放回最上方是最好的辦法。我們在前一章中提過，刻意不排序往往比花時間全面排序更有效率。然而在這裡，我們不需要整理的理由卻完全不同──因為已經整理好了。

為最可能用到的東西騰出空間──遺忘曲線

　　當然，討論記憶體時，不能不提到最接近住家的「記憶器官」：人

---

42 這不表示我們必須完全放棄分類。如果想把物品弄得華麗一點，同時加快搜尋速度，野口建議可在不同類別的檔案貼上彩色標籤。這樣一來，如果你知道要找的是帳戶，就可以把線性搜尋限制在這類物品。物品仍然能在每個類別中依據「移至前端」法則排序。
43 我們也可以強制電腦把電腦文件顯示成一疊。電腦預設的檔案瀏覽介面讓我們以字母順序瀏覽資料夾，但從LRU的強大功效看來，我們應該改掉原始設定，把顯示順序從「名稱」改成「最近開啟」。這樣一來，我們需要的檔案大多會集中在最上方。

類的大腦。近幾十年來，電腦科學帶來的影響，使心理學家對記憶的看法產生極大轉變。

　　人類記憶科學據說始於1879年德國柏林大學一位年輕心理學家赫曼‧艾賓豪斯（Hermann Ebbinghaus）。艾賓豪斯想了解人類記憶的運作方式，同時證明我們能以自然科學的各種數學方法研究人腦，因此開始以自己做實驗。

　　艾賓豪斯每天坐著背誦一連串毫無意義的音節清單，接著測驗自己是否記得住前一天的清單。他維持這個習慣一年，確立了人類記憶研究的許多基本成果。舉例來說，他證實多次練習單一清單可以記憶得比較久，此外，一個人能精確記憶的項目數會越來越少。他的研究成果描繪出記憶隨時間而逐漸淡化的曲線，現在心理學家稱之為「遺忘曲線」（the forgetting curve）。

　　艾賓豪斯的研究結果創立了人類記憶定量科學是可信的，但仍然有些疑問尚未解決。這個曲線為何是這樣？這代表人類的記憶好還是壞？其中有什麼不為人知的故事？一百多年來，這些問題促使心理學家不斷思索及研究。

　　1987年，卡內基美隆大學心理學家及電腦科學家約翰‧安德森（John Anderson）正在閱讀關於大學圖書館資訊檢索系統的文章。[44] 他的目

---

44 安德森關於人類記憶的發現，發表於Anderson and Milson, "Human Memory"以及 *The Adaptive Character of Thought* 這本書中。這本書提出依據理想解決方法分析日常認知的策略，相當有影響力，本書作者湯姆和許多研究者也都採用了這種方法。Anderson and Milson, "Human Memory"則由出現在Burrell, "A Simple Stochastic Model for Library Loans"中的一項圖書館借閱統計資料取得靈感。

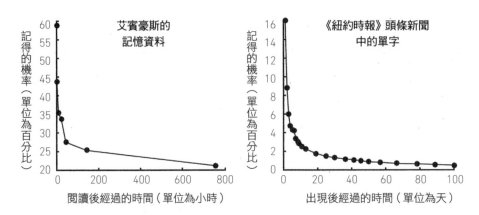

圖4-1

人類的記憶和人類的環境。左圖說明艾賓豪斯記誦一連串無意義音節後記得的百分比,此百分比隨記誦後經過的時間而遞減。右圖說明某個單字出現在某一天的《紐約時報》頭條新聞中的機率,此機率隨該單字前一次出現後經過的時間而遞減。

標(或想法),是寫出這類系統的設計可由人類記憶研究獲得哪些啟發。結果實際狀況正好相反:他發現資訊科學可以補足人類思想研究的缺漏之處。[45]

　　安德森說:「長久以來,我一直覺得目前的人類記憶理論少了一點東西,我自己的理論也是如此。這些理論基本上都把記憶視為抽象且非最佳化的組態……但我一直覺得基礎記憶過程的適應能力相當好,甚至可說是最佳化,但我從未看過任何一個架構做到這點。而在探討資訊檢

---

45 安德森起初探討電腦資訊檢索和人類記憶組織間的關聯時,大多數人從來沒有跟資訊檢索系統互動的經驗,當時使用的系統也相當原始。搜尋引擎研究擴大了資訊檢索系統的能力範圍時,也創造新的機會,讓我們發掘頭腦和機器間的類似之處。舉例來說,湯姆和同事已經證明,谷歌網頁排名演算法的構想與理解人類語意記憶有關,請參閱 Griffiths, Steyvers, and Firl, "Google and the Mind"。

索的電腦科學中，我看見了這個架構。」[46]

我們自然而然會把遺忘視為頭腦已經沒有空間。安德森重新解釋人類記憶時提出的主要概念，是遺忘問題或許不在於儲存容量，而在於整理。根據他的理論，人類的記憶容量其實是無限的，但搜尋記憶的時間則有限。安德森把頭腦比喻成只有一組無限長書架的圖書館，就像規模相當於美國國會圖書館的野口歸檔系統。我們可以把不限數量的物品擺到架上，但物品越接近前端就越容易找到。

因此決定人類記憶是否良好的關鍵，變得和電腦快取是否良好相同：預測未來最可能用到哪些東西。

人類世界中執行這類預測的最佳方法，是「除外預知」（barring clairvoyance），但要實行這種方法必須充分了解世界。安德森和合作學者雷爾·史庫勒（Lael Schooler）著手進行和艾賓豪斯相仿的研究，但研究對象不是人類的頭腦，而是人類社會。他們的問題相當簡單：世界以什麼模式來「遺忘」──也就是事件和參考文件以什麼模式逐漸淡化？安德森和史庫勒分析了三種人類環境[47]：《紐約時報》的頭條新聞、父母親對小孩講話的錄音，以及安德森自己的電子郵件信箱收件匣。在所有領域中，他們發現一個詞剛剛使用過後再次出現的機率最高，而再次出現的可能性則隨時間而逐漸降低。

換句話說，現實世界本身的統計結構與艾賓豪斯曲線相仿。[48]

---

46 Anderson, *The Adaptive Character of Thought*.

47 關於人類記憶環境的分析請參閱Anderson and Schooler, "Reflections of the Environment in Memory"。

48 "Human memory mirrors, with a remarkable degree of fidelity, the structure that exists in the environment"，出處同上。

　　這點出了非常重要的一件事。如果頭腦中的事物與我們周遭事物消失時的模式相同，那麼或許有個非常好的說法可以解釋艾賓豪斯遺忘曲線。具體說來，艾賓豪斯曲線是大腦適應世界的方式，它為最可能用到的事物騰出空間。

　　快取特別強調時間，藉此告訴我們記憶無可避免必須取捨，而且結果一定是零和。我們不可能把圖書館裡所有的書放到書桌上、把所有產品放在商店前面的展示架、把所有頭條新聞放在報紙摺線上方、把所有論文放在整疊文件的最上面。同樣地，我們也不可能把所有事實、臉孔或姓名放在頭腦的最前端。

　　安德森和史庫勒寫道：「許多人偏執地相信人類的記憶並非最佳化，他們指出記憶有許多令人洩氣的缺陷，然而這些批評並未充分認識人類記憶之前的工作〔49〕，也就是管理形形色色的大量記憶。任何一種龐大的資料庫管理系統，必定有檢索失敗的狀況。不斷存取無限多物品的成本太高，不可能做到。」

　　這一點進而點出了關於人類記憶的另一個事實。我們常認為人隨年紀漸長而變得健忘是「認知功能衰退」，然而如果記憶非得進行取捨，而且大腦已經非常適應周遭世界，那麼或許那不是認知功能衰退。

經驗的反效果

　　厚重的書是個大麻煩。〔50〕

---

49 出處同上。

50 這段話的希臘文是 μέγα βιβλίον μέγα κακόν，又譯為「書本越大、魔鬼越大」。原本提到這段話的用意是表達對敘事詩的輕視，但那是因為古代學者的書都是數十公尺長的捲軸，因此

── 亞歷山大圖書館館員卡利馬科斯（Callimachus，約西元前 305～240 年）

他們為什麼不用黑盒子裡的東西打造整架飛機？
── 史蒂芬・萊特（Steven Wright）

我們之所以需要分層建構電腦記憶體階層，大部分的原因是我們有成本限制，無法以最昂貴的硬體裝置製作全部的記憶體。舉例來說，目前電腦中速度最快的快取是以 SRAM 製作，這種記憶體每位元組的平均成本，大約是固態硬碟使用的快閃記憶體的一千倍。不過製作快取的實際動機不只是成本問題。事實上，即使我們能打造出完全以當今速度最快的記憶體構成的未來機器，仍然需要製作快取。

亨尼斯曾經解釋，容量本身就足以影響速度：

一樣東西如果變得更大，速度一定會減慢，對吧？如果我們擴建一座城市[51]，從 A 點到 B 點花的時間就會更長。如果把圖書館擴大，要在館內找一本書花的時間也會更長。如果桌上那疊文件變得更多，要找出其中一份論文就會花更多時間，對吧？快取就是解決這些問題的方法……舉例來說，如果你現在買處理器，這顆處理器晶片裡面會有一階快取和二階快取。單單晶片

書本越大越麻煩。書籍變成有頁碼的手抄本之後，引證和引用也真正開始出現，也是有原因的。如需進一步了解這段歷史，請參閱 Boorstin, *The Discoverers*。

51 John Hennessy, personal interview, January 9, 2014.

裡面就有兩個快取！這麼做為的是跟上處理器時脈速率的步調，一階快取的容量通常有限。

可惜的是，記憶體容量越大，搜尋和取出其中資料所需時間越長。

布萊恩和湯姆也不過三十多歲，就已經發現自己越來越常一時想不起某人的名字，以致聊天中途暫停下來。同樣地，布萊恩十歲時有二十多個同學，二十年後，他的電話裡有好幾百個聯絡人，臉書好友有好幾千人，曾經住過四個城市，每個城市都有朋友、熟人和同事。目前在學術界的湯姆則曾經和好幾百位學者合作研究，教過數千名學生（其實這本書訪問過大約一百人，提及的人名可能上千個）。這類效應當然不僅限於社交關係：一般兩歲兒童大約認得兩百個單字，成人大約認得三萬個。而如果提到情節記憶，我們每年大約會在一輩子的經驗中，添加三十多萬分鐘的清醒記憶。

如此看來，我們兩個作者（或者說任何人）的頭腦沒有崩潰真是奇蹟。令人驚訝的不是記憶速度減慢，而是我們的大腦裡累積了這麼多資料，仍然可以如此健康和敏捷。

如果記憶的基本挑戰其實是整理而非儲存，那麼我們或許應該調整我們對年齡影響心智能力的想法。由德國杜賓根大學的麥可·拉姆斯卡（Michael Ramscar）帶領一群心理學家和語言學家進行的研究指出，我們說的「認知衰退」（也就是遲緩和檢索錯誤等），或許並非搜尋過程減慢或退化，而（至少有一部分）是我們必須檢索的資料不斷增加所造成的必然結果。[52] 無論老化會造成哪些挑戰，年齡較大的大腦（需要處理的記憶容量更大），每天必須解決的運算問題越來越艱難。老人可以反駁頭腦轉得較快的年輕人說：「那是因為你什麼都不懂！」

拉姆斯卡的研究團隊以語言為觀察對象，呈現出額外資訊對人類記憶的影響。研究人員透過一連串模擬，證明單單只是懂得更多，就會影響辨識單字、人名甚至字母的能力。無論你採用的整理方案多優異，只要必須搜尋的資料增多，花費的時間就一定會拉長。我們不是在遺忘，而是在記憶，我們變得越來越像檔案庫。

拉姆斯卡表示，了解記憶必然面臨的運算需求，應該可以協助我們接受老化對認知造成的影響。「我認為年長者最需要做的事，是理解自己的頭腦是資訊處理裝置。〔53〕年紀漸長時，有些事情似乎變得比較辛苦（例如回想人名！），這其實是因為必須過濾的資料變多……未必是頭腦退化的徵兆。」他寫道，「目前所謂的衰退，其實有許多是學習。」

快取讓我們得以理解實際狀況。我們說的「恍神」其實應該是「快取未中」。檢索資料時的延遲頻率變高，代表我們把最需要的東西放在頭腦最前端，好在其他時候更有效率。

所以當我們漸漸老化，開始有這類遲緩現象，請不用擔心：延遲程度有一部分代表經驗的豐富程度。檢索時花費的力氣代表我們知道多少東西。很少出現這類延遲則代表我們整理得很好，經常把最重要的東西放在手邊，隨時取用。

---

52 Ramscar et al., "The Myth of Cognitive Decline."

53 Michael Ramscar, "Provider Exclusive: Michael Ramscar on the 'Myth' of Cognitive Decline," interview with Bill Myers, February 19, 2014，參見 http://www.providermagazine.com/news/Pages/0214/Provider-Exclusive-Michael-Ramscar-On-The-Myth-Of-Cognitive-Decline.aspx。

5 | 排程 　　　　　　　　　　Scheduling

優先的事情優先處理

當然，我們怎麼過一天[1]，就會怎麼過這輩子。
——美國作家安妮‧迪拉德（Annie Dillard）

「我們何不寫一本排程理論的書？……應該不會花很多時間！」
當時我這樣問。寫書跟發動戰爭一樣[2]，初步預估通常是錯的。
十五年後，《排程》這本書還沒寫完。
——電腦科學家尤金‧羅勒（Eugene Lawler）

　　現在是星期一早上，你有一大串待辦事項，而且還沒排定處理順
序。有些事得等其他事完成後才能開始（例如：得先拿出洗碗機裡洗好
的碗盤，才能放進其他碗盤），有些則必須等到某個時間才能開始（例
如：要是收垃圾時間還沒到你就拿出去放在路邊，會惹來鄰居抱怨）。
有些事有明確期限，有些則何時完成都可以，但大多數是介於兩者之
間。有些事很急但不重要，有些很重要但不急。你似乎想起亞里斯多德
曾說：「我們經常做什麼事，就會變成什麼樣的人。」[3]你想拖地板、

1　Dillard, *The Writing Life*.
2　Lawler, "Old Stories."

多花點時間陪孩子、趕在期限前報好稅、還有學法文。

那麼你應該在什麼時候用什麼順序做哪些事？

雖然我們一定能找出某種方法排好每天要做的事，但我們通常自認對這方面很不在行，所以時間管理書籍一向是暢銷榜上的常客。可惜的是，這類書籍提供的指引經常互不相關、莫衷一是。《搞定》（*Getting Things Done*）建議，如果一項工作的完成時間少於兩分鐘[4]，只要一想到就去做。同類暢銷書《想成功，先吃了那隻青蛙》（*Eat That Frog!*）則建議先處理最難的工作[5]，接下來處理的工作難度逐漸降低。《十招克服惱人的拖延》（*The Now Habit*）建議把大多數人安排生活的方式顛倒過來，先安排個人的社交活動和休閒時間[6]，再把工作填進空檔。美國心理學之父威廉·詹姆士主張：「一直在處理未完成的工作最令人感到疲憊。」[7]但法蘭克·帕特諾伊（Frank Partnoy）則在《等待的技術》（*Wait*）中建議，刻意不要馬上動手處理工作。[8]

每位大師的說法都不一樣，很難決定該聽誰的。

「花時間」如何成為一門科學

儘管時間管理問題的歷史顯然十分悠久，排程科學卻直到工業革命

3　這句話經常被視為出自亞里斯多德，但其實出自學者威爾·杜蘭（Will Durant），用以總結亞里斯多德的思想（根據杜蘭本身的說法）。參見 Durant, *The Story of Philosophy*。

4　Allen, *Getting Things Done*.

5　Tracy, *Eat That Frog!* 這本書說「早上吃下一隻活青蛙，一整天就不會有比這更糟的事」這句話出自馬克·吐溫，其實可能並不正確。引言調查者網站認為，這句話可能出自十八世紀法國作家尼古拉·尚福（Nicolas Chamfort），參見 http://quoteinvestigator.com/2013/04/03/eat-frog/。

6　Fiore, *The Now Habit*.

後才在機械工廠萌芽。1874年，一名富有律師的兒子弗雷德瑞克‧泰勒（Frederick Taylor）決定放棄哈佛大學的入學許可，到費城的液壓工廠公司（Enterprise Hydraulic Works）當機器學徒。四年後他出師了，於是到米德瓦爾鐵工廠（Midvale Steel Works）工作，從車床操作員一路升到機械工廠領班，最後成為總工程師。在這段期間，他認為他負責管理的機器（和工人）運用得不是很好，因此想開發一套他稱為「科學化管理」的理論。

泰勒設立了一間規劃辦公室，辦公室中央有一面布告板，公布工廠的時程表給所有人參考。布告板上列出工廠中的每部機器、每部機器正在進行的工作，以及等待處理的所有工作。後來泰勒的同事亨利‧甘特（Henry Gantt）以這個方法為基礎，於1910年代開發出甘特圖〔9〕，協助管理二十世紀美國許多極富企圖心的重大建設，例如胡佛水壩和州際高速公路等。一世紀後的今天，亞馬遜書店、宜家家居和Space X等許多公司的專案管理人員〔10〕，依然使用甘特圖進行管理。

泰勒和甘特使排程成為研究對象，賦予它圖像和概念形式，但他們並沒有解決一個基本問題：判定哪些時程最好。經過數十年，到了1954年，蘭德公司（RAND Corporation）數學家賽爾莫‧強森（Selmer Johnson）發表的一篇論文，才透露出解決這個問題的端倪。〔11〕

7　William James, in a letter to Carl Stumpf, January 1, 1886.

8　Partnoy, *Wait*.

9　關於泰勒和甘特在排程史上扮演的角色，參見 Herrmann, "The Perspectives of Taylor, Gantt, and Johnson"。關於泰勒聲明的進一步細節摘自 Kanigel, *The One Best Way*。

10　甘特圖軟體公司LiquidPlanner宣稱，他們的客戶包括亞馬遜書店、宜家家居和SpaceX等公司，參見（有點違反直覺的）該公司網站 http://www.liquidplanner.com/death-to-gantt-charts/。

強森探討的狀況是書籍裝訂。裝訂書籍時，每本書必須先在一部機器上印刷，再到另一部機器上裝訂。不過這種雙機架構最常見的例子其實近在眼前：家裡的洗衣間。洗衣服時必須先用洗衣機清洗，再用烘衣機烘乾，每批衣物不同，花費的時間也不一樣。衣物很髒時需要洗得久一點，但烘乾時間相同；衣服量大時需要烘久一點，但清洗時間相同。因此強森在想，如果某一天有好幾批衣服要洗，應該怎麼處理最好？

他的答案是先找出花費時間最少的步驟，如果這個步驟是洗衣，就把它設定成第一步，如果是烘乾，就把它設定成最後一步。以相同過程規劃其餘衣物的處理順序，從兩端逐漸排到中間。直覺上，強森演算法可行的原因是：無論如何安排，一開始一定有一段時間是只用洗衣機，烘衣機閒在那裡；最後也有一段時間是只有用烘衣機，洗衣機閒置。如果把最短的洗衣時間放在開始，再把最短的烘乾時間放在最後，就能盡量拉長洗衣機和烘衣機同時運轉的時間，如此一來，就能把洗衣服的總時間縮到最短。強森的分析產生了排程領域中第一個最佳演算法：一開始執行最簡單的清洗，最後處理量最少的衣服。

除了直接的應用，強森這篇論文還提出了兩個更深入的重點：第一，排程能以演算法描述。第二，最佳排程解決方案確實存在。後來有許多研究文獻探討這點，針對形形色色機器數量和種類的假想工廠提出最佳策略。我們將集中探討這類文獻中的一小部分。這個部分跟書籍裝訂或洗衣服不同的是，它們只處理一部機器的排程，因為對我們而言，最重要的排程問題只與一部機器有關——就是我們自己。

---

11 強森（研究工作由一部機器轉移給另一部機器的流程工廠〔flowshop〕排程）的結果請參閱 "Optimal Two-and-Three-Stage Production Schedules with Setup Times Included"。

如果「在期限內完成」最重要

探討單一機器排程時，馬上就會碰到問題。強森的書籍裝訂研究重點，是盡量減少兩部機器完成所有工作所需的總時間。然而在單一機器排程中，如果我們要完成所有指定工作，各種時程花費的時間都會相同，次序變得無關緊要。

這點十分基本又違背直覺，有必要再重複一次。如果只有一部機器又要完成所有工作，那麼以任何次序執行工作，花費的時間都會相同。

因此我們還沒有開始，就碰到了單一機器排序的第一個課題：提出明確目標。如果不知道怎麼記錄分數，就沒辦法判定哪種排程方法最好。這是電腦科學的主題之一：擬定計畫之前，必須先選擇測量標準。事實上我們選擇的測量標準，將直接影響哪種排程方法表現最好。

強森研究書籍裝訂之後，史上最初探討單一機器排程的論文隨即問世，提出了幾個可供考慮的評定標準。這些論文針對每個評定標準，找出了簡單的最佳策略。以有期限的工作為例，最常見的標準就是延遲程度。所以我們可以把一連串工作的最大延遲，視為其中某項工作的延遲已達可容忍的最大限度，也就是老闆可能會在績效評核中提出來的程度（在零售業或服務業中，則是客戶可能會不高興的程度，因為這兩個行業中延遲程度最大的工作，代表客戶等得最久）。

如果希望盡可能減少最大延遲，那麼最佳策略是一開始先處理期限最早的工作[12]，逐步處理到期限最晚的。這種**最早到期日**（Earliest Due Date）策略相當符合直覺（以服務業而言，每位客戶的「到期日」就是他們上門的那一刻，因此就依照客戶到達順序提供服務），但它的某些含意可能讓人感到驚訝。舉例來說，完成每件工作所需的時間完全無關緊要。時間對計畫沒有影響，所以我們其實不需要知道所需時間，唯一重要的只有工作的到期日。

你或許早就用最早到期日策略來安排工作，如果是這樣，你大概不需要電腦科學告訴你這種方式可行。不過你可能不知道，這種方式正是最佳策略。更精確地說，如果你只在意「減少最大延遲」這個標準，它就是最佳策略。然而如果減少最大延遲不是你的目標，那麼另一種策略或許更加適合。

我們拿冰箱當例子。現在有很多人向社區支持農業（CSA）定期購買農產品，如果你是會員，那麼每隔一到兩星期，你會一次收到一大批新鮮農產品。每樣農產品的保存期限都不一樣，所以採取最早到期日策略，依照保存期限順序食用似乎相當合理。不過實際情況其實並非如此。最早到期日的重點在於縮短最大延遲，也就是讓腐壞最嚴重的某樣食物的腐壞程度盡量降低，這似乎不是規劃飲食的最理想方法。

在這種狀況下，我們應該盡量減少腐壞食物的數量，**摩爾演算法**（Moore's Algorithm）策略或許才是最佳規劃。[13] 摩爾演算法指出，我們剛開始時應該和最早到期日策略一樣，依據腐壞日期順序排定食用順序，最早腐壞的先吃，每次食用一種。然而，如果下一個項目可能沒辦法及時用掉，就暫停一下，觀察規劃好的餐點，丟掉最大的一項（也就是需要花最多天才能吃完的那項）。舉例來說，這表示應該丟掉六餐才

---

12 最早到期日（EDD）又稱為傑克森法則，出自Jackson, *Scheduling a Production Line to Minimize Maximum Tardiness*。詹姆士‧R‧傑克森（James R. Jackson）於1930年代在洛杉磯長大，透過他與加州大學洛杉磯分校的後勤研究計畫的合作，造訪該地區多家航太公司經營的機械工廠。他探討工作如何由一部機器轉移到另一部機器，最後發展出分析「網路流程」的數學原理，這項研究成果可用於設計網際網路資料傳輸路線的演算法。關於他

能吃完的西瓜。如果完全不吃西瓜，就可以更早吃掉後面的農產品。接
著繼續重複這樣做，依照腐壞日期列出各種食材，丟掉已經開始腐壞的
食材中最大的一樣。只要剩餘食材都能依據腐壞日期吃完，沒有一樣已
經開始腐壞，計畫就算成功。摩爾演算法能盡量減少我們必須丟棄的農
產品數量。當然，你可以把食材做成堆肥、捐給食物銀行，或是分送給
鄰居。在工業或科層環境中，我們不能完全放棄任何專案，但主要考量
仍是延遲專案的數目而非嚴重程度時，摩爾演算法同樣不在乎已經延遲
的工作如何執行。已經剔出主要時程的計畫可在最後依任何順序執行，
怎麼做都沒關係，因為反正已經遲了。

要是「劃掉待辦清單上越多項目越好」

天下難事，必作於易；天下大事，必作於細。
——老子

有時候到期日不是我們的主要考量，我們只想完成工作，盡可能做
多一點、做快一點。不過，要把這個看似單純的想法轉換成明確的排程
標準，說來簡單，做起來就沒那麼容易了。

有一種方法是採取局外人觀點。前面提過在單一機器排程中，我
們不可能改變完成所有工作所需的總時間。然而如果每樣工作都代表一

的簡要生平請參閱Production and Operations Management Society,"James R. Jackson"。

13 參見Moore, "An N Job, One Machine Sequencing Algorithm for Minimizing the Number
of Late Jobs"。在這篇論文中，摩爾感謝了湯姆‧J‧霍格森（Thom J. Hodgson）提議的簡
化與最佳化。今天，「摩爾演算法」、「霍格森演算法」和「摩爾─霍格森演算法」這幾個詞
經常交替使用。

名正在等待的客戶，那麼確實有方法盡量縮短完成這些工作的總時間。假如從星期一早上開始，執行一個為期4天的專案和一個為期1天的專案。如果你在星期四下午（4天之後）交出比較大的專案，星期五下午（5天之後）交出比較小的專案，那麼客戶總共等了4＋5＝9天。然而如果把順序顛倒過來，就能在星期一完成小專案，星期五完成大專案，客戶總共只等待1＋5＝6天。你同樣工作了整個星期，但客戶總共可以省下3天時間。排程理論專家把這種方式稱為「完成總時間」（sum of completion time）。

由盡量減少完成時間，可以得出一個非常簡單的最佳演算法，稱為**最短處理時間**（Shortest Processing Time）：永遠處理能最快完成的工作。[14]

即使客戶沒有緊盯著你每件工作的進度，最短處理時間法也能讓你完成工作（難怪《搞定》也建議立刻完成花不超過兩分鐘的工作）。同樣地，完成所有工作所需的總時間沒辦法改變，但最短處理時間或許可以盡快減少待處理工作的數目。這種方式的總完成時間標準，可以用另一種方式來描述：它就像完全把重點放在減少待辦事項清單上的項目數。如果每件未完成的工作就像背上的一根刺，那麼盡快解決最容易的項目，應該可以讓你感到舒服一點。

當然，尚未完成的事不是每樣都相同。要是廚房燒起來了，滅廚房的火雖然比較費時，還是得先這麼做，再寫電子郵件給客戶「滅火」。在排程中，重要程度的差別是以**權重**（weight）這個變數來表示。你依據待辦事項清單處理工作時，或許真的可以感受到權重——每完成一件

---

14 Smith, "Various Optimizers for Single-Stage Production" 證明最短處理時間（SPT）或史密斯法則（Smith's Rule）可縮短完成總時間。

工作，肩上的負擔就輕了一些。一項工作的完成時間，代表你背負這個負擔多久，所以盡量減少加權完成時間（也就是每項工作的持續時間乘以其權重），就是盡量減少你在整個工作過程中的總負擔。

達成這個目標的最佳策略，只需要稍稍調整最短處理時間就可達成：把每項工作的權重除以完成所需時間，再從每單位時間重要性（如果延續重量的比喻，姑且可以稱為「密度」）最高的工作開始，依次處理到密度最低的。雖然日常工作可能很難指定重要程度，這種策略仍然提供了不錯的基本法則：除非重要性有兩倍之多，否則不要把耗時兩倍的工作放在前面。

在商場上，權重或許可以輕易轉化成每項工作所能賺進的金額。因此把報酬除以所需時間，就可用來計算每項工作的時薪（如果你是顧問或自由工作者，或許你早就這麼做了：把每個專案的費用除以工時，再從時薪最高的工作依次做到最低的即可）。有趣的是，動物覓食研究中也看得到這樣的加權策略[15]，只是幣值的元和角換成堅果和莓果。動物如果希望盡量提高由食物攝取能量的速度，就應該依照食物熱量與取得及食用時間的比例高低來覓食，而牠們的確是這麼做。

如果把這套原則從收入套用到負債上，可以得出「雪崩式償債」（debt avalanche）這個讓銀行帳戶由負轉正的策略：完全不管負債的數目和金額，一律把錢用來償還利率最高的負債。這種方式相當類似依據單位時間重要程度來處理工作。這麼做能盡可能幫你減輕負債的總負擔。反過來講，如果你的主要目標不是減少負債金額，而是減少項目數，好

---

15 Stephens and Krebs, *Foraging Theory*.

比說你覺得處理一大堆帳單和接催收電話的麻煩,比利率差異更難忍受,就可以回歸不加權,採取「盡量解決事情」的最短處理時間原則,償還金額最少的負債,減少負債的項目數。在債務整合圈中,這種方法稱為「雪球式償債」(debt snowball)。[16] 實際上,無論是在大眾媒體或經濟學研究中,究竟應該先減少負債總金額還是項目數,一直頗具爭議。

先搞清楚用什麼標準來評量成果

如此一來,我們又回到開始討論單一機器排程時的重點。這個重點是「一個人有一隻錶時知道時間,但有兩隻錶時反而不確定時間」。電腦科學可為單一機器排程的各種標準提供最佳演算法,但要選擇哪種標準則取決於我們自己。在許多狀況中,我們必須決定我們希望解決什麼問題。

這點讓我們以完全不同的方式,審視時間管理中最典型的病徵:延遲。我們通常認為延遲是有問題的演算法。但如果正好相反呢?如果它是最佳演算法,只是套用的對象不對呢?

《X檔案》有一集的劇情是主角穆德臥病在床,快要被有強迫症的吸血鬼咬到[17],為了自衛,他把一大袋葵花子倒在地板上。吸血鬼受強迫症驅使,只能彎腰把葵花子一個個撿起來,最後他還來不及咬穆德,太陽就出來了。電腦科學家把這種狀況稱為「ping 攻擊」或「服務阻斷攻擊」,也就是命令系統執行一大堆瑣碎工作,讓它沒辦法處理真

16 在流行文化圈,作家及演說家戴夫・拉姆西(Dave Ramsey)應該是最著名的雪球式償債作家及提倡者,吸引了許多支持者和批評者。而在學術界方面,2012年,美國西北大學商學院研究人員的論文 Gal and McShane, "Can Small Victories Help Win the War?" 和2014年美國德州A&M大學經濟學家 Brown and Lahey, *Small Victories*,都曾經探討協助民眾脫離

正重要的事。

　　我們通常認為拖延是懶惰或逃避行為，但想認真熱情地盡快完成工作的人也可能突然陷入這類狀況。舉例來說，2014年由美國賓州大學的大衛·羅森包姆（David Rosenbaum）主持的一項研究，要求受試者把一或兩個沉重的桶子提到走廊另一端。有一個桶子就在受試者旁邊，另一個則在走廊上的某處。結果大多數人居然立刻提起身旁的桶子，吃力地走過整條走廊。其實他們可以選擇走廊上的另一個桶子，這樣提著桶子行走的距離會比較短。研究人員寫道：「這個看似不合理的選擇反映人類有拖延的傾向。[18]我們認為拖延一詞說明人類往往急欲完成次要目標，即使必須花更多體力也在所不惜。」因為執行各種瑣碎工作而拖延重要工作同樣會被視為「急欲完成次要目標」。換句話說，拖延者正在採取（最佳！）行動，盡快減少心中的待辦事項數目。他們完成工作的策略不是不好，實際上他們的策略很棒，只是評估成果的標準跟他們想的不同。

　　談到認識和審視我們的排程評估標準，使用電腦工作往往會造成另一種危險：使用者介面可能會微妙地強迫我們接受它的評估標準（有時也沒那麼微妙啦）。舉例來說，智慧型手機使用者已經習慣看見應用程式圖示上有個「徽章」，以紅底白字的數字顯示各應用程式有多少事希望我們完成。如果電子郵件信箱上閃著未讀訊息數，則所有訊息都會被賦予相同的權重。因此對於這類問題，我們採用不考慮加權的最短處理

　　消費性負債的「小規模勝利」的影響。

17 這一集是第五季第十二集的 "Bad Blood"，1998年2月22日首播。

18 Rosenbaum, Gong, and Potts, "Pre-Crastination."

時間演算法，先處理最簡單的電子郵件，把最難處理的留到最後，以便盡快減少待辦事項數，這能怪我們嗎？

評估標準能載舟也能覆舟。如果所有工作的權重確實相同，那我們的確應該這樣做。但如果我們不想被瑣事束縛，就必須設法跳脫這類狀況。首先必須確定要解決的單一機器問題確實是我們想解決的（在應用程式徽章的例子中，如果我們無法讓程式顯示實際的優先程度，又無法克服盡快減少數字的衝動，那麼次好的選擇或許是直接關閉數字）。

把注意力放在不只是完成工作，而且是完成重要工作，也就是隨時都在處理最重要的工作，似乎是解決拖延問題的靈丹，但其實光是這樣還不夠。電腦排程專家曾經在某個大場面碰到這樣的問題——在火星表面，全世界都正盯著看。

腳麻掉是要怎麼逃！——優先權反轉與優先權約束

1997年夏天，人類有許多事情值得大肆慶祝。人類首次把探測車送上火星表面。造價一億五千萬美元的火星探路者號（Mars Pathfinder）太空船加速到時速兩萬五千公里，在太空中飛行近五億公里，藉助太空用氣囊降落在堅硬的紅色火星表面。

但現在它的工作開始延遲。

美國加州噴射推進實驗室（JPL）的工程師既擔心又不知所措。不知道什麼原因，火星探路者號開始處理中等重要的工作，忽視最優先的事

---

19 諷刺的是，火星探路者號的軟體團隊主持人格蘭·瑞夫斯（Glenn Reeves）把這個問題歸因於「期限壓力」，而且說在開發階段解決這個問題被歸類為「低優先」。所以就某方面而言，這個問題的根本原因正好就是這個問題本身。

（就是把資料送入和送出「資訊匯流排」）。這到底是怎麼回事？機器人難道不知道什麼工作比較重要嗎？

火星探路者號突然顯示，未處理資訊匯流排的時間已經超過可接受範圍，隨即逕自重新啟動，將近一整天的工作就這樣白費了。過了大約一天，同樣的情形再度出現。噴射推進實驗室組員好不容易終於複製並診斷出問題出在哪。這次事件的元凶是個常見的排程問題，稱為**優先權反轉**（priority inversion），症狀是低優先權工作取得系統資源（例如存取資料庫）進行某些工作，但中途遭到計時器干擾，使工作中斷，因而呼叫系統排程器。排程器排定一項高優先權工作，但因為資料庫已經被占用，所以無法執行這項工作。因此排程器轉向優先權較低的工作，執行許多未受阻的中優先權工作，而不執行高優先權工作（因為受到阻擋）或阻擋高優先權工作的低優先權工作（因為被其他中優先權工作阻擋）。在這類可怕的狀況中，系統的高優先權工作有時會被延宕極久。[19]、[20]

噴射推進實驗室的工程師一發現火星探路者號的問題是優先權反轉，趕緊完成修改，把新程式傳送到五億公里外的火星探路者號。他們傳送到太陽系另一端的解決方案是什麼？是**優先權繼承**（Priority inheritance）。如果系統發現低優先權工作阻斷高優先權工作的資源，則所有低優先權工作會立刻暫時成為系統中的高優先權工作，「繼承」它阻擋的工作的優先權。

喜劇演員米契・海德柏（Mitch Hedberg）回想起某次經驗：「我在賭

---

20 這段話出自1997年12月15日格蘭・瑞夫斯寫給同事的一封電子郵件，主旨是"What really happened on Mars?"，參見http://research.microsoft.com/en-us/um/people/mbj/Mars_Pathfinder/Authoritative_Account.html。

場裡正在想著自己的事，有個人過來對我說：『你得到別處去，因為你擋到消防安全門了。』好像萬一發生火災，我不會想逃似的。」賭場保全的想法是優先權反轉；海德柏的反駁則是優先權繼承。要是其他賭客忙著逃命之際海德柏卻在閒晃，那是因為他把閒晃的優先權放在逃命之上，但如果他繼承了其他賭客的優先權（順序），就不會這麼做了。何況奔逃的賭客有辦法讓人很快繼承他們的優先權。套句海德柏的話：「要是你怕火燒而且腳沒有麻掉[21]，你哪會擋住安全門不走！」

由此可以得知，想完成工作不足以避開排程陷阱，想完成重要工作可能還是不夠。如果你只是埋頭苦幹，非常認真處理眼前最重要的工作，可能會讓別人覺得你一直在拖延。就像開車時大踩油門會讓車輪空轉，急著想馬上有進展往往會適得其反。據說歌德曾說：「最重要的事不容許被最不重要的事影響。」[22] 儘管這句話很有道理，卻不一定絕對正確。有時候得先做完最不重要的工作，才能完成最重要的工作，所以我們只好把這件不重要的工作，當成和它阻擋的工作同樣重要。

當某件工作必須等另一件完成才能進行，排程專家稱之為**優先權限制**（precedence constraint）。對營運研究專家蘿拉‧亞伯特‧麥克雷（Laura Albert McLay）而言，時時記住這個原則讓她處理家務時省事不少。「了解這些真的很有幫助。當然，整天跟三個小孩在一起，得安排很多事情……孩子們得先吃完早餐才能出門，要是我忘了拿湯匙給他們，他們就沒辦法吃早餐。有時忘了一件很小的事就會耽誤所有事。以排程演算

---

21 海德柏的故事請參見1999年他的喜劇專輯 *Strategic Grill Locations*。

22 這段話第一次以英文出現可能是在 Covey, *How to Succeed with People*，其中指這段話出自歌德。

法而言，只要知道這件事是什麼並且處理好，幫助很大。這就是我每天搞定所有事情的訣竅。」[23]

　　1978年，排程學者簡・凱羅・蘭斯特拉（Jan Karel Lenstra）運用這個原理，協助朋友金恩搬進位於柏克萊的新家。蘭斯特拉說：「金恩延後了一些事情[24]，但我們必須先完成這些事，才能處理其他急迫的事。」蘭斯特拉回憶，當時他們必須歸還一輛廂型車，但需要用這輛車歸還一件設備，然後又需要用這件設備來修理公寓裡的某樣東西。修理公寓看來不怎麼急迫（所以延後了），但歸還廂型車很急。蘭斯特拉說：「我向他解釋，應該把前面的事看得更加急迫。」儘管蘭斯特拉是排程理論領域的大咖，向朋友提出這個建議照理說更有說服力，但這件事聽來格外諷刺。這是優先權限制造成優先權反轉的典型範例，而蘭斯特拉的朋友不是別人，正是二十世紀最傑出的優先權限制專家：尤金・羅勒（Eugene Lawler），外號「金恩」。

第一道障礙

　　雖然尤金・羅勒大半輩子都在思考如何更有效率地完成一連串工作，他的職業生涯卻相當曲折迂迴。[25]他原本在佛羅里達州立大學研究數學，1954年到哈佛大學念研究所，不過沒有拿到博士學位就離開了。後來他念過法律、加入過陸軍，還（就這麼剛好）在機械工廠工作過，在1958年回到哈佛大學，取得博士學位，之後在密西根大學任教。

---

23 Laura Albert McLay, personal interview, September 16, 2014.
24 Jan Karel Lenstra, personal interview, September 2, 2014; and personal correspondence.
25 羅勒的生平摘自Lawler, "Old Stories," 及Lenstra, "The Mystical Power of Twoness"。

1969年，他在教授休假期間到柏克萊擔任客座，在一次鬧得沸沸揚揚的反越戰抗議中遭到逮捕。次年他成為柏克萊的教師，在那裡以電腦科學系的「社會良心」著稱。[26]1994年他去世後，計算機協會以他的名字設立獎項[27]，獎勵在電腦科學領域展現人道主義精神的人士。

羅勒第一項優先權限制研究指出，優先權限制很容易解決。以（旨在盡量縮小一連串工作的最大延遲程度的）最早到期日演算法為例，如果工作有優先權限制，事情會變得比較棘手，因為倘若有某些工作得等其他工作完成才能開始，我們就無法依據到期日順序完成工作。但羅勒於1968年證明，只要從後到前排定時程[28]，就可以解決優先權限制問題：一開始只看不影響其他工作的工作，把到期日最晚的工作放在時程表的最後。接著不斷重複這麼做，每一步只看不影響其他（尚未排定時程的）工作的工作。

不過羅勒更深入探討優先權限制時，發現有件事很奇怪。我們已經知道，如果希望盡快減少待辦事項，最短處理時間演算法是最佳策略。但如果其中幾項工作有優先權限制，就沒有簡單或顯而易見的方式調整最短處理時間演算法。雖然這看來似乎是個基本排程問題，但羅勒或其

---

26 Richard Karp, "A Personal View of Computer Science at Berkeley," EECS Department, University of California, Berkeley, http://www.eecs.berkeley.edu/BEARS/CS_Anniversary/karp-talk.html.

27 參見http://awards.acm.org/lawler/。

28 羅勒關於最大延遲程度問題優先限制的分析，請參閱Lawler, "Optimal Sequencing of a Single Machine Subject to Precedence Constraints"。

29 相關分析請參閱Lawler, "Sequencing Jobs to Minimize Total Weighted Completion Time Subject to Precedence Constraints"。更精確地說，這個問題為NP困難，也就是不具已知有效解，而且可能永遠沒有。

30 我們將在第八章更深入探討這類難解問題。

他學者似乎都找不到有效解。

事實上，狀況比這還糟糕得多。羅勒很快就發現，大多數電腦科學家都認為它是「難解問題」〔29〕、〔30〕，不具有效解。排程理論遭遇的第一道障礙，似乎就是一堵牢不可破的高牆。

先前討論「三倍或輸光」狀況時，我們已經知道最佳停止理論對這類狀況沒有明確答案。同樣地，可以明確表達的問題不一定都有答案。在排程領域中，各種工作和限制組合一定都有個最好的調度，所以排程問題不可能沒有解答——但可能沒有明確的演算法能在合理時間內找出最佳排程。

這促使羅勒和蘭斯特拉等學者開始探索一個很有意思的問題：究竟有多少排程問題是難解問題？強森以書籍裝訂論文創立排程理論後經過了二十年，學者開始不再只是尋找個別解決方案，而是有了更大的企圖：他們試圖勾勒排程理論的完整面貌。〔31〕

學者發現，排程問題即使只稍稍改變，都可能跨越可解與難解之間那道纖細又不規則的界線。舉例來說，當所有延遲的工作（或腐壞的水果）價值相等，摩爾演算法能盡量減少延遲的工作數，但如果其中有些

31 這個追尋出現在1975年某天下午，羅勒、蘭斯特拉和同事理查‧卡普（Richard Karp）及班‧萊吉威（Ben Lageweg）在阿姆斯特丹的數學中心閒聊排程理論。可能是因為空中飄散著隔壁 Amstel 啤酒廠的「麥芽和啤酒花的辛辣氣味」，總之他們想到，一本列出各種排程問題以及這些問題是否已經解決的書籍，應該很適合用來送給即將舉行論文口試的同事亞歷山大‧林諾伊‧坎（Alexander Rinnooy Kan）（這段故事請參閱 Lawler, "Old Stories" 和 Lenstra, "The Mystical Power of Twoness"）。坎後來不僅對學術界有很大的貢獻，也對荷蘭經濟擁有重要影響，擔任 ING 董事長，並曾連續三年被荷蘭《人民報》（De Volkskrant）選為全荷蘭最具影響力的人士。請參見 "Rinnooy Kan weer invloedrijkste Nederlander," De Volkskrant, December 4, 2009, http://nos.nl/artikel/112743-rinnooy-kan-weer-invloedrijkste-nederlander.html。

工作比較重要，這個問題就成了難解問題[32]，沒有演算法能直接提供最佳時程。同樣地，如果必須等到特定時間才能開始工作[33]，也會使絕大多數原本具備有效解的排程問題，變成難解問題。地方法規規定晚上才能把垃圾拿到門外或許合理，卻會使你的行事曆安排變成難解問題。

描繪排程理論界線的工作一直持續至今。近年一項調查指出[34]，大約有7％的問題依然狀態不明，是排程理論中的未知地域。不過在我們已經了解的93％問題中，狀況並不算好：其中只有9％具有效解，其餘84％確定是難解問題。[35]換句話說，大多數排程問題其實沒有現成的解決方案。如果你覺得完美管理行事曆非常困難，或許只是因為它本來就無解。儘管如此，我們討論過的演算法通常是解決這些難題的起點，即使解決方法不算完美，至少可以符合期待。

萊吉威撰寫了一個產生清單的電腦程式，總共列出4536個不同排列的排程問題：包含他們所能想到的各種可能評量基準組合（最大延遲程度、延遲工作數目、完成時間總和等）以及限制（權重、優先權、開始時間等）。在接下來一連數天中，他們「快速地一個個解決這些困難的問題」。

他們描述這些排程問題的組織方法，是一種「具有簡略表達方式」的語言，稱為排程語（Graham et al., "Optimization and Approximation in Deterministic Sequencing"）。它的基本概念是排程問題以三個變數描述：參與機器的性質、工作的性質，以及排程的目標。這三個變數依照此順序指定，以標準程式碼描述優先權限制、釋放時間和目標等因素。舉例來說，$1|r_j|\Sigma C_j$（發音為 "one-arejay-sum-ceejay"）代表單一機器、釋放時間，以及目標為縮短完成總時間。羅勒這麼說：立即的報酬是我們能輕易溝通問題種類。來到辦公室的訪客都一頭霧水地聽到我們說：「因為 one-arejay-sum-ceejay 是 NP 困難，所以這表示 one-preemption-arejaysum-ceejay 也是 NP 困難嗎？」「不對，應該是容易，還記得嗎？」「嗯，one-deejay-sum-ceejay 是容易，這表示 one-preemption-deejay-sum-ceejay 也是容易，所以我們應該對 one-preemption-arejay-deejay-sum-ceejay 有什麼了解？」「沒有。」（正式寫法應該是：「因為 $1|r_j|\Sigma C_j$ 是 NP 困難，因此表示 $1|pmtn, r_j|\Sigma C_j$ 也是 NP 困難嗎？」

先擱下手上的事——占先與不確定性

種樹的最佳時機是二十年前，第二好的時機就是現在。

——俗語

目前我們只探討過使排程更困難的因素，但有個因素可使排程變得容易：工作可以中途停止，改做另一項。這個稱為占先（preemption）的性質將使遊戲規則大大改觀。

如果某些工作必須等到特定時間才能執行，盡量減少最大延遲（為了服務咖啡館的客人）或完成總時間（為了快速減少待辦事項）兩者，都會變成難解問題。但如果允許占先，則它們又會重新獲得有效解。在

「不對，應該是容易，還記得嗎？」「嗯，$1|d_j|\Sigma C_j$是容易，這表示$1|pmtn, d_j|\Sigma C_j$也是容易，所以我們應該對$1|pmtn, r_j, d_j|\Sigma C_j$有什麼了解？」「沒有。」請參閱 Lawler, et al., "A Gift for Alexander!" 以及 Lawler, "Old Stories"）。

32 事實上這個問題相當於電腦科學中最困難的空間填充問題：背包問題。這個排程問題與背包問題間的關聯請參閱 Lawler, "Scheduling a Single Machine to Minimize the Number of Late Jobs"。

33 我們說的開始時間在文獻中稱為釋放時間（release time），但我們認為有點模糊不清。Lenstra, Rinnooy Kan, and Brucker, "Complexity of Machine Scheduling Problems" 證明縮短完成總時間和藉助任意釋放時間來縮短最大延遲程度，均為 NP 困難。以任意釋放時間減少延遲工作數目的相關討論請參閱 Lawler, "Scheduling a Single Machine to Minimize the Number of Late Jobs"。

34 Lawler et al., "Sequencing and Scheduling"。此清單的最新版本請參見 http://www.informatik.uni-osnabrueck.de/knust/class/。

35 狀況其實沒有統計數字看起來那麼糟，因為其中包含多機器排程問題。多機器排程問題比較接近管理一群員工，而非管理行事曆。

這兩種狀況中，古典策略（分別為最早到期日和最短處理時間）只要簡單調整[36]，依然是最佳策略。輪到做一項工作時，比較這項工作與當前進行中的工作。如果你採取最早到期日策略，而新工作的到期日比手頭的工作更早，就立刻改做新工作，否則就繼續原來的工作。同樣地，如果你採取最短處理時間策略，而新工作會比手頭的工作更早完成，就先處理新工作，否則就繼續原來的工作。

旺季時，機械工廠或許知道接下來幾天要做的所有工作，但大多數人通常不知道，最多只知道一部分。舉例來說，我們往往連何時可以開始進行某項專案都不確定（某人何時會告訴我某件事的確定答案？），電話隨時可能響起，或來了封郵件通知要增加一項新工作。不過即使不知道工作何時開始，最早到期日和最短處理時間仍然是最佳策略，能確保我們在不確定狀況下盡可能有最佳表現。如果有工作出現在預期之外的時間，盡量減少最大延遲的最佳策略，仍然是最早到期日的占先調整版本[37]：如果新工作的到期日比眼前的工作還早，就改做新工作，反之就先放著不管。同樣地，最短處理時間的占先調整版本[38]，也就是比較當前工作的剩餘完成時間和完成新工作所需時間，仍然是盡量減少完成總時間的最佳策略。

---

36 占先藉助釋放時間縮短最大延遲程度的效果，請參閱 Baker et al., "Preemptive Scheduling of a Single Machine"。藉助釋放時間和占先縮短完成總時間的問題，請參閱 Schrage, "A Proof of the Optimality of the Shortest Remaining Processing Time Discipline" 及 Baker, "Introduction to Sequencing and Scheduling"。

37 選擇到期日最早的工作，以便縮短最大預期延遲程度的結果，請參閱 Pinedo, *Scheduling*。

38 選擇加權後預期處理時間最短的工作，以便縮短動態環境下的加權完成總時間的效果（假設完成一項工作的時間在執行該工作時不會增加），請參閱 Sevcik, "Scheduling for Minimum Total Loss Using Service Time Distributions"，這屬於範圍更廣的動態排程策

　　事實上，最短處理時間的加權版本，可說是不確定狀況下，最佳通用排程策略的選項之一。它提供了簡單的時間管理處方：一出現新工作，就把它的重要性除以完成所需時間。如果結果比正在進行的工作高，就改做新工作，否則就繼續做當前的工作。這種演算法可說是排程理論中的萬用鑰匙或瑞士刀，不只適用於某一類問題，而是適用於許多類型的問題。在某些假設下，它不僅可一如預期地盡量減少加權完成時間的總和，還可減少延遲工作的權重總和，以及這些工作的加權延遲總和。[39]

　　有趣的是，如果事先知道各項工作的開始時間和所需時間，把其他評估標準最佳化就成了難解問題。因此探討不確定性對排程的影響，反而會得出違反直覺的結果：在某些例子中，預知反而成為負擔。即使事前完全知道狀況，或許同樣不可能找到完美時程。相反地，順著感覺走，等工作出現再臨機應變，不會讓你彷彿有能力預知未來似的，排出十全十美的行程，但你的最佳策略會容易計算得多。這可以讓人覺得舒服一點。商管作家和程式設計師傑森・弗萊德（Jason Fried）說：「你覺得沒有十全十美的計畫就沒辦法著手嗎？把計畫換成猜測[40]，輕鬆面對就好。」排程理論已經告訴我們這一點。

　　感覺未來混沌不明時，你需要的不是行事曆，而是待辦事項清單。

略的一部分。

39 Pinedo, "Stochastic Scheduling with Release Dates and Due Dates" 證明這種演算法是這類問題的最佳解決方法，（相當重要的）前提是工作時間為無記憶分布，也就是無論一件工作已經做了多久，你估計的剩餘時間都相同。在隨機排程中，最佳演算法不一定對每一項可能工作都理想，而是盡可能減少其相關評量基準的期望值。

40 Jason Fried, "Let's just call plans what they are: guesses," July 14, 2009, https://signalvnoise.com/posts/1805-lets-just-call-plans-what-they-are-guesses.

讓其他工作插隊的代價——上下文交換

我越急就做得越慢。
——在加州布恩維爾鎮（Boonville）這地方看到的刺繡文字

程式設計師不講話是因為他們不能被打斷……面對其他人（或應答電話、蜂鳴器或門鈴）只會阻礙思緒的列車。阻礙就會造成錯誤，你不可以離開列車。[41]
——程式設計師艾倫·烏爾曼（Ellen Ullman）

因此，排程理論終究講了個鼓舞人心的故事。世界上的確有單純的最佳演算法可以解決許多排程問題，而且這些問題跟日常生活中碰到的狀況非常類似。不過如果要把單一機器排程運用到現實世界，事情就會變得複雜許多。

首先，人和電腦作業系統同樣面臨一個奇特挑戰：執行排程的機器和接受安排的是同一部，因此你的待辦事項清單上有一項工作，是釐清待辦事項清單，而這件事也需要取得優先權並接受安排。

第二，占先不是白吃的午餐。你每次變換工作，都會付出一些代價，這在電腦科學中稱為上下文交換。電腦處理器每次把注意力從某個程式移開，一定會另外付出某個程度的成本。它必須有效地標記其位置，同時把這個程式的所有相關資訊放在一邊，然後弄清楚接下來該執行哪個

---

41 Ullman, "Out of Time."
42 Monsell, "Task Switching."

程式。最後，它還必須取出這個程式的所有相關資訊、在程式碼中找出它的位置，接著開始工作。這類來回切換都不是「實功」，也就是不會為參與的各個程式帶來任何實際進展，它完全是內耗。每次上下文切換的耗時都是浪費。

人類當然也必須為上下文切換付出代價。當我們把文件拿上拿下桌面、關閉和打開電腦裡的文件、走進某個房間卻不記得為什麼來這裡，或大聲問「我講到哪裡了？」或「我剛剛講什麼？」時，都可以感受到這類代價。心理學家已經證明，切換工作對人的影響可能包含延遲和錯誤兩方面[42]，規模可能達到數分鐘，而不只是數微秒。更具體地說，如果你在一小時內打擾某個人好幾次，他的工作可能會完全沒有進展。

就個人而言，我們已經發現程式設計和寫作必須時時記住整個系統的狀態，因此上下文切換的成本格外龐大。我們有個寫軟體的朋友說，一般的一星期工作時間不是很適合他的工作流程，因為他一天工作十六小時的生產力，通常大於一天工作八小時的兩倍。本書作者布萊恩認為寫作很像打鐵，需要花一點時間加熱，才能把鐵打成各種形狀。他覺得寫作沒有超過九十分鐘沒什麼意義，因為最初半小時必須先回想很多資料，好記起「我寫到哪裡了」。匹茲堡大學排程專家寇克·普魯斯（Kirk Pruhs）也有相同的經驗。他說：「如果時間不到一小時，我只會做些小事[43]，因為我得花三十五分鐘才能真正弄清楚我要做什麼，接下來就沒多少時間做了。」

魯德亞德·吉卜林的名詩《如果——》的結尾，有兩句關於時間管

---

43 Kirk Pruhs, personal interview, September 4, 2014.

理的激昂呼聲:「如果你能用盡六十秒的長跑／填補這無情的一分鐘」。如果能這樣就好了。事實上,這麼做一定有間接成本,包括內耗、記錄和工作管理等後端工作消耗的時間等。這是排程領域中的基本取捨。切換次數越多,間接成本就越高。在極端狀況下,這會導致往復移動(thrashing)現象。

忙到變成在空轉──往復移動

蓋吉:祖克柏先生,你有在聽我講話嗎?……

祖克柏:我有一部分在聽你講話[44]──不過是最小的一部分。

──電影《社群網戰》

　　電腦藉由執行緒作業(threading)過程執行多工作業,我們可以把這個過程想成拋接一堆球。拋接藝人每次只拋起一個球,但有三個球同時在空中,電腦CPU也是這樣,每次只執行一個程式,但在好幾個程式間調換的速度很快(僅萬分之一秒),所以看起來好像能同時播放電影、瀏覽網路以及通知你有電子郵件寄來了。

　　1960年代,電腦科學家開始研究,如何讓不同作業和使用者共享電腦資源的過程自動化。曾在MIT攻讀博士學位,現在已是電腦多工作業頂尖專家的彼得·丹寧回想,當時是個刺激的時代。刺激又不確定,他說:「電腦裡有許多工作,其中有些想長大,有些想縮小,還會彼此互動,試圖竊取記憶體和各種資源……你該怎麼把電腦主記憶體分配給

---

44 *The Social Network*, screenplay by Aaron Sorkin; Columbia Pictures, 2010.

45 Peter Denning, personal interview, April 22, 2014.

這些工作？該怎麼管理這些互動？當時大家都毫無頭緒。」[45]

可以想見，由於學者還不大清楚狀況，因此碰到了困難。有個困難格外引起他們注意。丹寧說明，在某些狀況下，「當你在多重程式環境中添加工作時，會出現一種始料未及的問題。當你超過臨界點，整個系統會突然死當。臨界點在哪裡你不清楚，但超過時你就會知道。」

我們再回想一下拋接藝人表演。一個球在空中時，球在空中停留的時間足夠讓藝人再多拋起幾個球。但如果藝人手上的球比他的最大能力還多一個呢？他沒接到的不只是多出來的那顆，而是全部的球——整個系統都當掉了。丹寧是這麼說的：「多加的那個程式導致服務完全崩潰[46]……這兩個例子之間的明顯差異，乍看之下似乎違反直覺。依據直覺，在擁擠的主記憶體中添加新程式時，服務應該是逐漸劣化。」但其實是瞬間崩壞。我們可以理解拋接藝人應付不來時的反應，但又是什麼因素使機器也出現這種狀況？

排程理論在這裡和快取理論產生了交會。快取的構想是保留一些「工作用」的物品，以便快速取得，方法之一是把電腦正在使用的資訊保留在快速的記憶體裡，而不是放在緩慢的硬碟中。不過如果某項工作隨時必須追蹤的資訊太多，沒辦法全部放進記憶體，那我們在記憶體中存取資料所花的時間，最後可能比執行工作更多。此外，切換工作時，新的現行作業為了給自己的工作用資料騰出空間，可能會從記憶體中剔除其他作業的工作用資料。另一個作業再度成為現行作業時，又會從硬碟取出自己的工作用資料，塞進記憶體，同時剔除其他資料。在處理

---

46 Denning, "Thrashing: Its Causes and Prevention."

器和記憶體間有多階層快取時，作業間互相竊取空間的問題往往更嚴重。Linux作業系統排程器開發負責人之一的彼得·吉爾史特拉（Peter Zijlstra）說：「對目前的工作而言，快取很好用[47]，當你執行上下文切換時，則最好關閉所有快取，但這樣的代價很大。」在極端狀況下，一個程式可能把自己需要的資料移進記憶體後，就失去主控權，其後的程式同樣在覆寫資料後就失去主控權。

這就是往復移動：一個系統以全速運作，但完全沒有結果。丹寧首先發現記憶體管理中的這種現象，但電腦科學家現在則用「往復移動」，來指稱系統完全被內耗占據而停頓的各種狀況。[48]電腦出現往復移動現象時，效能不是慢慢降低，而是急速下墜。「實功」下降到零，這也表示電腦幾乎不可能恢復。

人類也經常陷入往復移動。如果你曾經很想暫停手上的所有工作，好寫下要做的所有事，但又騰不出時間，就表示你陷入往復移動了。讓人類陷入往復移動的原因跟電腦大致相同：認知資源有限，而每項作業都占據了一點。當記住必須做的所有工作占據了全部的注意力，或是設定每項工作的優先權花掉了做工作的所有時間，或是我們的思緒列車經常在思想化成行動前就受到干擾，這種感覺就像恐慌症，就像因為活動過度而癱瘓。電腦很清楚，這就是往復移動。

如果你曾經跟陷入往復移動的系統搏鬥過，甚至自己曾經陷入這類狀態，那麼你可能會對脫離這種狀態的電腦科學原理很好奇。1960年代丹寧在一篇關於這個主題的重要論文中指出，事前預防勝於事後治

---

47 Peter Zijlstra, personal interview, April 17, 2014.
48 資料庫系統中也可能出現往復移動。不同程序競相要求「鎖定」資料庫存取權時，系統往往

療。最簡單的對策就是擴充記憶體。舉例來說，記憶體必須足以放入所有執行中程式的工作用資料，減少上下文切換花費的時間。不過當你發現自己已經陷入往復移動，建議預防措施沒有任何幫助。此外，說到人的注意力，我們本來就會被自己原先注意的事物給困住。

另一個事先預防往復移動的方法，是學著說不。舉例來說，丹寧主張當可用記憶體不足以容納某個程式的工作用資料，系統就應該拒絕把這個程式加入工作中，這樣做可以防止電腦陷入往復移動，對於工作已經很繁重的人也是合乎情理的建議。然而對於已經負擔過重，或是無法左右工作分派的人而言，這種作法是奢侈，他們無能為力。

在這類狀況下，顯然已經不可能工作得更努力，不過我們可以工作得……笨一點。除了考慮記憶體，切換上下文時最大的內耗根源，正是選擇接下來該做什麼工作。這有時也可能導致你沒空工作。假設某個已經過滿的電子郵件收件匣有n封郵件，依據排序理論，我們知道不斷掃視郵件，找出其中最重要的來回覆，必須經過$O(n^2)$次運算，每次掃視n封郵件，總共掃視n次。這表示打開郵件數量比一般多3倍的收件匣，通常要花費9倍的時間來處理。此外，掃視這些郵件時，每看一封郵件就要在腦海中切換一次，最後再回覆其中一封，這樣絕對會造成記憶往復移動。

處於往復移動狀態時，我們完全沒有進展，所以即使是以錯誤順序做工作，也好過什麼都沒做。因此我們或許不應該先回覆最重要的郵件（因為這樣需要評估所有郵件，花費的時間可能會比做工作本身還多），

會讓目前擁有存取權的程序無法進行工作。同樣地，網路環境中也可能出現往復移動，原因是各種不同的訊號爭奪網路頻道，使網路完全無法運作。我們會在第十章深入介紹這現象。

而應該避開平方時間的陷阱,隨便挑一封電子郵件來回覆,或是依照郵件顯示的順序來回覆。幾年前,Linux系統核心團隊依據同樣的想法,把排程器更換成在計算程序優先權方面比較不聰明[49],但花費較少時間做計算的版本。

不過,如果你還是想維持你的優先權,那還有個更有趣的方法可以找回你的生產力。

錯過這次,就等待下回——中斷接合

即時排程如此複雜又有趣,部分原因是它必須讓兩個不完全相容的原理互相協調。這兩個原理稱為反應能力和處理能力,也就是你的回應速度,以及你總共能完成的工作量。曾經在辦公室上班的人,都很容易理解這兩個評估標準間的拉扯。有些人的工作就是接電話,原因也在此:因為他們的反應能力不錯,而其他人或許具備不錯的處理能力。

同樣地,跟電腦一樣,要我們人類在反應能力與處理能力兩者間取捨,也很不簡單。因此矛盾的是,完成工作的最佳策略反而是慢下來。

作業系統排程器通常把每個程式都可執行一點點的一段時間,定義為一個週期(period),系統再把一個週期劃分給每個程式。執行的程式越多,程式分配到的時間越少,每個週期內的上下文切換次數就越多,

---

49 Linux使用的O(n)排程器從2001年的2.4版,開始依據優先程度排列所有程序,程序越多,花費時間越長。2003年的Linux 2.6開始改用O(1)排程器,無論程序有多少個,均以桶排序把所有程序分到預先定義數量的桶中。然而進行這樣的桶排序必須進行複雜的試探運算。從2007年的Linux 2.6.23開始,O(1)排程器再改成更簡潔的完全公平排程器(Completely Fair Scheduler)。

50 這個值定義在Linux系統核心中"Completely Fair Scheduler"的變數sysctl_sched_min_

犧牲處理能力來維持反應能力。然而如果不小心留意，這種確保每個程序在一個週期中都能執行一段時間的方式，往往會導致大問題。如果執行的程式很多，每項作業分配到的時間將不斷縮減，最後當上下文切換完成後，就要開始執行下一個作業的上下文切換了。

　　問題的根源就是嚴格的反應能力保證。因此新型作業系統都設定了每段分配時間的最小長度，拒絕把週期分得更小（舉例來說，在 Linux 作業系統中，這個最小分配時間是 0.75 微秒 [50]，但人類可能需要數分鐘以上）。如果加入的程序超過一定數量，週期就會自動加長。這代表程序必須等待更久才會執行，不過也可以保證它們取得的時間足以執行一些工作。

　　設定每項作業的最小執行時間，有助於防止為了確保反應能力而完全忽視處理能力：如果最小執行時間多於上下文切換所需時間，系統就絕對不會把所有時間花在上下文切換。這個原則很容易轉化成生活管理方面的建議。固定時間長度（timeboxing）或番茄工作法（pomodoro）這類使用計時器設定一段時間 [51]，在這段時間內只做一件事的方法，都體現了這個概念。

　　不過我們應該把這段時間設定成多長？比方說，每隔多久查看電子郵件一次？從處理能力觀點看來，答案很簡單：間隔越久越好。不過事

---

granularity 中。

51 固定時間長度大多出現在軟體開發團隊管理的相關主題中。「固定時間長度」這個詞似乎源自 Zahniser, "Timeboxing for Top Team Performance"。「番茄工作法」這個詞源自番茄外形的廚房計時器，它是 1980 年代末由弗蘭切斯科‧齊利羅（Francesco Cirillo）發明，並於 1998 年由他本人開始宣揚。請參閱 Cirillo, *The Pomodoro Technique*。

情沒有就此結束，畢竟處理能力越高，反應能力就會越低。

不過最打擾你的電腦，讓它不得不定期查看的不是電子郵件，而是你。你可能幾分鐘或幾小時沒有移動滑鼠，不過一旦移動滑鼠，就希望馬上看到指標在螢幕上移動，這表示電腦要花費許多時間留意你。電腦越頻繁檢視滑鼠和鍵盤，有資料輸入時的反應就越快，但上下文切換次數也就越多，因此電腦作業系統決定自己要花多少時間執行某些作業時的規則很簡單：只要使用者似乎不覺得停頓或緩慢，就盡可能延長時間。

我們人類外出做簡單工作時，可能會說：「你可能根本不會注意到我出去過。」我們的機器上下文切換到運算時，也必須趁我們還沒發現它不在之前回來。為了找出這個平衡點，作業系統程式設計師必須求助於心理學[52]，在心理物理學論文中，尋找人類大腦發現停頓或閃爍所需的微秒數。電腦其實沒必要花太多時間在使用者身上。

由於這些努力，作業系統正常運作時，你根本不會注意到電腦運作得多努力。即使處理器全速運轉，你還是可以在螢幕上流暢地移動滑鼠。這樣的流暢程度會影響少許處理能力，但系統工程師在設計時已經做好取捨：系統盡可能減少跟你互動的時間，並及時回頭重新繪製滑鼠游標。同樣地，這個原則也能轉化到生活上。由此可以得知，我們應該盡可能延長執行單一工作的時間，但不要使反應能力低於可接受的最低限度。先決定好自己需要的反應速度，接下來如果希望好好完成工作，就不要讓反應能力高於這個程度。

---

52 E.g., Peter Zijlstra, personal interview, April 17, 2014.

53 Linux於2007年加入計時器聚合功能。微軟也於2009年由Windows 7開始把這個功能加入Windows中。蘋果電腦則於2013年由OS X Mavericks開始跟進。

如果你發現自己手上有許多短時間工作，所以經常上下文切換，這時可以採用另一個源自電腦科學的中斷接合（interrupt coalescing）概念。舉例來說，如果你有五張信用卡帳單，不要一收到就馬上去繳錢，而應該等五張都收到時再一次繳完。只要帳單的到期日是收到後的31天以上，你就可以設定每個月的某一天（例如一號）是繳費日，坐下來一次處理所有帳單，不管它是三個星期前、或是三小時前收到的。同樣地，如果電子郵件聯絡人沒有要求你在24小時內回覆，你就可以設定自己每天只查看信箱一次。電腦本身的作法是這樣的[53]：它會等到某個固定時間才檢視所有狀況，而不會經常執行上下文切換來處理所有次元件發送的個別中斷。[54]

電腦科學家偶爾也會發現，自己的生活中缺少中斷接合。谷歌研究主管彼得・諾維格（Peter Norvig）說：「我今天為了處理小事必須到市區三次，我說：『哦，這只是你的演算法裡有個小錯誤。[55]你應該等一下或把它列入待辦清單，而不要事情一來就馬上去做。』」

在人類的尺度上，郵政制度的投遞週期就是一種中斷接合。由於郵件每天只投遞一次，所以晚幾分鐘寄出的郵件，就得多等24小時才能收到。以上下文切換而言，這種方式的優點現在應該已經顯而易見：我們每天最多只會被帳單和信件打擾一次。此外，24小時的投遞頻率對反應能力的要求非常低，無論是五分鐘或五小時後回覆郵件都沒有差別。

在學術界，規定面談時間可以接合學生造成的中斷。在民間企業，

---

54 許多電腦只要一希望我們注意，往往就會魯莽地顯示錯誤訊息和遮蓋游標的對話框，這種行為實在有點虛偽。其實連CPU本身也很難忍受使用者介面要求使用者注意的方式。

55 Peter Norvig, personal interview, September 17, 2014.

中斷接合則可以讓我們用另一種眼光看待最可怕的辦公室儀式：每週會議。定期會議儘管有諸多缺點，卻是防範無意識中斷和突如其來的上下文切換的最佳方法。

傳奇程式設計師唐納‧克努特（Donald Knuth）的生活方式，可說是極少上下文切換的最佳典範。他說：「我每次只做一件事。這是電腦科學家說的批次處理（batch processing），另一種選擇是經常切換工作，但我不這麼做。」[56] 克努特真的不是開玩笑。2014年1月1日，他開始著手進行「2014年TeX修正」，解決了近六年來使用者回報的所有TeX科學排版軟體錯誤。他的報告結尾寫得相當活潑：「請拭目以待2021年TeX修正帶給大家哪些驚奇！」同樣地，克努特從1990年至今一直沒有電子郵件地址。他說：「對於在生活中扮演物品使用者的人而言，電子郵件很棒，但對我而言不是。我的角色是事物建構者[57]，我的工作必須長時間研究，而且必須十分專注，不能中斷。」他每三個月才檢視實體郵件一次，每半年才看一次傳真。不過即使我們想以中斷接合的準則來規劃生活，也不需要做到像克努特這麼極端。郵局這麼做基本上是無心插柳，但在其他方面，我們則必須自己建構或要求。

我們手上各種會發出提示聲響的裝置都有「勿干擾」模式，可以自己隨時開關，但這種方式太原始了。我們或許應該建議設定中斷接合模式，把機器內部的運作方式放到人類的時間尺度中。舉例來說，每十分鐘才提醒我一次，一次提供全部訊息。

---

56 Shasha and Lazere, *Out of Their Minds*, 101.

57 Donald Knuth, "Knuth versus Email," http://www-cs-faculty.stanford.edu/~uno/email.html.

6 | 貝氏法則　　　　　　　Bayes's Rule

預測未來

人類所有知識都不確定[1]、不精確而且不完整。
——數學家伯特蘭·羅素（Bertrand Russell）

明天太陽將會升起。跟你打包票，明天依然是豔陽高照。
——音樂劇《小安妮》（*Annie*）

1969年，理查·高特（J. Richard Gott III）取得普林斯頓大學天文物理學博士學位前到歐洲旅行，看見八年前剛建造的柏林圍牆。[2]他站在象徵冷戰的圍牆陰影下納悶起來，究竟圍牆要有多長，才能隔開東方和西方？

從表面上看來，試圖進行這類預測不免有點荒謬。即使不談地理政治根本無法預測，這個問題在數學上也很可笑，原因是它試圖以單一資料點進行預測。

不過儘管這件事似乎很荒謬，但其實我們經常這麼做，而且有其實際需求。你到了外國城市的公車站牌，知道其他遊客已經等了七分鐘。下一班公車可能什麼時候會來？是否值得繼續等下去？如果值得，最多

1　Bertrand Russell, *Human Knowledge: Its Scope and Limits*, 1948, p. 527.
2　Gott, "Implications of the Copernican Principle for Our Future Prospects."

再等多久就應該放棄？或者是你有個朋友跟某個人交往了一個月，現在需要你的建議：請對方來參加家人的婚禮會不會太早？這段感情一開始還不錯，但提前多久開始做計畫比較安全？

　　谷歌研究部門主管彼得・諾維格（Peter Norvig）曾經發表一份著名的簡報，標題為《資料不合理的有效性》（*The Unreasonable Effectiveness of Data*）。[3] 這份簡報對於「數十億個不重要的資料點如何協助我們理解」非常有興趣。媒體經常說我們生活在「大數據的時代」，電腦能耙梳數十億個資料點，找出肉眼看不見的模式。然而，與人類日常生活關係最密切的問題，卻經常屬於另一個極端。我們的日子裡充滿各種「小數據」。事實上，我們就像站在柏林圍牆前的高特一樣，必須以能取得的最少資料（也就是單一觀察結果）進行預測。

　　那麼我們可以怎麼做？又應該怎麼做？

　　故事開始於十八世紀的英國，這個領域不僅當時的傑出數學家難以拒絕，連神職人員都經不住誘惑：賭博。

與貝斯牧師一起逆向推理

　　因此，如果有人主張信任過往經驗，並以之當成預測未來的標準，則這些主張必定不肯定。[4]
　　——經濟學家、史學家暨哲學家大衛・休謨（David Hume）

3　這段話摘自 Halevy, Norvig, and Pereira, "The Unreasonable Effectiveness of Data"。

4　*An Enquiry Concerning Human Understanding*, §IV, "Sceptical Doubts Concerning the Operations of the Understanding."

5　此處的貝斯簡短生平摘自 Dale, *A History of Inverse Probability* 及 Bell house, "The Reverend Thomas Bayes"。

　　兩百五十多年前，在英國迷人的水療小鎮坦布里奇威爾斯（Tunbridge Wells），以小數據進行預測對長老會牧師湯瑪斯·貝斯（Thomas Bayes）而言相當重要。

　　貝斯假設，如果我們買了10張不熟悉的新彩券，其中有5張中獎，那麼這種彩券的中獎率似乎很容易估計：是5/10，也就是50％。但如果我們只買了一張彩券，而這張中獎了呢？我們真的就認為它的中獎率是1/1，也就是100％？這樣顯然太樂觀了，對吧？如果的確如此，那我們高估了多少？實際上又應該怎麼猜測它的中獎率？

　　儘管貝斯對於在不確定下進行推測的歷史帶來很大的影響，但他本身的歷史卻很不確定。[5]他出生於1701或1702年，出生地可能是英國赫特福夏（Hertfordshie），也可能是倫敦。他於1746、1747、1748或1749年[6]，撰寫了數學史上極具影響力的論文，但沒有發表就棄之不顧，轉而研究其他主題。

　　在這兩個事件之間，我們比較確定的是：貝斯是牧師之子，所以到愛丁堡大學研讀神學，後來和父親一樣被任命為牧師。他對數學和神學都很感興趣，於1736年寫了一本書，當中激昂陳詞回應貝克萊主教（Bishop George Berkeley）的攻擊，為牛頓剛提出的微積分辯護。[7]這篇作品後來讓他當選英國皇家學會會士，當時學會對他的簡介是「這位紳士……精通幾何學與各領域的數學與哲學」。

6　貝斯的著名論文沒有明確日期，在檔案中歸在1746年和1749年的兩篇論文之間。參見 McGrayne, *The Theory That Would Not Die*。

7　*An Introduction to the Doctrine of fluxions, and Defence of the Mathematicians against the Objections of the Author of the analyst, so far as they are assigned to affect their general methods of Reasoning.*

　　貝斯於1761年去世後，他的朋友李查‧普萊斯（Richard Price）受託審閱他的數學論文，看看是否有值得發表的。普萊斯看到一篇論文時格外興奮，說它「極有價值，應該好好保存」。[8]這篇論文的主題正是剛剛提到的獎券問題：

　　假設有一個人打算買彩券，他完全不知道這種彩券的給獎方式和中獎率。[9]此外，他必須比較已知的未中獎與中獎張數，藉以推測中獎率。問他可依據這些條件得出什麼結論。

　　貝斯有個關鍵的見解：試圖由已知的中獎與未中獎彩券推測彩券整體分布狀況，其實是反向推理。他主張，要達到這個目的，必須先由假設狀況進行正向推理。[10]換句話說，我們必須先決定各種狀況下中獎的機率。這個機率（現代統計學家稱為概度〔likelihood〕）可提供解決問題所需的資訊。

　　舉例來說，假設我們買了三張彩券，三張都中獎。接下來，如果這種彩券特別慷慨，每張都會中獎，則買三中三的狀況當然每次都會出現，也就是機率為100%。但如果只有一半會中獎，則買三中三的機率是$1/2 \times 1/2 \times 1/2$，也就是$1/8$。如果它的中獎率只有$1/1000$，則買三中三的機率將變得非常低：$1/1000 \times 1/1000 \times 1/1000$，也就是十億分之一。

8　Bayes, "An Essay Towards Solving a Problem in the Doctrine of Chances"前言部分。

9　同上，附錄部分。

10 更精確地說，貝斯主張已知假設狀況h和觀察資料d 時，我們應該計算每個h的可能性貝斯認為，我們應該據此判斷，全部彩券都中獎的機率高於只有一半彩券中獎，而有一半彩券中獎的機率高於只有1/1000彩券中獎。我們或許單憑直覺就可得知這一點，但貝斯的邏輯讓我們得以把直覺量化。如果沒有意外，我們應該可以得知全部彩券都中獎的機率，是只有一半彩券中獎的8倍，因為在這個狀況下，我們購買的彩券中獎機率是8倍（100%對1/8）。同樣地，有一半彩券中獎的機率，是1000張中只有1張中獎的1億2500萬倍，這是比較1/8對十億分之一得出的結果。

這是貝斯論點的關鍵。由過去的假設狀況進行正向推理可提供基礎，讓我們逆向推出最可能的答案。

這種方法既巧妙又創新，但無法為彩券問題提供完整答案。普萊斯把貝斯的結果提交給英國皇家學會，證明如果你買了一張彩券，而它中獎了，則有一半以上彩券會中獎的機率為75%。不過思考機率的機率可能會有點讓人暈頭轉向。此外如果有人問起：「好，那你認為這種彩券的中獎率究竟是多少？」我們還是不知道怎麼回答。

這個問題的答案——如何把各種可能假設狀況濃縮成單一期望值——幾年之後就被法國數學家皮爾賽門‧拉普拉斯（Pierre-Simon Laplace）發現。

拉普拉斯定律

拉普拉斯在1749年生於諾曼第[11]，父親送他進天主教學校，希

---

p(d|h)，以評估這些假設狀況（p(d|h)記號代表d在已知h時的條件機率，也就是h為真時，觀察到d的機率），要把這個機率轉換回每個h為真的機率，必須再除以這些概度的總和。
11 如需進一步了解拉普拉斯的生平與研究成果，請參閱Gillispie, *Pierre-Simon Laplace*。

望他成為神職人員。拉普拉斯後來進入康城大學（University of Caen）繼續攻讀神學，但他不像貝斯一生在屬靈和科學兩方面平均發展得很好，而是離開教會，全心投入數學。

　　1774年，拉普拉斯在完全不知道貝斯先前作品的狀況下，發表了極富企圖心的論文《論事件原因的機率》（*Treatise on the Probability of the Causes of Events*），終於解決了如何由觀察結果逆向推測可能原因的問題。

　　我們已經知道，貝斯發現了比較不同假設狀況的相對機率的方法。但在彩券的例子中，假設狀況其實有無限多種：每種可能的中獎彩券比例都是一種。拉普拉斯運用曾造成激烈爭議、而且貝斯大力維護的微積分，證明這一大堆機率可以濃縮成單一估計值[12]，而且這個估計值簡單得出奇。他證明，如果我們事先對這種彩券一無所知，而且只買了一張就中獎，則我們可以預期，中獎彩券在全部彩券中所占的比例為2/3。如果買三張彩券而且全部中獎，則中獎彩券的預期比例是4/5。事實上，如果購買n張彩券中有w張中獎，其期望值就是中獎張數加一，再除以購買張數加二：$(w+1)/(n+2)$。

　　這個簡單得出奇的機率估算方法，稱為**拉普拉斯定律**（Laplace's Law），它適用於各種需要依據某一事件的過往歷史，估算其發生機率的狀況。如果你嘗試某件事10次，其中有5次成功，則此定律估算出來的整體成功機率為6/12，也就是50%，與直覺相符。如果你只嘗試一次

---

12 拉普拉斯定律的推導過程必須執行貝斯提出的計算過程，但困難之處是計算所有假設狀況的總和，這裡必須運用到部分積分。拉普拉斯定律的完整推導過程請參閱 Griffiths, Kemp, and Tenenbaum, "Bayesian Models of Cognition"。從現代貝氏統計學的觀點看來，拉普拉斯定律是以均一事前機率得出的二項率的事後均數。

13 第二章探討多臂土匪問題和開發與善用困境時，曾經提過這一點。此外我們也曾經探討依

而且成功[13]，則拉普拉斯估算的成功機率為2/3，不僅比假設你每次都會成功來得合理，也比普萊斯的指引來得可行（普萊斯的理論指出，成功率為50%以上的機率是75%）。

拉普拉斯進一步運用他的統計學方法來解決當時許多問題，包括估算嬰兒出生時是男是女的機率是否確實相同（他幾乎可以肯定男嬰其實比女嬰略多）。此外他還撰寫《機率哲學論文》(*Philosophical Essay on Probabilities*)，這本書可說是史上第一本為一般大眾撰寫的機率書，至今仍然是相當傑出的著作。書中除了說明他的理論，還介紹了機率在法律、科學和日常生活中的各種應用。

拉普拉斯定律提供了在現實世界中面對小數據時的經驗法則。即使我們只觀察寥寥數次，甚至只觀察一次，這個定律都能提供實際指引。想算出公車遲到的機率嗎？你參加的壘球隊的贏球機率？只要算一下這些狀況的過往發生次數後加一，再除以機會數加二就可以了。拉普拉斯定律的優點在於：無論只有一個資料點或有數百萬個資料點，它都一樣有效。這個定律告訴我們，小安妮相信太陽明天一樣會升起是有道理的：由於在地球上已經連續看見太陽升起約1.6兆次，所以下次「嘗試」時太陽仍會升起的機率，和100%幾乎沒有差別。

據數次經驗估計某個過程（例如吃角子老虎機）的成功率。貝斯和拉普拉斯的研究成果，加強了我們在第二章中討論的吉廷斯指數等許多演算法。和拉普拉斯定律一樣，第二章列出的吉廷斯指數值假設所有成功機率都相等。因此，下注一次贏錢零次的吃角子老虎機，整體期望贏錢率是2/3。

貝氏法則和事前看法

這些看法均一致且可理解。我們為何要把這個偏好賦予已經不再一致且可理解的看法？[14]
——大衛·休謨

拉普拉斯還探討了另一項後經證明、對貝斯的論點十分重要的修改：要怎麼處理那些機率顯然比其他假設狀況來得高的假設？比方說，雖然某種彩券的中獎率有可能高達99％，但（我們會假設）它的中獎率更有可能是1％。這個假設應該反映在估計值中。

為了具體說明，假設有個朋友拿了兩個錢幣，一個是正常的「公正」錢幣，正反兩面的出現機率是一半一半，另一個錢幣則兩面都是正面。他把兩個錢幣丟進袋子，隨意取出一個。他拋了一次錢幣，結果是正面。你認為他拿出來的錢幣是哪一個？

貝斯的反向思考方法讓這個問題變得簡單。公正錢幣拋一次出現正面的機率是50％，雙正面錢幣則是100％。因此我們可以有把握地斷定，你朋友拿出雙正面硬幣的機率是兩倍（100％÷50％＝2）。

現在考慮接下來的變化。這一次，你朋友拿了九個公正硬幣和一個

---

14 *An Enquiry Concerning Human Understanding*, §IV, "Sceptical Doubts Concerning the Operations of the Understanding."

15 1950年一篇頗具影響力的論文（Bailey, *Credibility Procedures*）曾經提到「拉普拉斯把貝氏定理一般化」，但沒有很堅持。一項發現不以發現者命名而以其他人命名的現象其實相當常見，因此統計學家及史學家史蒂芬·史提格勒（Stephen Stigler）主張應該把它視為經驗定律，後來這稱為「史提格勒命名法則」。當然，史提格勒也不是第一個發現此點的

雙正面硬幣，全部丟進袋子，隨意取出一個，然後拋出一次，結果是正面。現在你怎麼看？這是公正硬幣還是雙正面硬幣？

拉普拉斯的作品探討了這個問題，答案同樣出乎意料的簡單。與先前相同，公正硬幣出現正面的機率是雙正面硬幣的一半。但現在，取出公正硬幣的機率是雙正面硬幣的9倍。其實我們只要把這兩個不同的機率相乘就好：取出公正硬幣的機率是雙正面硬幣的4.5倍。

說明這個關係、把已知條件和新證據結合的數學公式，稱為**貝氏法則**（但弔詭的是，解決這個問題的其實是拉普拉斯）。[15]面對把已知看法和觀察結果相結合的問題時，這個法則提供了簡單明瞭的解決方法：直接把兩個機率相乘。[16]

必須注意的是，必須有已知看法，這個公式才能發揮作用。如果你朋友直接跑過來說：「我從這個袋子取出一枚硬幣，拋了一次，結果是正面。你認為它是公正硬幣的機率是多少？」那麼除非你事先知道袋子裡面是什麼硬幣，否則根本無從回答（因為你只有一個機率，沒有另一個數字可以相乘）。在拋出硬幣前知道「袋子裡是什麼硬幣」（也就是在你看到數據之前，每種假設狀況出現的機率），稱為「事前機率」（prior probability），簡稱「事前」。貝氏法則一定要有事前機率才能計算，即使只是猜測值也可以。雙正面硬幣有幾個？抽到雙正面硬幣的機率是多

人，他把這項成就歸於社會學家羅伯·梅爾頓（Robert K. Merton）。參見 Stigler, "Stigler's Law of Eponymy"。

16 如果你對數學有興趣，以下是貝氏定理的完整內容。現在我們要計算某個假設狀況h產生資料d的機率。我們對這個假設狀況為真的機率已有事前想法，記為事前分布p(h)。我們要計算的是「事後」分布p(h|d)，表示由於有d提供的證據，我們應該如何修改事前分布。這個分布應該是p(h|d)= p(d|h)p(h)/Σ_hp(d|h')p(h')，其中h'的範圍為考慮範圍內的全部假設狀況。

少？你朋友騙人的機率是多少？

由於貝氏法則必須用到事前機率，在歷史上它曾被視為可疑、偏頗，甚至不科學。但實際上，我們極少碰到我們完全不熟悉且毫無概念的狀況（稍後會討論這類狀況）。只要估算得出一個事前機率，就可以套用貝氏法則解決各種預測問題，不論是大數據問題或是比較常見的小數據問題。計算彩券中獎或硬幣拋出正面的機率只是開頭而已。如果你有一些數據，又對某件事情感到不確定，貝斯和拉普拉斯研究出來的方法都幫得上忙。我們試圖預測未來時，面對的正是這樣的狀況。

哥白尼原理

預測很難，預測未來更難。[17]

——丹麥諺語

高特到達柏林圍牆前時，問了自己一個非常簡單的問題：我在哪裡？它的意思是，現在這一刻在柏林圍牆歷史上的什麼位置？在某種程度上，這問題和四百多年前讓天文學家尼可拉斯・哥白尼（Nicolaus Copernicus）困擾不已的問題相同，只不過是把空間換成時間。哥白尼問的是：我們在哪裡？地球在宇宙中的什麼位置？他認為地球並非宇宙的正中心，因此沒有任何特殊之處，這個質疑促成翻天覆地的典範轉移。高特決定針對時間進行相同的探討。

---

17 這句諺語的由來不明，參見 Quote Investigator, "It's Difficult to Make Predictions, Especially About the Future"。http://quoteinvestigator.com/2013/10/20/no-predict/。

18 不過這裡有點弔詭：談到時間時，假設我們的到來沒有特殊之處，反而會使我們認為自己是中心。

　　他假設他看見柏林圍牆的那一刻並不特別，也就是發生機率和圍牆歷史上的任何一刻相同。如果任何一刻的機率都相同，則平均而言，他造訪圍牆的這一刻位於中間點（因為它位於中間點之前的機率是50％，位於中間點之後的機率也是50％）。多數情況下，除非有更清楚的資訊，否則我們可以預期自己目睹任何現象的那一刻，都是其持續期間的中間點。[18]此外，如果我們假設目睹時刻正好位於現象持續期間的中間點，那麼要預測這個現象還會持續多久，最可能的答案顯而易見──會等於它已經存在的時間。高特看見柏林圍牆時，圍牆已經存在八年，因此他最好的答案是圍牆會繼續存在八年（結果它繼續屹立了二十年）。

　　我們可由高特稱為**哥白尼原理**（Copernican Principle）的這個簡潔推理，得出一個簡單的演算法，以它來預測各種現象。如果完全沒有預想期望值，我們或許可以運用它來預測各種長期或短期現象的終結時間。根據哥白尼原理，美國這個國家將存在到2225年左右，谷歌公司則會存在到2032年左右，而你朋友一個月前開始談的戀愛可能大約還可維繫一個月（或許應該叫他先不要回覆那張婚禮請帖）。同樣地，這個原理也告訴我們，如果看到最近一期《紐約客》雜誌封面是一個人拿著十五公分長的智慧型手機，螢幕上有很多眼熟的app圖示，但圖說寫著「2525年」時，不要太相信，因為很有問題。我們所知的智慧型手機問世至今還不到十年，但哥白尼原理告訴我們，它不大可能存在到2025年，更別說2525年了。2525年說不定連紐約市都沒了。[19]

19《紐約客》的雜誌封面是 Richard McGuire, "Time Warp," November 24, 2014。如需參考城市和企業可能壽命的詳細分析內容，請參閱 Geoffrey West and Luis Bettencourt—e.g., Bettencourt et al., "Growth, Innovation, Scaling, and the Pace of Life in Cities"。

　　舉個更具體的例子，如果你正在考慮一個建築工地的工作，而工地告示寫著這裡「已經七天未發生工安意外」，那麼除非只打算做短期，還是別去那兒上班的好。如果某個市立運輸系統沒有經費建構非常有用但成本高昂的即時標示牌，告訴乘客下一班車何時會來，那麼根據哥白尼原理，有個非常簡單又成本低廉的替代方案。只要顯示上一班公車抵達時間離現在多久，就可以提示乘客下一班可能何時到達。

　　但哥白尼原理正確嗎？高特在《自然》（Nature）期刊上發表他的推測後，期刊收到大批讀者批評。[20] 把這個規則套用到我們比較熟悉的例子上，就很容易了解原因出在哪。如果我們碰見一個90歲的人，則依據哥白尼原理預測，他會活到180歲；而每個6歲孩童都只會活到12歲就夭折。

　　要了解哥白尼原理為何有效、以及為何有時失效，我們必須回歸到貝斯。因為儘管哥白尼原理相當簡潔，但它其實是貝氏法則的特例。

當貝斯遇見哥白尼

　　當我們要預測未來（例如柏林圍牆的壽命），必須評估的假設狀況

---

20 舉例來說，可參見 Garrett and Coles, "Bayesian Inductive Inference and the Anthropic Principles" 和 Buch, "Future Prospects Discussed"。

21 這正是拉普拉斯定律最簡單的形式：它假設有 1% 或 10% 彩券中獎的機率和 50% 或 100% 相同。$\frac{w+1}{n+2}$ 公式指出，你買了一張威力球彩券但沒有中獎時，下次再買就會有 1/3 機率中獎。這聽來或許有點天真，但這個結果忠實地反映出你完全不了解的彩券的機率。

22 統計學家哈洛德‧傑弗瑞斯後來提出把拉普拉斯的 $\frac{w+1}{n+2}$ 改成 $\frac{w+0.5}{n+1}$，這個公式源自把均一的事前機率改成使用無提示性事前機率（Jeffreys, *Theory of Probability*; Jeffreys, "An Invariant Form for the Prior Probability in Estimation Problems"）。定義較具提示性的事前機率的一種方法，可產生形式為 $\frac{w+w'+1}{n+n'+2}$ 的預測，其中 w' 和 n' 是過往經驗中類似過程的成功次數與嘗試次數（如需進一步了解，請參閱 Griffiths, Kemp, and Tenenbaum, "Bayesian

是此現象的各種可能持續時間：它會持續一星期、一個月、一年，還是十年？我們已經知道，要套用貝氏法則時，必須先指定每種可能持續時間的事前機率。事實上，哥白尼原理就是以「無提示性事前機率」（uninformative prior），套用在貝氏法則得出的結果。

這點乍看之下似乎自相矛盾。如果貝氏法則規定必須指定事前期望值和看法，那我們又怎麼讓它知道我們沒有這些資料？在彩券的例子中，表達不知情的方法之一是假設「均勻事前機率」（uniform prior），此機率認為中獎彩券各種比例的發生機率都相同。[21]、[22]而在柏林圍牆的例子中，無提示性事前機率就是表達我們完全不知道要預測的時間長度：柏林圍牆五分鐘後就倒下的機率，和延續五千年的機率完全相同。[23]

先前提過，除了無提示性事前機率，我們代入貝氏法則的資料，就只有我們看見圍牆時它已經存在八年。因此可以立刻排除預測圍牆壽命不到八年的假設狀況，因為它們完全無法解釋我們的情形（同樣地，拋硬幣時只要出現一次反面，就可以排除它是雙正面硬幣）。

超過八年的假設狀況則屬於可能的範圍，但如果圍牆繼續存在一百

Models of Cognition"）。如果你先前買過100張彩券，其中只有10張中獎（w=10, n=90），則運用此法則可以得知，這種新彩券購買一次就中獎的機率應該是合理得多的12/103（差不多10％）。電腦語言學經常運用變化版本的拉普拉斯定律，用以估算以往從未見過的單字的存在機率（Chen and Goodman, "An Empirical Study of Smoothing Techniques for Language Modeling"）。

23 對於持續期間這類範圍為0到∞的量而言，時間t的無提示性事前機率是機率密度p(t) ∝ 1/t。改變尺度，也就是以t的倍數定義新的量s，不會改變此分布的形式：如果s = ct，則p(s) ∝ p(t = s/c) ∝ 1/s。這表示它的尺度不變。關於無提示性事前機率的進一步資料請參閱Jeffreys, *Theory of Probability*與Jeffreys, "An Invariant Form for the Prior Probability in Estimation Problems"。

萬年，表示我們看見它的時刻正好非常接近其壽命的開端，因此壽命極長的狀況即使無法完全排除，機率也非常低。

　　貝氏法則涵括所有機率，包括機率較高但會拉低平均預測值的短壽命，以及機率較低但仍有可能、且會拉高平均預測值的長壽命。後來哥白尼原理問世了〔24〕：如果想預測某樣東西將繼續存在多久，但對這樣東西別無所知，那麼最可能的答案就是：它目前已存在多久，就將繼續存在多久。

　　事實上，高特不是第一個運用哥白尼原理進行預測的人。二十世紀中期，貝氏統計學家哈洛德‧傑弗瑞斯（Harold Jeffreys）就曾探討過，如何從一部地面電車的序號判定這個城市有幾部地面電車〔25〕，而且得出相同的答案：把序號乘以2。此外，第二次世界大戰期間，同盟國試圖估算德國製造的坦克車數量時〔26〕，就已經出現類似的問題。依據擄獲的坦克車序號，純粹以數學估算的結果顯示，德國每個月可製造246輛戰車，而密集（且風險極高）的空中偵測估計的結果則比較接近1400輛。大戰結束後，依據德國的紀錄，確實數字是245輛。

　　了解哥白尼原理只是代入無提示性事前機率的貝氏法則，許多問題的有效性就可迎刃而解。哥白尼原理似乎只適用於我們一無所知的狀況，例如1969年看見柏林圍牆時，我們連應該採用什麼時間尺度都不知道。但在我們有一定概念的狀況中，它又似乎完全不對。預測一個

---

24 請參閱高特為回應Buch, " Future Prospects Discussed"而撰寫的 "Future Prospects Discussed"。

25 Jeffreys, *Theory of Probability*, §4.8。傑弗瑞斯表示是數學家馬克斯‧紐曼（Max Newman）讓他注意到這個問題。

26 這個問題稱為「德軍坦克問題」，文獻來源有好幾個，可參閱資料如Gavyn Davies, "How

90歲的人會活到180歲似乎不合理，完全是因為我們碰到這個問題時，已經很了解人類的壽命，所以可以預測得更準確。我們代入貝氏法則的事前資訊越多，得出的預測就越有用。

真實世界的事前機率……

就最廣泛的意義而言，世界上有兩種事物：接近（或集中在）某種「自然」值的事物，以及不具這種特質的事物。

人類的壽命顯然屬於前者，它們大致遵循「常態」（normal）分布。常態分布又稱為「高斯分布」，以德國數學家卡爾·弗瑞德里希·高斯（Carl Friedrich Gauss）命名，有時也因為其特殊形狀而被稱為「鐘形曲線」。這個形狀描述人類壽命時相當正確。舉例來說，美國男性的一般壽命的確是76歲左右，多於或少於此年齡的機率都大幅降低。常態分布通常有一個適當尺度：壽命不到10歲視為夭折、超過100歲則是人瑞。自然界中還有許多事物呈現常態分布，包括人類的身高、體重和血壓，城市的正午氣溫，以及果園中水果的直徑等。[27]

然而，世界上也有一些事物不屬於常態分布，而且還不少。舉例來說，美國城鎮的平均人口是8226人。[28]但如果你把人口和城鎮的數目畫成圖表，你會發現它的曲線跟鐘形曲線差得很遠。人口不到8226人的城鎮遠多於超過的城鎮，超過8226人的城鎮人口數則又遠多於平

a Statistical Formula won the War," the *Guardian*, July 19, 2006, http://www.theguardian.com/world/2006/jul/20/secondworldwar.tvandradio。

27 舉例來說，*2002 New Zealand Avocado Growers Association Annual Research Report* 發現「四月之前，水果尺寸大小為常態分布，其餘監控期間同樣如此」。

28 此數字取自 Clauset, Shalizi, and Newman, "Power-Law Distributions in Empirical Data"。

均人口數，這種圖形屬於「冪次律分布」（power-law distribution），又稱為「無尺度分布」（scale-free distribution），因為它描述的量可能分散在許多尺度[29]，例如一個小鎮可能有十人、一百人、一千人、一萬人、十萬人或一百萬個居民，所以我們無法指定一個值來說明「正常」的小鎮應該有多少人口。

日常生活中，有許多現象與城鎮人口數同樣具有冪次律分布的特質：大多數低於平均值，但少數高於平均值的則特別大。有個例子是電影票房收入，金額可能從幾千美元到幾十億美元。大多數電影賺得根本不多，但像《鐵達尼號》那樣的大片則極為賣座。

事實上，金錢這個領域經常出現冪次律分布。[30]一般人的財富和收入都是冪次律分布。舉例來說，美國人的平均收入是55688美元[31]，但由於收入大致呈冪次律分布，所以可以想見，低於平均值的人會遠多於高於平均值的人，而高於平均值的人的收入往往超出圖表範圍。所以結果是這樣的：美國有2/3人口收入低於平均值[32]，但收入最高的1%人口，他們的收入則接近平均值的10倍。[33]而這1%中又有1%的收入是再乘以10倍。

---

29 某個量t的冪次律分布一般形式為$p(t) \propto t^{-\gamma}$，其中γ值描述t的機率隨t增大而降低的速率。而在無提示性事前機率方面，如果假設$s = ct$，改變尺度，則分布形式不會改變。

30 財富分布與冪次律函數相符的觀察結果出自Pareto, *Cours d'économie politique*。另一個人口與收入冪次律分布的相關討論請參閱Simon, "On a Class of Skew Distribution Functions"。

31 取自美國國稅局2009所得年度報稅資料的平均個人調整後收入總額（AGI）為55,688美元，這是目前已知最近的年度。參見2011年工作報告"Evaluating the Use of the New Current Population Survey's Annual Social and Economic Supplement Questions in the Census Bureau Tax Model"，網址https://www.census.gov/content/dam/Census/library/

　　許多人說現在社會是「富者越富」，而「偏好依附」（preferential attachment）[34]的確是形成冪次律分布的最佳方法之一。最受歡迎的網站最容易獲得點閱數、追蹤人數最多的網紅最容易獲得新粉絲、聲望最好的機構最容易吸引新客戶、最大的城市最容易招來新居民，這些例子都會形成冪次律分布。

　　貝氏法則告訴我們，要以有限的證據進行預測時，最重要的條件是擁有正確的事前分布，也就是知道哪種分布可為我們提供證據。因此要做出正確預測，基本條件是知道何時會碰到常態分布、何時又會碰到冪次律分布。對於這兩種分布，貝氏法分別提供了簡單但完全不同的預測規則。

……以及預測它們的規則

你說「這有可能永遠如此」[35]，是認為這是好事嗎？
——美國詩人班‧勒納（Ben Lerner）

　　我們探討哥白尼原理時，知道若是把無提示性事前機率代入貝氏法

---

working-papers/2011/demo/2011_SPM_Tax_Model.pdf，這份報告引用了美國人口普查局2010年Current Population Survey Annual Social and Economic Supplement中的資料。

32 2012年AGI最高40％的下限是47,475美元，而最高30％的下限是63,222美元，由此可以得知AGI為55,688美元時大約落在前33％。參見Adrian Dungan, "Individual Income Tax Shares, 2012," IRS Statistics of Income Bulletin, Spring 2015，網址https://www.irs.gov/pub/irs-soi/soi-a-ints-id1506.pdf。

33 2012年AGI最高1％下限是434,682美元，而最高0.01％下限是12,104,014美元。出處同上。

34 想了解源自偏好依附的冪次律分布概念，Barabási的*Linked*中有十分深入的討論。

35 Lerner, *The Lichtenberg Figures.*

則,那麼它預測某個對象總壽命的方式,一定是把它目前的年齡加倍。事實上,無提示性事前機率的可能尺度變化非常大(例如柏林圍牆可能只會存在幾個月,也可能存在幾千年),所以呈冪次律分布。而貝氏法則針對冪次律分布提出的預測策略,是**乘法法則**(Multiplicative Rule)[36]:把目前為止觀察到的機率乘以某個常數。以無提示性事前機率而言,這個常數剛好是2,因此得出哥白尼預測。而在其他冪次律分布的例子中,常數則取決於我們正在探討的分布狀況。以電影票房總收入為例,這個常數是1.4,所以如果聽說某部電影的票房收入目前是600萬美元,就可猜測它的總收入可能是840萬美元;如果票房已經達9000萬美元,則可猜測它最後會達到1億2600萬美元。

這個乘法法則源自:冪次律分布並未針對它描述的現象指定自然尺度。因此我們預測時對尺度僅有的概念,就是原有的單一資料點,例如柏林圍牆已經存在八年。這個單一資料點的值越大,我們探討的尺度可能就越大,反之亦然。一部票房總收入六百萬美元的電影,雖有可能在上映後第一個小時就成為轟動的大片,但更有可能只是收入僅僅幾百萬美元的電影。

相反地,以常態分布當成事前分布套用到貝氏法則時,得到的指引將完全不同。這時適用的不是乘法法則,而是**平均法則**(Average Rule):以此分布的「自然」平均值(也就是它的單一特定尺度)當成指引。舉例來說,如果人的年齡小於平均壽命,就直接以平均壽命當成預測年

---

36 本節討論的所有預測法則請參閱 Griffiths and Tenenbaum, "Optimal Predictions in Everyday Cognition"。

37 出處同上。

38 厄蘭首先運用「機率與電話通話理論」的布阿松分布,提出電話網路上的通話率模型,

齡。而預測對象的年齡逐漸接近,最後超過平均壽命時,則預測他會多活幾年。依據這個法則,90歲和6歲的人的預測壽命分別為94歲和77歲顯然比較合理(6歲的人已經度過嬰兒期,所以比76歲的平均壽命擁有少許優勢:至少我們知道這個人不屬於分布曲線的最左邊)。

電影片長和人類壽命一樣呈常態分布:大多數電影片長約一百分鐘,多於或少於一百分鐘的例外狀況則向兩邊逐漸減少。不過人類活動並不是全部都如此理想。詩人迪恩·楊(Dean Young)曾說,他聆聽分成數節的詩時,只要詩人宣告第四節開始,他的心就會開始下沉:一首詩只要超過三節就糟糕了,他得蹲下來招架後面的長篇大論。事實上,楊感到沮喪完全符合貝氏法則。有一項詩歌研究指出,詩歌通常不像電影片長一樣呈常態分布,而比較接近冪次律分布[37]:大多數詩歌很短,但有些相當長。所以如果要聽詩歌,請務必找個舒服的座位。呈常態分布的事物如果似乎已經持續很久,通常不久後就會結束,但呈冪次律分布的事物已經持續的時間越長,預計繼續下去的時間就越長。

在這兩個極端之間,生活中其實還有第三類事物:已持續時間對結束的可能性不產生影響的事物。有些事物就是……不會改變。研究這類現象的丹麥數學家阿格納·克拉普·厄蘭(Agner Krarup Erlang)把獨立事件間的間隔長短加以形式化[38],成為以他命名的函數:厄蘭分布。這種曲線的形狀跟常態分布和冪次律分布都不一樣,它的輪廓類似翅膀,中間稍微高起,尾部降低得比冪次律分布快,但比常態分布慢。二十世

進而在"Solution of Some Problems in the Theory of Probabilities of Significance in Automatic Telephone Exchanges"這篇論文中,發展出探討通話間隔時間的厄蘭分布。如需進一步了解厄蘭的生平,請參閱 Heyde, "Agner Krarup Erlang"。

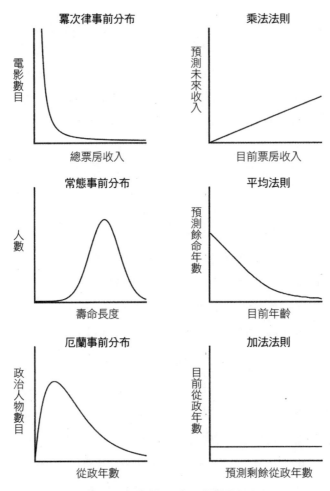

圖6-1：各種事前分布及其預測法則

紀初，厄蘭在哥本哈根電話公司工作時，曾經以這種分布解釋電話網路上連續兩次通話間的預期時間。後來，都市計劃人員和建築師也運用厄蘭分布，來解釋汽車和行人的流動；網路工程師也運用它來設計網際網路基礎設施。在自然界中，有些領域內的事件彼此間完全無關，因此事件的間隔時間呈現厄蘭分布。放射性衰變就是其中一例，這表示厄蘭分布可以正確預測蓋格計數器下次可能在何時響起。此外，厄蘭分布還可用於描述人類的某些活動，例如政治人物可能會在眾議院任職多久。

厄蘭分布為我們提供第三種預測法則，稱為**加法法則**（Additive Rule）：事物持續時間的預測值一定會逐漸加長，加長量則是固定的。當我們準備出門或離開辦公室，或是談到某件工作還要多久可以結束時，經常說：「再五分鐘就好！……（五分鐘之後）再五分鐘就好！」感覺好像是某種無法做出確實預測的慢性症狀，但若是符合厄蘭分布的狀態，這句話的確沒說錯。

舉例來說，如果一個喜歡上賭場打牌的人跟已經不耐煩的太太說，只要再拿到一手21點（機率大概是1/20）[39]，當天他就收手了，那麼他或許是在興高采烈地預測：「我會再打20局左右！」如果打了20局手氣都不夠好，這時太太回來問還要等多久，他應該還是會說：「再打20局就好！」這個永遠不會累的撲克牌老手似乎得了短期失憶症，但其實他的預測完全正確。的確，統計學家把這種不受過往歷史或目前狀態影

---

39 精確地說，玩21點時一發牌就拿到21點的機率是2,652比128，也就是大約20.7比1。要了解為何要拿到21點的預期牌局數是20.7，我們可以用遞迴方式定義期望值：我們可能拿到21點（此時是1），可能沒拿到（無論哪種狀況，一局之後我們都會回到起點）。如果期望值為x，x = 1 + (2524/2652)x，其中2524/2652是發牌時沒拿到21點的機率。解出x等於20.7左右。

響、一律產生相同預測的分布稱為「無記憶」（memoryless）分布。〔40〕

乘法法則、平均法則和加法法則這三種差異甚大的最佳預測方式，分別是以冪次律分布、常態分布和厄蘭分布代入貝氏法則所得的結果。了解這幾種預測方式的來源後，這三種分布也分別提供了不同的指引，說明我們對特定事件應該要有多驚訝。

在冪次律分布中，事物已持續時間越長，可能持續下去的時間就越長。因此我們等待某個冪次律事件的時間越長，這事就越令人驚訝，而在它發生之前最令人驚訝。一個國家、一家公司或一所機構歷史越悠久、地位越高，垮台時也越令人驚訝。

常態分布的事件若提早發生，會令人感到驚訝（因為我們預期它會在接近平均值時發生），但晚於平均值時則不會。的確，如果事件似乎已經遲到，則我們等待越久，對它的期待越大。

呈厄蘭分布的事件無論何時發生，都不影響它令人驚訝的程度。任何事件無論已經持續多久，結束的可能性都相等，也難怪政客總是想著要繼續選下去。賭博也具有類似的穩定狀態期望值特質。如果你在一個遵循常態分布的輪盤等待贏錢，則此時適用平均法則：輸錢一次之後，平均法則指出你的號碼應該隨時會出現，接下來可能會輸更多次錢（在這種狀況下，繼續等待下次贏錢才放棄是合理的）。但如果等待贏錢的過程遵循冪次律分布，則此時乘法法則指出，一旦贏錢就會很快地接連贏錢，但輸錢狀態持續越久，就可能持續得更久（在這種狀況下，贏錢

---

40 實際上，下次21點出現的時間遵循幾何分布（類似連續量的指數分布），這個時間會持續減少，而不像內文提到的厄蘭分布那樣類似翅膀。然而這兩種分布都可能在適當條件下產生無記憶預測。如果我們在持續期間內某個任意點遭遇特定現象，如同高特對柏林圍牆所做的假設，則翅膀狀的厄蘭分布就可能產生無記憶的加法法則預測。如果我們持續觀察一

後繼續玩是對的，但輸錢後就應該放棄）。然而，如果遇到無記憶分布，就傷腦筋了。加法法則指出，現在贏錢的機率跟一小時前相同，也和一小時後相同。狀況完全沒有改變。你不會因為堅持到最後而下場更好，也沒有應該放棄的停損點。歌手肯尼‧羅傑斯（Kenny Rogers）在《賭徒》（*The Gambler*）這首歌裡建議[41]，你應該「知道何時該收手／知道何時該逃走」，但以無記憶分布而言，並沒有正確的放棄時間。賭博之所以讓人上癮，部分原因或許就在此。

知道自己面對的是哪種分布，往往能發揮極大功效。哈佛大學生物學家及多產的科普作家史蒂芬‧傑‧古爾德（Stephen Jay Gould）發現自己得了癌症時，第一個念頭是查閱相關的醫學文獻。後來他才發現他的醫師為什麼不鼓勵這麼做，因為罹患他這類癌症的患者中，有一半在確診後八個月內死亡。

但八個月這個統計數字並未指出存活者的分布狀況。如果是常態分布，則平均法則可明確預測他還能活大概八個月。如果是冪次律分布，有一條長尾拖向右邊，那麼狀況將完全不同——乘法法則指出，他活得越久，就能提供更多證據證明他能活更久。古爾德繼續看下去，發現「它的分布確實明顯朝右偏斜，有條長長（不過很細）的尾巴由八個月的中位數延伸數年。我看不出來我有什麼理由不在這段細小的長尾裡，當時我鬆了一大口氣。」[42]古爾德在確診後繼續活了二十年。

個具有幾何分布的現象，例如玩21點撲克牌，就會產生同樣的加法法則預測。

41 Kenny Rogers famously advised：《賭徒》這首歌最有名的是肯尼‧羅傑斯灌錄在同名專輯中的版本，但原唱者為唐‧史利茲（Don Schlitz）。羅傑斯的版本曾經獲得告示牌鄉村排行榜冠軍，以及1980年葛萊美獎最佳鄉村男歌手。

小數據與心靈

乘法、平均和加法這三種預測法適用於生活中的許多狀況。而在日常生活中，人通常相當擅長運用正確的預測法則。本書作者湯姆念研究所時，曾經跟MIT的賈許・譚能邦（Josh Tenenbaum）一起主持一項實驗。這項實驗請參與者預測人的壽命、電影的票房總收入[43]，以及美國眾議員的政治生涯等各種日常事物，但每種狀況只有一項資料當作依據，分別是目前的年齡、目前為止的票房收入，以及到目前的從政時間。接著他們比較參與者的預測結果、套用貝氏法則得出的預測結果，以及實際資料三者。

結果，參與者的預測非常接近套用貝氏法則得出的預測結果。參與者依據直覺，針對在真實世界中呈現冪次律、常態和厄蘭等不同分布的事物，分別提出不同預測。換句話說，儘管我們不知道或不明確記得哪種狀況需要運用乘法、平均或加法法則，但平常做出的預測往往已經反映出這些分布出現在生活中的哪些地方，以及它們的呈現方式。

了解貝氏法則後，我們從人類的傑出表現，可以看出一項有助於了解大眾如何預測未來的重要事實，那就是：**小數據其實是偽裝的大數據**。我們經常可由少量（甚至僅僅一個）觀察結果做出不錯的預測，是因為我們清楚很多事前分布。不論我們知不知道，我們腦中已經儲存了許多相當精確的事前分布，包括電影票房總收入、片長、詩歌長度、政

---

42 Gould, "The Median Isn't the Message."

43 Griffiths and Tenenbaum, "Optimal Predictions in Everyday Cognition."

44 舉例來說，有研究探討我們如何分辨移動的形狀和照射在視網膜上的光線圖形，推論物

客從政時間，當然還有人類壽命。我們從周遭世界吸收這些資料，不需要特別蒐集。

整體看來，大眾的直覺似乎相當接近貝氏定理的預測，因此我們可以逆向分析出各種事前分布，連難以取得官方真實資料的分布也沒問題。舉例來說，許多人都曾在客服部等待許久，但等待時間沒有像好萊塢票房總收入那樣的公開資料。然而如果大眾在預測時參考了本身經驗，我們就可以運用貝氏法則，透過一般人的期望值以間接方式探察世界。湯姆和賈許請實驗參與者由單一資料點預測等待時間，結果顯示這些人採用了乘法法則：等待者總期望值是目前已等待時間的1.3倍。這個結果符合以冪次律分布當成事前分布的結果，因為這種分布的可能尺度範圍相當大。我們只能希望自己不會等非常久。近十年來，這類方法已經協助認知科學家，找出大眾心中從視覺到語言等各種領域的事前分布。[44]

然而有一點必須說明：在沒有適當事前分布的狀況下，我們的預測就不怎麼準確了。舉例來說，在湯姆和賈許的研究中，參與者對某件事的預測全都偏離貝氏法則：預測埃及法老的在位時間（巧合的是，法老在位時間正好符合厄蘭分布）。一般人日常生活中很少接觸這類資料，沒有機會建立這類時間範圍的直覺，當然不可能預測得準。適當的事前分布是準確預測的必要條件。

這點有好幾項重要意義。我們的判斷洩露我們的期望，而我們的期

體間互動的因果關係，以及看過新詞數次之後學習其意義。參見 Weiss, Simoncelli, and Adelson, "Motion Illusions as Optimal Percepts"; Griffiths et al., "Bayes and Blickets"; Xu and Tenenbaum, "Word Learning as Bayesian Inference"。

望又洩露我們的經驗。我們對未來的預測透露出許多訊息,包括我們生活的世界以及我們自己的過去。

我們的預測如何讓我們認識自己

1970年代初,華爾特‧米歇爾(Walter Mischel)進行著名的「棉花糖測驗」時[45],目的是了解延後滿足的能力隨年齡而有何變化。史丹佛大學校園中的一所幼兒園中,一群三歲、四歲和五歲的幼兒接受了這項意志力測試。實驗者先向每名幼兒展示一份棉花糖之類的美味點心,接著告訴他們,進行實驗的成人會離開房間一陣子,他們想吃點心的話可以馬上吃掉,但如果等到實驗者回來都還沒吃,就可以得到兩份點心。

有些幼兒抵擋不了誘惑,立刻吃掉了點心。有些則整整忍耐了十五分鐘以上,等實驗人員回來,依約得到兩份點心。但最有趣的應該是介於兩者之間的族群,也就是忍耐一陣子後放棄堅持,吃掉點心的幼兒。

這類剛開始認真努力、英勇地承受煎熬,最後半途放棄,失去額外棉花糖的例子常被視為不合理。既然最後一樣會放棄,何不現在就放棄,免受煎熬?但這完全取決於孩子們覺得自己處於什麼狀況。[46]賓州大學的喬‧麥奎爾(Joe McGuire)和喬‧凱柏(Joe Kable)曾經指出,如果成人返回所需時間遵循冪次律分布,也就是等待越久代表未來等待的時間越長,則在某個時間停損時感覺最好。

換句話說,誘惑抵擋能力的關鍵或許在於期望,而不是意志力,

---

45 Mischel, Ebbesen, and Raskoff Zeiss, "Cognitive and Attentional Mechanisms in Delay of Gratification."

46 McGuire and Kable, "Decision Makers Calibrate Behavioral Persistence on the Basis of Time-Interval Experience"和McGuire and Kable, "Rational Temporal Predictions Can

至少有一部分是如此。如果我們預測成人不久後就會回來（類似常態分布），應該就忍耐得住。平均法則指出，辛苦地等待一段時間後，我們應該繼續撐下去，因為實驗者應該隨時會回來。但如果我們不知道離去時間的尺度（符合冪次律定律），則等待會變成煎熬。乘法法則接著指出，未來的等待時間很可能多達這段時間的數倍。

第一次棉花糖實驗的數十年後，米歇爾等人回到原地，考察當初的受測者過得如何。令他們驚訝的是，等到第二份點心的幼兒長大後，比其他幼兒成就更高[47]，即使以SAT等量化評量標準來評估也是如此。如果說棉花糖測驗的重點是意志力，那麼這次實驗的確證明了學習自制對一個人的人生可能有相當深遠的影響。但如果這個測驗的重點是期望而非意志，那麼結論將完全不同，甚至更加辛酸。

美國羅徹斯特大學一組研究人員，探討了事前經驗對棉花糖測驗中受測者的行為可能有何影響。[48]實驗人員先不提到棉花糖，而是讓幼兒參與一項藝術活動。接著實驗者給他們一些普通的材料，並承諾會帶更好的材料返回。但這些孩童不知道的是，實驗人員將他們分成兩組，其中一組的實驗人員可以信任，之後會依約帶著更好的材料回來，另一組的實驗人員則會失信，沒有帶任何東西返回。

美術活動結束，幼兒繼續進行標準棉花糖測驗。此時已經知道實驗人員不可信任的兒童，比較容易在她返回前吃掉棉花糖，失去獲得第二份點心的機會。

Underlie Apparent Failures to Delay Gratification."

47 Mischel, Shoda, and Rodriguez, "Delay of Gratification in Children."

48 Kidd, Palmeri, and Aslin, "Rational Snacking."

沒有通過棉花糖測驗（而且在日後的生活中成就較低）的原因，或許不是缺乏意志力，而可能是認為大人不可信任：大人不會信守諾言，而且離開時間長短難以掌握。學習自制很重要，但在成人經常陪同而且值得信任的環境中長大，同樣重要。

機械複製時代中的事前分布

正如有人要買好幾份早報，以便確定報上說的是真的。
——哲學家路德維希·維根斯坦（Ludwig Wittgenstein）

他對自己讀到的內容異常警覺，因為那是他將要寫的東西。他對自己學到的內容異常警覺，因為那是他將要知道的東西。
——美國作家安妮·迪拉德（Annie Dillard）

如同貝氏定理說的，做出正確預測的最佳方式，是確實了解我們要預測的事物。因此我們預測人類壽命相當精準，但估計法老在位時間時的表現則大為走樣。

優秀的貝氏統計學家代表能以正確的比例描繪世界——擁有正確的事前分布，並且經過適當校準。大致上，這種事在人類和其他動物身上是自然發生的。一般說來，如果我們對某件事感到驚訝，表示這件事確實應該令我們驚訝，反之如果我們對某事不感到驚訝，表示那件事本就不該令我們驚訝。即使我們心裡有些不正確的偏誤，通常它也能反映出我們生活周遭的世界。舉例來說，居住在沙漠氣候中的人估計全世界有多少粒沙時，可能估得太多，而住在兩極地區的人估計雪時，也可能會估得太多。兩者都相當符合他們各自的生態棲位。

　　然而，當一個物種擁有語言時，一切就開始崩壞。我們講的不一定是自身經驗，因為我們多半會講有趣的事，而有趣的事通常不常見。按照定義，我們對一件事的經驗應該與它發生的頻率相同，但在語言中完全不是這麼回事。一個人遭逢蛇吻或雷擊後，往後通常會反覆講述這些特別的經歷。由於這些故事相當引人入勝，聽聞的人又會轉述它。

　　因此，與他人溝通和維持事前分布正確性兩者之間，有種奇特的矛盾。當人談到自己有興趣的事物（並且講述他們認為聽者會有興趣的故事）時，就是在扭曲我們經驗中的統計數字。這讓我們更難以保有正確的事前分布。隨著平面媒體、晚間新聞和社交媒體相繼問世，這些創新發展讓人類以機械方式傳播語言，這樣的挑戰只會越來越大。

　　想想看我們看過幾次飛機失事或車輛相撞。我們看見兩者的次數很可能一樣多，但相撞的汽車在我們周遭跑來跑去，而失事的飛機卻是在另一個大陸，透過網路或電視傳送到你眼前。舉例來說，2000年至今美國因為民航機失事而喪命的總人數，可能連卡內基音樂廳的一半都坐不滿。〔49〕相反地，在這段期間內美國因為車禍而喪命的總人數，比全懷俄明州的總人口還多。〔50〕

　　簡單說來，事件在媒體上的出現次數跟它的發生頻率無關。社會學家巴瑞・葛拉斯納（Barry Glassner）曾經指出，美國的凶殺率在1990年代降低了20%，但在這段期間內，美國槍支暴力案件的見報率卻提高

---

49 依據航空安全網（Aviation Safety Network）個人通訊資料，2000至2014年間「隸屬美國且載客數為12人以上、包含企業噴射機和軍用運輸機」的死亡人數為1369人，再加上2014年的數字來估算2015年的死亡人數，因此到2015年底為止的估計總死亡人數為1393人。卡內基廳著名的艾薩克・史坦大廳（Isaac Stern Auditorium）共有2804個座位，參見http://www.carnegiehall.org/Information/Stern-Auditorium-Perelman-Stage/。

了600%。[51]

　　如果你想成為具有正確直覺的貝氏統計學家，如果你想自然地做出正確預測，不需要思考應該使用哪種預測法則，就必須好好保護你的事前分布。然而與直覺相反的是，要保護事前分布，應該做的反而是少看新聞。

50 依據美國國家高速公路交通安全管理局的資料，2000至2013年全美國共有543,407人因車禍喪生。參見http://www-fars.nhtsa.dot.gov。以2013年的數字來估算2014及2015年的死亡人數，可得出到2015年底約有608,845人死亡。而根據美國人口普查局的估算，2014年全懷俄明州的人口總數約為584,153人，參見http://quickfacts.census.gov/qfd/states/56000.html。

51 Glassner, "Narrative Techniques of Fear Mongering."

7 | 過度擬合　　　　　　　　　Overfitting

少，但是更好

　　查爾斯‧達爾文考慮是否要向表妹艾瑪‧威吉伍德（Emma Wedgwood）求婚時，他拿出紙筆，衡量所有可能結果。在支持結婚這邊，他列出小孩、陪伴，以及「音樂及與女性閒聊的愉悅」，而在反對結婚這邊，他列出「嚴重浪費時間」、缺乏想去哪裡就去哪裡的自由、時不時得造訪親戚、養小孩所費不貲而且會令人焦慮、疑慮「我太太可能不喜歡倫敦」，以及可用來買書的錢減少。兩者比較之下，其中一邊以些微之差險勝，達爾文在這張紙下端寫著：「結婚、結婚、結婚，Q.E.D.」[1]（Quod erat demonstrandum），意為「故得證」，達爾文自己後來又解釋了一次：「證明我應該結婚。」

　　在達爾文那時代，這種優缺點清單已是行之有年的演算法。比達爾文早一百年的班哲明‧富蘭克林（Benjamin Franklin）就很讚賞這個方法。他在作品中提過，要是「感到困惑，沒有什麼把握時」，可以這樣做：

> 我的方法是拿一張紙在中間畫一條線，分成兩邊，一邊寫上「優點」，另一邊寫上「缺點」。接下來思考三、四天，這段期間內，

1　達爾文寫下這段記事的日期是1838年4月7日，可參閱資料包括Darwin, *The Correspondence of Charles Darwin, Volume 2: 1837–1843*。

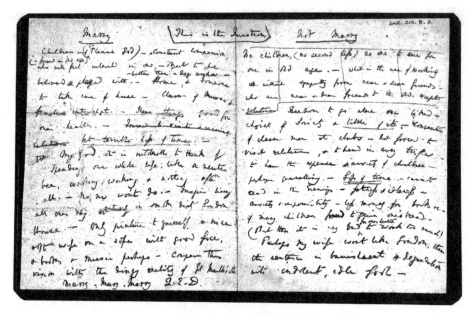

圖7-1：1838年7月達爾文的日記，經劍橋大學圖書館許可複印。

只要一想到支持或反對的理由，就寫在兩個標題底下。列出所有理由之後，我開始估計它們的重要程度。如果我發現兩邊各有一個理由的重要程度相同，就把兩個都劃掉；如果發現有一個支持理由等於兩個反對理由，就把三個都劃掉；如果我認為有兩個反對理由等於三個支持理由，就把五個都劃掉。就不斷這樣做，最後自然會出現結果。如果再考慮一、兩天都沒有想到新的重要理由，就可據此做出決定。

2　富蘭克林於1772年9月19日寫給倫敦的約色夫‧普里斯雷（Joseph Priestley）的信。

富蘭克林甚至認為這種方式類似某種計算，他說：「我發現這種方程式有個很大的優點，姑且可以稱之為心智代數或思考代數。」[2]

談到思考，我們往往覺得想得越多越好：列出的優缺點越多，做出的決定越好；列出的相關因素越多，預測股價就越精準；花越多時間寫報告，報告就寫得越好。富蘭克林這套作法的前提當然是這樣。就這個意義而言，達爾文以「代數」方法思考婚姻雖然顯得古怪，但似乎相當（甚至可說非常）理性。

然而，如果富蘭克林或達爾文有機會接觸機器學習研究，也就是教導電腦如何藉助經驗提高判斷品質的科學，他們就會親眼目睹心智代數遭到淘汰。要花多少心力思考以及應該考慮多少因素，是統計學家和機器學習研究人員覺得最棘手的「過度擬合」問題核心所在。從這類問題的處理方式可以得知，刻意少想一點也是一種智慧。理解過度擬合將可改變我們研究市場、餐桌、健身房……以及婚姻的方法。

考慮得更複雜，卻預測得更不準

凡是你能做的，我都能做得更好[3]；所有事情我都能做得比你好。
——音樂劇《飛燕金槍》（*Annie Get Your Gun*）

每個決定其實都是一種預測，預測我們對陌生事物的喜愛程度、預測某個趨勢將朝何處發展、預測那條比較少走的路（或比較常走的路）會怎麼樣。殘酷的是，每次預測都必須考慮兩件完全相反的事：我們知道些什麼和不知道什麼。[4]也就是說，預測是試圖提出一個理

---

3 〈只要你能做的〉，出自1946年音樂劇《飛燕金槍》，爾文‧柏林（Irving Berlin）作曲。

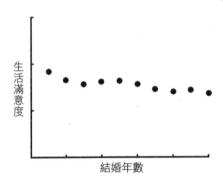

圖7-2：生活滿意度與結婚年數的函數

論，解釋我們目前所有的經驗，同時預測未來的某些事物。好的理論當然能滿足這兩個要求。但每項預測都身負雙重責任，也造成了某種難以避免的矛盾。

　　為了說明這樣的矛盾，我們來看一組可能與達爾文有關的資料：對結婚最初十年的生活滿意度，資料來源是德國近來做的一項研究。[5]圖表上的每個點都來自研究本身，我們的目的是找出通過這些點的方程式[6]，再延伸到未來，預測十年後的狀況。

　　有一個可能的方程式只採用「結婚年數」一個因素，來預測生活滿意度；這種方式會在圖表上形成一條直線。另一個可能的方程式採用「時間」和「時間的平方」兩個因素，這樣則會形成類似拋物線的U形曲線，讓它表現時間與快樂程度之間可能更複雜的關係。如果我們在這

4　機器學習研究專家說這是「訓練」和「測試」。

5　Lucas et al., "Reexamining Adaptation and the Set Point Model of Happiness."

6　針對數學迷讀者們，我們試著找出可呈現這個關係的最佳多項式函數。假設結婚後經過的

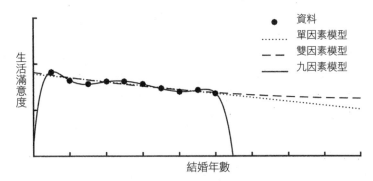

圖7-3：以因素數目不同的模型預測生活滿意度的結果。

個方程式中添加更多因素（例如「時間的立方」等），曲線將會出現更多轉折點，越來越「曲折」複雜。如果方程式中有九個因素，將可以表現非常複雜的關係。

　　從數學上說來，雙因素模型擁有單因素模型的所有資訊，還多了一個因素可以運用。同樣地，九因素模型也擁有雙因素模型的所有資訊，此外多了許多資訊可以運用。由這個邏輯看來，九因素模型做出的預測應該最好。

　　但事情沒有那麼簡單。

　　把這些模型套用在資料上的結果如〈圖7－3〉所示。一如所料，單因素模型跟實際資料點相去甚遠，但確實呈現出大致趨勢：蜜月期後滿意度逐漸降低。只不過，這條直線預測對生活的滿意度會持續下探，變

時間是x，生活滿意度是y，則單預測因子模型為$y = ax + b$，雙預測因子模型為$y = ax^2 + bx + c$，九預測因子模型則可找出從x到x^9所有值的最佳係數，用以估算九次多項式。

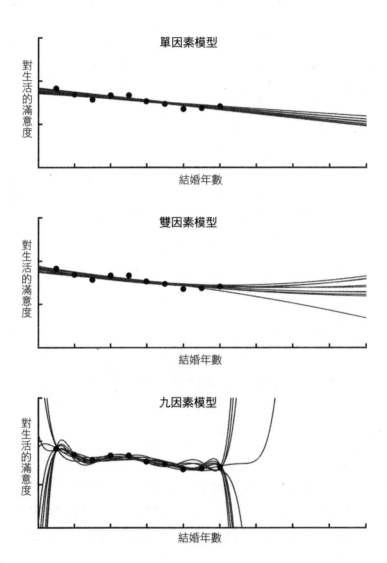

圖7-4

在資料中加入少量隨機「雜訊」（模擬對不同組參與者進行相同的調查），九因素模型會產生很大的改變，單因素和雙因素模型則穩定得多，而且預測結果仍然一致。

成永無止境的痛苦。這條軌跡感覺上不大對。雙因素模型比較符合調查資料，但它的曲線提出的長期預測不大一樣，指出生活滿意度會先下降一陣子，一段時間後多少會回升一些。最後，九因素模型通過了圖表上的每個點[7]，完全符合研究中的所有資料。

就這方面而言，九因素方程式應該是最佳模型。但如果觀察它對資料範圍以外的時間所做的預測，你或許又會懷疑它是否真的有用：它預測結婚時非常痛苦，但結婚幾個月後滿意度突然飆升，接著像雲霄飛車一樣上下起伏，十年後又陡降。相反地，雙因素模型預測的滿意度回升，最符合心理學家和經濟學家對婚姻和快樂程度的預測（順便一提，他們認為這個現象代表：一般人無論對婚姻本身有什麼不滿，最終仍會回歸常態，生活滿意度回到基本水準[8]）。

我們從這裡學到的是：就定義上而言，納入更多因素確實能使模型更貼近現有資料，但更符合現有資料不一定代表能做出更好的預測。

模型如果太簡單（例如單因素方程式形成的直線），可能無法表現資料的主要型態。如果實際狀況看起來像曲線，則什麼直線都沒辦法正確表達。相反地，模型如果太複雜（例如前面說的九因素模型），又會太容易受我們取得的資料點影響。因此，正因為它非常貼近特定資料組，所以產生的解也非常容易改變。如果對不同的人進行相同研究，使同一主要型態產生少許變化，則單因素和雙因素模型多少仍可維持穩定，但九因素模型就可能隨參與者不同而出現大幅差異。這就是統計學家說的過度擬合（又譯為「過度配適」）。

7　事實上在數學中，我們一定可以找出通過任意 n 點的 n-1 次多項式。

8　Lucas et al., "Reexamining Adaptation and the Set Point Model of Happiness."

所以機器學習有個十分重要的事實，就是：考慮因素較多、比較複雜的模型，其實不一定比較好。[9]問題不只是增添因素帶來的結果可能更差——它的表現或許比簡單模型好一點，但不足以彌補複雜性帶來的問題，反而還可能使我們的預測變得更糟。

資料的偶像崇拜

如果我們從代表性極高的樣本取得大量資料，這些資料完全沒有錯誤，而且正可代表我們想評估的性質，那麼採用最複雜的模型應該是最好的方法。然而如果我們手上的資料不完全符合這些條件，但我們又希望模型完全符合這些資料，就會有過度擬合的危險。

換句話說，只要資料裡有雜訊或測量失準（其實幾乎一定會有），過度擬合就會造成危險。我們蒐集資料和回報資料的方式都可能有誤差。我們研究的現象（例如人的快樂程度）有時連定義都很困難，更不用談測量了。極端複雜的模型擁有很大的彈性，所以我們能讓它符合（也就是「擬合」）出現在資料中的任何型態，但這也表示：即使這些型態只是雜訊造成的幻影，這類模型也會吻合。

在歷史上，宗教文本經常要求信徒破除偶像崇拜，也就是敬拜對象是神像、繪畫、遺物和其他有形的人造物品，而非物品代表的無形神祇。

---

9 統計學家把模型中的各種因素稱為預測因子（predictor）。模型如果太簡單，例如試圖以直線擬合曲線，稱為這個模型有偏差（bias）。狀況相反的系統性誤差，也就是因為模型太過複雜，而使得資料少許改變就出現劇烈起伏，則稱這個模型有變異（variance）。

令人驚訝的是，偏差和變異這兩種誤差往往是互補的。減少偏差（使模型更有彈性和更複雜）可能增加變異，而增加偏差（簡化模型，而不那麼貼近資料）有時則會減少變異。

粒子物理學著名的海森堡測不準原理指出，我們對粒子動量所知越多，則對位置所知越舉例來說，十誡中的第一誡就是禁止「雕刻偶像，也不可做什麼形像彷彿上天、下地、和地底下、水中的百物」。而在《列王紀》中〔10〕，上帝下令製作一條青銅蛇，但這條青銅蛇後來反而取代上帝，成為敬拜和焚香的對象（上帝顯然不大高興）。基本上，過度擬合就是資料的偶像崇拜，原因則是我們只注意測量得到的資料，反而忽視真正重要的東西。

我們手上的資料和我們希望提出的預測之間，幾乎處處都有落差。我們做出重大決定時，只能考慮現在對我們而言最重要的因素，猜測那個決定能在日後讓我們感到高興（哈佛大學的丹尼爾·吉伯特〔Daniel Gilbert〕曾說，未來的我們經常「花大錢除去自己過去花大錢刺上去的刺青」。〔11〕做財務預測時，我們只能觀察影響某支股票歷史股價的因素，而不是會影響未來股價的因素。生活中的小舉動也符合這樣的型態：我們撰寫電子郵件時，通常會用自己對文字的理解，來猜測收件人怎麼理解它們。同樣地，在大眾意見調查中，我們生活中的資料通常有很多雜訊，最多只能當成替代指標來衡量我們真正想探討的問題。

因此，不斷增加考慮的因素，投入更多心力來產生模型，反而可能使我們陷入最佳化目標失當的錯誤，就好像朝著資料的青銅蛇祈禱，反而忽略了它背後更大的力量一樣。

少。同樣地，這個偏差與變異權衡呈現了模型優異程度的基本界限，說明這個模型能夠知道及預測的內容。這個概念在機器學習文獻中經常可見。可參閱 Geman, Bienenstock, and Doursat, "Neural Networks and the Bias/Variance Dilemma" 及 Grenander, "On Empirical Spectral Analysis of Stochastic Processes"。

10 這條青銅蛇稱為 Nehushtan，在《列王紀下》十八章四節中遭到毀壞。

11 Gilbert, Stumbling on Happiness.

舉目所見盡是過度擬合

認識過度擬合後，你就會發現過度擬合簡直俯拾即是。

舉例來說，過度擬合可以解釋飲食口味的矛盾之處。就演化而言，味蕾的功能應該是防止我們吃到不好的東西，但我們覺得特別好吃的食物為什麼反而經常被視為不健康？

答案是：口味是人體對健康的替代指標。脂肪、糖和鹽都是重要養分。幾十萬年來，喜歡吃含有這些成分的食物，是攝取永續飲食的合理方法。

然而，人類改變食物的能力打破了這樣的關係。現在我們能在食物中添加過量的脂肪和糖，而且只攝取這類食物，而不攝取人類自古以來常吃的植物、穀類和肉類。換句話說，我們對口味過度擬合。我們改變食物的技巧越高超（以及生活方式與祖先差距越大），基準口味就變得越不正確。因此這個替代指標反而成了缺點，使我們任意攝取自己想攝取的食物，包括對身體不好的那些。

請留意：當你到健身房甩掉糖產生的贅肉，也可能對健美過度擬合。低體脂和高肌肉量等顯而易見的健美特徵很容易測量，而且可以降低心臟病和其他疾病的風險。但這些特徵也是有缺陷的替代基準，對它們過度擬合（例如採取極端飲食來降低體脂肪，或服用類固醇來增加肌肉量等），雖能讓你符合健康的形象，但這只是形象。

---

12 如果您的膽子不算太小，可以觀賞一下1967年一場決鬥的錄影，網址 http://passerelle-production.u-bourgogne.fr/web/atip_insulte/Video/archive_duel_france.swf。

13 如果想觀賞刻意過度擬合的西洋劍範例，請參閱 Harmenberg, *Epee 2.0*。

14 Brent Schlender, "The Lost Steve Jobs Tapes," *Fast Company*, May 2012, http://www.fast

運動也可能過度擬合。舉例來說，湯姆從十幾歲就斷斷續續地練西洋劍。西洋劍（fencing）的原始目的是教人在決鬥中如何自衛，因此英文中自衛是defencing。現代西洋劍中使用的武器類似訓練器材（不到五十年前仍在正式決鬥中使用的銳劍〔épée〕尤其如此）。[12]但電子計分設備問世後（劍尖上裝有按鈕來記錄攻擊成功），改變了這種運動的性質，正式決鬥中缺乏實質用處的技術，在比賽中反而成了重要技巧。現代西洋劍選手使用彈性劍身，可以朝對手「輕彈」按鈕，所以攻擊時只需要輕輕施力，足以得分就好。結果現在的西洋劍比賽看來不像在砍劈或突刺，反而像在揮舞金屬皮鞭。這種運動還是跟以前一樣刺激，但選手讓戰術過度擬合得分技巧時[13]，真實劍術技巧在比賽中就顯得無用武之地。

然而，過度擬合威力最強大也最麻煩的領域，應該就是商業界了。賈伯斯曾說：「激勵制度非常有用[14]，所以我們必須格外留意自己激勵別人做什麼事，因為不同的激勵制度可能產生各種我們無法預料的結果。」Y聯結（Y Combinator）新創育成中心主任山姆·阿特曼（Sam Altman）也附和賈伯斯的警告：「一家公司的執行長重視什麼[15]，公司就會朝那個方向發展。」

事實上，要找出完全沒有負面影響的激勵或評量，非常困難。1950年代，康乃爾大學管理學教授V·F·利吉威（V. F. Ridgway）列出許多這類「績效評量的反效果」。[16]在一家人力仲介公司裡[17]，評估員工績

company.com/1826869/lost-steve-jobs-tapes.

15 Sam Altman, "Welcome, and Ideas, Products, Teams and Execution Part I," *Stanford CS183B*, Fall 2014, "How to Start a Startup," http://startupclass.samaltman.com/courses/lec01/.

效是依據他們安排的面談次數，因此員工往往會盡快結束會面，不想多花時間協助客戶找工作。美國聯邦執法機構也發現，有每月績效壓力的調查人員在月底時，常會選擇容易處理的案件，而非最緊急的。在工廠裡，只注意生產指標往往會讓督導人員忽視維護和修理，最後導致重大災難。這類問題不能單純視為沒有達到管理目標，實際上正好相反——它們的源頭，就是認真又聰明地盡可能符合不當目標。

二十一世紀逐漸朝即時分析發展，使指標帶來的危險更加嚴重。谷歌公司數位行銷宣傳專家艾維納許・考席克（Avinash Kaushik）曾經警告，希望盡量讓網站使用者看到更多廣告，會逐漸變質成把網站塞滿廣告：「當你以每千次印象成本收費時，激勵因素是研究如何在每個網頁秀出最多廣告，並確保訪客在網站上看到最多廣告……這樣的激勵會使焦點偏離真正重要的消費者，轉移到次要的廣告商。」網站短期內或許會多賺到一點錢，但塞滿廣告的內容、載入速度緩慢的多重頁面幻燈秀，以及吸引點擊的灑狗血標題，長期下來都會趕走讀者。考席克的結論是：「朋友不會讓朋友測定網頁點閱數[18]，絕對不會。」

在某些狀況下，模型和真實世界的差異往往關係到生死。舉例來說，在軍中和執法單位，重複的機械式訓練被視為養成火線技能的重要方法，它們的目的是不斷演練特定動作和戰術，使它們成為反射動作。但過度擬合滲透到其中時，就可能造成嚴重後果。舉例來說，有很多故事提到警察在槍戰中突然暫停，把掉下來的彈殼收進口袋——這是在靶

16 Ridgway, "Dysfunctional Consequences of Performance Measurements."

17 在這個故事中，利吉威本身是引用Blau, *The Dynamics of Bureaucracy*。

18 Avinash Kaushik, "You Are What You Measure, So Choose Your KPIs (Incentives) Wisely!" http://www.kaushik.net/avinash/measure-choose-smarter-kpis-incentives/.

場裡養成的好習慣。前美國陸軍遊騎兵和西點軍校心理學教授戴夫‧葛羅斯曼（Dave Grossman）曾經寫道：「許多真實槍戰中，當硝煙散去，員警往往發現自己的口袋裡居然有彈殼，但他們完全沒印象那是怎麼來的。偶爾也會發現殉職員警手上有彈殼[19]，他們因為已經深入腦海的行政程序而死。」同樣地，聯邦調查局也發現有些幹員會反射性地開兩槍後，不管是否擊中目標或威脅仍在，就依照標準程序把槍收進槍套，因此不得不更改訓練內容。這類錯誤在軍中或執法單位稱為「訓練創傷」，反映出我們可能對準備過程過度擬合。有個比較特別的例子是：有一名警員下意識地搶走攻擊者手中的槍[20]，接著又下意識地馬上還給他，原因是他和訓練員已經反覆這樣練習多次。

揪出過度擬合——交叉驗證

過度擬合乍看之下就像完全符合現有資料的理論，所以往往很難察覺。那麼我們該怎麼看出，真正的好模型與過度擬合的模型兩者有什麼差別？在教育場合，我們該怎麼分辨哪一些學生是真的了解老師教的主題，而哪些學生只是「很會考試」？在職場上，我們又該怎麼分辨哪些人是真正的人才，而哪些員工只是很精明地依照公司的重要績效指標（甚至老闆的好惡）來過度擬合工作？

要釐清這些狀況確實很不容易，但不是不可能。機器學習研究已經提出幾項察覺過度擬合的具體策略，其中最重要的一項稱為**交叉驗證**

---

19 Grossman and Christensen, *On Combat*。參見 http://www.killology.com/on_combat_ch2.htm。

20 出處同上。

（Cross-Validation）。

　　簡單說來，交叉驗證的意思是不僅評估模型與已知資料的符合程度，還要評估它在看不見的資料的一般狀況。矛盾的是，這種方式往往需要減少資料。在婚姻的例子中，我們或許可以先「保留」兩個點，讓模型只貼近其他八個點，接著再用這兩個測試點，來評估各個函數在這八個「訓練」點之外的一般狀況。這兩個保留點的功能就像礦坑用來偵測瓦斯的金絲雀：如果某個複雜模型符合這八個訓練點，但跟兩個測試點差距很大，就可發現有過度擬合現象。除了保留幾個現有的資料點，我們也可以藉助得自其他評估方法的資料，來測試這個模型。我們已經知道，使用替代指標也可能造成過度擬合，例如以口味衡量營養、以辦案件數衡量調查人員的認真程度等。在這些例子中，都必須交叉驗證我們使用的主要績效評量和其他可能評量才行。

　　舉例來說，在學校裡，標準化測驗有不少優點，包括一種特別的規模經濟：能以低廉成本評定幾千個學生的分數。然而除了這些測驗，學校還可以使用另一種評估方法，隨機評量一小部分學生（例如每班一個或每一百人一個），可能是作文或口試等（由於只有少數學生接受這項測驗，因此這個輔助評量成績很好不是大問題）。標準化測驗可提供立即的回饋。舉例來說，我們可以讓學生每星期作一次簡短的電腦化測驗，很快就可列出全班的進步狀況。輔助資料點則可用來交叉驗證，確認學生真的已經學到標準化測驗要評量的知識，而不只是會考試而已。如果學校的標準化分數提高，但「非標準化」表現朝相反方向發展，學校行政人員就能明確知道已經出現「為考試而教學」的現象，而學生的技能開始過度擬合測驗本身的機制。

　　對於希望養成正確反射動作，但不希望訓練過程本身成為習慣的執法單位和軍事人員，交叉驗證也可提供建議。如同以作文和口試來交叉驗證標準化測驗，這類單位或許也可以偶爾進行不熟悉的「交叉訓練」，評量不熟悉的任務是否有相同的反應時間和射擊精準度，如果沒有，則代表應該改變訓練內容。雖然實際戰鬥難以真正演練，但這類練習至少可以事先警告「訓練創傷」可能已經形成。

如何對抗過度擬合──懲罰複雜

如果你沒辦法用簡單的話解釋[21]，就表示你了解得不夠透澈。

──佚名

現在我們已經了解過度擬合可能在哪些地方作怪，也介紹了察覺和測量它的方法，但該怎麼做才能真正減輕它的危害？

在統計學家看來，過度擬合是對於我們看到的實際資料過度敏感的症狀，所以解決方法相當直截了當：我們必須壓抑想找出完全符合模型複雜度的念頭。

要在數個可能模型中做出選擇，方法之一是奧坎（Occam）的簡化原理。這個原理指出萬物都相同，最簡單的假設很可能就是正確的假設。當然，萬物鮮少完全相同，所以要在數學環境中套用奧坎簡化論，似乎也沒有那麼顯而易見。俄國數學家安德烈・提荷諾夫（Andrey Tikhonov）於1960年代研究這類問題時，提出了一個答案[22]：在計算過程中多加一項，懲罰比較複雜的模型。如果我們加入了一個複雜性懲

---

21 這段話經常被視為是愛因斯坦說的，其實出處可能不明。

22 可參閱資料包括 Tikhonov and Arsenin, *Solution of Ill-Posed Problems*。

罰，則比較複雜的模型在解釋資料方面不僅必須表現更好，而且必須好上許多，才能說明它確有必要那麼複雜。電腦科學家把這類運用限制來懲罰複雜模型的原理稱為**正則化**（Regularization）。

那麼這類複雜性懲罰究竟是什麼樣子？生物統計學家羅伯・提布希拉尼（Robert Tibshirani）於1996年發現拉索（Lasso）演算法[23]，以模型中所有因素的總權重當成其懲罰。[24]拉索演算法對因素權重施加向下的壓力，最多可使它們完全變成零。只有對結果有明顯影響的因素，才可以繼續保留在方程式中，因此一個過度擬合的九因素模型，可以簡化到只剩下幾個最重要的因素，方程式也變得更簡單穩定。

拉索這類技巧在機器學習中十分普遍，但其實懲罰複雜性在自然界中同樣存在。由於時間、記憶、能量和照料等各方面的限制，生物有朝簡單化發展的傾向。舉例來說，新陳代謝的負擔具有抑制生物複雜程度的功能，在過度精巧的機制產生熱量懲罰。人類大腦消耗的熱量占每日攝取總熱量的1/5[25]，證明心智能力使我們擁有演化優勢：大腦的貢獻一定超過它消耗的大量能量。反過來講，我們也可以推斷，如果大腦更加複雜，就無法在演化上提供足夠效益。大腦的能力足夠應付我們的需求，但又不至於太過浪費。

這個過程在神經層級扮演的角色應該也相當重要。電腦科學中的人工類神經網路（artificial neural network）是依據大腦構造設計的軟體模

---

23 Tibshirani, "Regression Shrinkage and Selection via the Lasso."

24 對於比較熟悉數學的讀者而言，這就是各個變數的係數的絕對值總和。

25 如需進一步了解人類大腦的能量消耗，可參閱Raichle and Gusnard, "Appraising the Brain's Energy Budget"，這篇論文又引用了Clarke and Sokoloff, "Circulation and Energy Metabolism of the Brain"。

型，可學習極其複雜的函數，其彈性甚至比前面提到的九因素模型更大，但正因為彈性極大，所以非常容易過度擬合。生物體內的實際神經網路，則必須權衡效能和維持本身所需的成本，因而可以避免這類問題。舉例來說，神經科學家曾經提出，大腦會盡量減少同一時刻活化的神經元數目[26]，這和拉索演算法抑制複雜性可說是異曲同工。

語言也形成另一種自然的拉索演算法：話講得越多，花越多力氣，聆聽者的注意廣度負擔也越大，因而懲罰講話的複雜性。商業計畫被壓縮成簡單扼要的簡報、人生建議必須簡短有趣才能廣為流傳。凡事都必須通過記憶的拉索演算法，人們才會牢牢記住它。

少就是好——試探法的優點

經濟學家哈瑞・馬可維茲（Harry Markowitz）因提出現代投資組合理論，獲頒1990年的諾貝爾經濟獎：他獨具開創性的平均變異數投資組合最佳化[27]，說明投資者可以如何最妥善配置各種基金和資產，在一定風險程度下取得最大報酬。因此當馬可維茲自己要用退休存款投資時，他應該是全世界最內行的人了，最後他決定怎麼做呢？

我原本應該計算資產類別的歷史共同變異數，畫出效率前緣。但我想像得到，如果股市指數上漲但我沒有入場，或是指數下跌

---

26 研究人員運用這種源自神經的策略（稱為稀疏編碼〔sparse coding〕），開發出特質類似視覺皮質神經元的人工神經元。參見 Olshausen and Field, "Emergence of Simple-Cell Receptive Field Properties"。

27 馬可維茲獲頒諾貝爾獎的研究成果，請參閱他的論文 "Portfolio Selection" 和書籍 *Portfolio Selection: Efficient Diversification of Investments*。

但我還來不及退場，我一定會很後悔。我的目的是盡量減少未來後悔的機會，所以我把退休金平均分配在債券和股票上。〔28〕

他究竟為什麼這麼做？這名諾貝爾獎得主和他實際的投資策略，或許可以當成人類非理性的例子：面對複雜的真實生活時，他放棄了理性的模型，採用最簡單的試探法。然而正因為真實生活非常複雜，單純的試探法其實反而是理性的選擇。

談到管理投資組合，除非你對自己掌握的市場資訊很有信心，否則還是完全忽略這些資訊比較好。要套用馬可維茲的最佳化投資組合方案，必須正確估計各種投資的統計特性。只要這些估計稍有誤差，就可能形成差別很大的資產配置，因而提高風險。相反地，把資金平均分配給股票和債券，就完全不受我們觀察到的資料影響。這種策略根本不打算符合這兩種投資方式的歷史績效，當然更不會過度擬合。

當然，平均分配未必是最適合的複雜度，但這麼做一定有什麼優點。如果你恰好知道某些投資方式的平均和期望變異數，那就採用平均變異數投資組合最佳化，這種演算法被稱為最佳化是有理由的。不過如果我們正確估計這兩個值的機會很低，模型放在這兩個難以信任的量的權重又很高，那決策過程就要特別小心——這時候應該進行正則化。

心理學家吉爾德·吉格任澤（Gerd Gigerenzer）和亨利·布萊頓（Henry Brighton）從馬可維茲的退休金投資範例獲得靈感，提出以下見解：一

---

28 馬可維茲這段談話摘自Jason Zweig, "How the Big Brains Invest at TIAA-CREF," *Money* 27(1): 114, January 1998。

29 Gigerenzer and Brighton, "Homo Heuristicus."

般人在生活中使用的快速決策方式，往往正是良好決策的思考方式。他們寫道：「大眾多半認為思考較少會降低精準程度，但試探法研究指出，資訊、計算和時間較少時[29]，反而可提高精準程度。」因素較少或運算較少、傾向提出簡單答案的試探法，正好具備「少就是好」的效果。

然而，對模型的極端複雜性施加懲罰，不是減少過度擬合的唯一方法。我們也可以抑制模型受輸入資料影響的程度，讓模型變得簡單一點。因此過度擬合研究成為人類社會和物種史上的重要指南。

歷史的權重

活的大鼠吃下的食物一定未導致牠死亡。
——《疾病與先前攝取新奇食品間的關聯》，
山謬·瑞夫斯基（Samuel Revusky）、爾文·比達夫（Erwin Bedarf）。

美國的豆奶市場從1990年代中期到2013年成長超過四倍。[30]但根據報紙頭條消息，到了2013年年底，豆奶似乎成了昨日黃花，遠遠落後杏仁奶。食品與飲料研究學者賴瑞·芬克爾（Larry Finkel）曾經對《彭博商業週刊》指出：「堅果類現在正當紅[31]，黃豆聽起來比較像過氣的健康食品。」以大受歡迎的豆奶聞名的豆奶公司（Silk）指出，2013年年底，該公司的杏仁奶產品比前一季成長了50％以上。在此同時，在其他飲料相關新聞中，最大的椰子水品牌Vita Coco則於2014年指

---

30 資料來自Soyfoods Association of North America, "Sales and Trends"，網址 http://www.soyfoods.org/soy-products/sales-and-trends，此處則引用「由卡塔丁創投進行的研究」。
31 Vanessa Wong, "Drinkable Almonds," *Bloomberg Businessweek*, August 21, 2013.

出，該公司椰子水的銷售量從2011年以來增加了一倍，如果從2004年算起成長更是驚人，達到300倍。[32]《紐約時報》曾經報導：「椰子水似乎從沒沒無名突然變成當紅炸子雞[33]，中間完全沒有過渡時期。」在此同時，羽衣甘藍的市場單單2013年就成長了40%[34]，它前一年最大的買主是必勝客，用途是放在沙拉吧上——當裝飾品。[35]

　　人類生活中某些最基本的領域，例如我們應該吃些什麼，反而特別容易受短暫的流行風潮主導。這些風潮得以席捲世界的部分原因，是我們的文化變化得很快。現在資訊在社會上流通得比以往快得多，全球供應鏈也讓消費者可以全體快速改變購買習慣（行銷也鼓勵他們這麼做）。如果有某些研究正好提出八角有益於健康，那麼一個星期內許多部落格都會提到八角、一星期後電視也會開始談論，半年內每家超市都會開始賣八角，出版社很快就會推出八角食譜書。這種令人屏息的流行速度既是優點，也是缺點。

　　相反地，如果觀察生物及人類本身的演化，會發現一件有趣的事：變化通常發生得相當緩慢。這表示現代生物不全然是現今環境所塑造，也受過往歷史影響。舉例來說，我們身體的左側是受大腦右半球控制，右側則受大腦左半球控制，人類神經系統這種古怪的交叉配置，反映

32 Lisa Roolant, "Why Coconut Water Is Now a $1 Billion Industry," TransferWise, https://transferwise.com/blog/2014-05/why-coconut-water-is-now-a-1-billion-industry/.

33 David Segal, "For Coconut Waters, a Street Fight for Shelf Space," *New York Times*, July 26, 2014.

34 "Sales of Kale Soar as Celebrity Chefs Highlight Health Benefits," *The Telegraph*, March 25, 2013

35 Ayla Withee, "Kale: One Easy Way to Add More Superfoods to Your Diet," *Boston Magazine*, May 31, 2012.

出脊椎動物的演化過程。這種稱為「交叉」（decussation）的現象，據說源自在演化史上的某一刻，早期脊椎動物的身體相對於頭部旋轉了180度。〔36〕然而，龍蝦和蚯蚓等無脊椎動物的神經索是沿著牠們的「肚子」那一面走，脊椎動物的神經索則是沿著脊椎走。

　　人類的耳朵是另一個例子。從功能面看來，耳朵是藉由鎚骨、砧骨和鐙骨三塊骨骼的放大作用，把聲波轉換成電訊號的系統，這個系統相當優異，但運作細節則有許多歷史限制。其實爬蟲類耳朵裡只有一塊骨骼，但顎部則有一些骨骼是哺乳類沒有的。這幾塊顎骨顯然在哺乳類的耳朵中改變了功能。〔37〕因此，至少在解決聽覺問題這方面，耳部解剖構造的外型和結構反映了人類的演化史。過度擬合概念讓我們得以了解這類演化包袱的優點。神經纖維左右交叉和顎骨功能改變，雖然看來並非最佳配置，但我們未必希望生物為了適應其環境棲位的每次變動，而不斷地最佳化到極致。至少我們應該理解，這麼做會使生物對環境改變過度敏感。另一方面，必須使用現有材料也構成一種有用的限制，使生物構造更不易劇烈改變，因此也更不容易過度調適。就物種角度而言，受過去限制雖然使人類無法百分之百適應我們知道的現在，但有助於適應我們不知道的未來。

---

36 Kinsbourne, "Somatic Twist"。關於原始脊椎動物身體與器官構造的進一步討論，請參閱Lowe et al., "Dorsoventral Patterning in Hemichordates"。更大眾化的概略介紹請參閱Kelly Zalocusky, "Ask a Neuroscientist: Why Does the Nervous System Decussate?," Stanford Neuroblog, December 12, 2013, https://neuroscience.stanford.edu/news/ask-neuroscientist-why-does-nervous-system-decussate。

37 可參閱資料包括 "Jaws to Ears in the Ancestors of Mammals," *Understanding Evolution*, http://evolution.berkeley.edu/evolibrary/article/evograms_05。

另一個類似的理解,或許有助於抗拒人類社會快速變動的流行風潮。在文化方面,傳統扮演的角色通常是演化限制。一點點保守主義、稍稍支持歷史一點,可以讓我們免受短暫的流行風潮影響。當然,這不表示我們應該忽視最新資料。我們當然應該了解趨勢,只不過不需要隨時追著趨勢跑。

在機器學習中,改變緩慢的優點,在**提前停止**(Early Stopping)這種正則化技巧中最為明顯。我們觀察本章一開始的德國婚姻調查資料時,就直接探討最符合的單因素、雙因素和九因素模型。但在許多狀況下,調整參數、找出最符合已知資料的模型本身就是過程,如果我們提早停止這個過程,不讓模型有時間變得太複雜,那會怎麼樣?同樣地,起初看來不認真或不完善的方式,反而成了重要策略。

舉例來說,許多預測演算法一開始會先找出最重要的因素,而不是立刻跳到多因素模型。它們一定要找到第一個因素,才會找第二重要的因素來放進模型,接著再找下一個,如此不斷繼續下去。這類方法趕在過度擬合出現前提早結束這個過程,藉以防止模型變得過度複雜。有一種計算預測的相關方法是每次考慮一個資料點,針對新資料點調整模型後,再加入更多資料點。在這種狀況下,模型也會逐漸變得複雜,所以提早結束過程有助於防止過度擬合。

這類時間越長、變得越複雜的狀況,相當類似人類的思考。多花一點時間做決定,不一定會做出更好的決定。但你一定會考慮更多因素、更多假設狀況、更多優點和缺點,還可能會過度擬合。湯姆當上教授後就有這樣的經驗。第一個學期是他第一次教課,他花了很多時間修改講課內容,每小時課程花超過十個小時準備。第二個學期他改教另一門課,沒辦法花那麼多時間,原本很擔心教得不好,沒想到怪事發生了:

學生很喜歡第二門課。其實兩門課相比之下，學生比較喜歡第二門課。事實上，湯姆額外花的時間都是在確定基本細節，但這樣只會使學生更混亂，後來他教這門課時就刪掉那些細節了。最後湯姆發現，根本問題在於他用自己的品味和判斷當成替代指標。這個替代指標可以當成近似值，但不值得對它過度擬合。因此多花許多時間辛苦「修正」講課內容，只會造成反效果。

正則化在各種機器學習工作中都能發揮不錯的效果，代表我們可以刻意想少一點和做少一點，來做出更好的決定。如果我們起初提出的因素可能是最重要因素，那麼在一定程度後持續思考同一問題，不只可能浪費時間和精神，還會使解決方案變得更差。提前停止可為推理所得的論點提供不再推理的理由，讓思考的人停止思考。

但要把這個原理化成實用建議，必須先回答一個重要問題：我們什麼時候應該停止思考？

什麼時候應該少想一點？

停止時機和各種過度擬合相關問題一樣，取決於可取得的資料和重要資料之間的落差。如果我們已經取得所有資料，這些資料完全沒有誤差和不確定性，而且可以直接用來評估重要問題，那就不需要提前停止。盡量想得久一點、認真一點，因為這些複雜性和心力都是必要的。

不過極少有這麼完美的狀況。如果只有很不確定的有限資料，那就一定要提前停止。如果不清楚之後由誰用何種方式評估你的工作成果，那就不值得多花時間以自己（或其他人）心目中的標準來讓它盡善盡美。不確定性越大，可取得的資料和重要資料之間的落差就越大，越應該避免過度擬合，也就是應該盡可能簡單、盡可能提前停止。

毫無頭緒時，最簡單的計畫就是最好的計畫。當我們的期望不確定、資料又有許多雜訊，最好的辦法就是從大處著手，以簡略方式思考。企業家傑森・弗瑞德（Jason Fried）和大衛・海因麥爾・漢森（David Heinemeier Hansson）曾經說明，他們需要思考得越深入時，用的筆就越粗。用筆的粗細來說明簡化程度，是相當巧妙的比喻：

> 我們開始設計一樣東西時，會先用粗的麥克筆描繪構想，而不用原子筆。為什麼呢？因為原子筆太細、解析度太高，容易讓人關注還不需要關注的東西，例如修飾陰影或要用點線還是虛線之類。最後就會專注在不應該專注的東西上。
> 麥克筆讓人沒辦法鑽進細節。只能用來畫形狀、線條和方塊。這樣很好，剛開始時本來就應該注意整體。

麥基爾大學的亨利・敏茲伯格（Henry Mintzberg）曾說：如果以我們無法取得真正重要的資料為前提[38]，就這麼做下去，結果會怎麼樣？這時我們沒有資料可用，只能運用一種非常可怕的東西，叫做判斷。」

提前停止的重點，有時不是在理性或跟著直覺走之間二選一。跟著直覺走有時也是理性的解決方案。決策越複雜、越不穩定以及越不確定，這種方法就越理性。

再回來談達爾文。他是否應該求婚這個問題，只要用他寫下的頭幾

---

38 "The Scary World of Mr Mintzberg," interview with Simon Caulkin, *Guardian*, January 25, 2003, http://www.theguardian.com/business/2003/jan/26/theobserver.observerbusiness11.

個優缺點就能解決，其他優缺點只是讓他得花更多時間做決定、讓他更感焦慮，未必有助於解決問題，說不定還會造成妨礙。最後讓他下決心的因素是，「想到要一輩子像蜜蜂一樣工作、工作、工作[39]，最後什麼都沒有，真是難受。」他最先提到的兩點（也就是小孩和陪伴），正是最後讓他決定踏入婚姻的因素。買書預算只是徒增煩惱而已。

然而在過度苛責達爾文，把他描繪成想太多的無脊椎動物之前，我們應該再看一下他日記裡的這一頁。這個複印本透露出一些有趣的事。達爾文不像富蘭克林那樣花好幾天寫下各種想法。儘管達爾文非常認真思考這個可能改變一生的選擇，但他在這一頁寫完時就下定決心了。他以這一頁進行正則化，這種方式相當接近提前停止和拉索演算法：紙上寫不下的因素，做決定時就沒必要考慮了。

達爾文決定結婚後，立刻開始長考求婚時機。他在另一張優缺點清單的標題寫下：「什麼時候？早一點還是晚一點？」[40]接著思考了各種因素，從快樂程度到花費，從「尷尬」到他一直想乘坐熱氣球到威爾斯等等。

但到了這一頁的結尾，他決定「不管了，相信機會」——結果呢，不到幾個月，他便向表妹威吉伍德求婚，展開一段美滿的婚姻和幸福的家庭生活。

---

39 Darwin, *The Correspondence of Charles Darwin, Volume 2: 1837-1843.*
40 出處同上。

8 | 鬆弛   Relaxation

放鬆點，不求完美才有解

2010年，梅根‧貝羅斯（Meghan Bellows）白天在普林斯頓大學攻讀化學工程博士，晚上計畫婚禮。她的研究主題是在蛋白質鏈中尋找適當位置放置胺基酸，形成具有特定性質的分子（「如果把兩個蛋白質的結合能提高，就能設計出具有某些生物功能的胜肽抑制劑[1]，中斷疾病的病程。」）。而在婚禮方面，她則一直卡在要怎麼安排座位才好。

每一桌可排10個座位，大學時代的朋友共有9人，貝羅斯煩惱著讓誰加入這個小型同學會，跟他們湊成一桌。更糟的是，她又發現近親共有11人。應該把誰排在主桌之外？又該怎麼向那個人解釋呢？還有，她小時候的鄰居和保母，或是她父母的同事這類不認識其他人的賓客，又該怎麼辦？

這個問題似乎跟她在實驗室研究的蛋白質問題一樣令人頭痛。不過後來她想到，這個問題就是她在實驗室裡研究的問題。一天晚上，貝羅斯看著座位表時，「我想到，我博士論文裡的胺基酸和蛋白質，跟婚禮上的賓客和桌子完全對應。」她叫未婚夫拿出一張紙，開始寫下方程式。胺基酸變成賓客、結合能變成關係、分子的最近鄰交互作用則變成……呢……最近鄰交互作用。她可以運用研究中的演算法，來解決自己的婚禮問題。

---

1 Meghan Peterson (née Bellows), personal interview, September 23, 2014.

　　貝羅斯想出一種方法，以數值定義所有賓客間的關係強度。某兩個人如果彼此不認識就是0，認識就是1，如果是一對則是50（她妹妹有特權，只要是她想同桌的人就有10分）。接著貝羅斯又設定了幾個限制：桌子最多容納幾人，以及每桌的最低總分，這樣才不會有哪桌變成賓客互不相識的「大雜燴」。她還設定了這個程式的目標：盡量提高賓客和同桌客人間的關係分數。

　　婚禮總共有107人參加，共有11桌，每桌可以坐10人，因此共有11^{107}種可能的座位組合。[2]這個數字多達112位數，超過2千億古戈爾[3]，遠多於可觀測範圍內宇宙的原子總數（大約才80位數）。貝羅斯星期六晚上把運算工作輸入實驗室的電腦，讓它去算。星期一早上她進實驗室時，電腦還在跑，她要電腦輸出目前找出的最佳方案，再輸入蛋白質設計中。

　　即使用運算能力極強的實驗室電腦叢集算了整整三十六小時，這個程式還是只算出可能座位組合中的一小部分。真正的最佳解決方案，也就是分數最高的座位組合，說不定永遠不會出現。不過貝羅斯已經很滿意電腦輸出的結果[4]，她說：「它找出了我們已經快要忘記的關係。」電腦提出了人想都沒想到、跳脫傳統但令人愉悅的可能作法。舉例來說，它提議把她父母移出主桌，跟多年不見的朋友坐在一起。新娘的媽媽雖然忍不住稍稍修改了程式的建議，但大體而言，程式最後的建議方案讓各方都很滿意。

2　更精確地說，如果要分別為每個人選擇一個桌次，就有11^{107}種可能組合。如果把每桌只能坐10個人列入考慮，這個數字會略小一點，不過仍然很龐大。

3　編註：一古戈爾（googol）為十的一百次方。

連普林斯頓大學實驗室的全部運算能量，居然都找不出最完美的座位組合！目前我們討論過的領域中，直接演算法大多可以提供最好的解決方案，但過去幾十年來電腦科學家也發現，無論使用多快的電腦，或程式設計得多厲害，有一類問題就是不可能找出完美解方。事實上，沒有人比電腦科學家更清楚，在面對難以解決的問題時，不應該繼續孜孜矻矻地試著解決，也不該放棄，而應該試試第三種全然不同的作法——接下來就告訴你該怎麼做。

最知名的最佳化問題——業務員出差問題

林肯領導美國走過南北戰爭、起草〈解放奴隸宣言〉和發表著名的〈蓋茨堡演說〉之前，是在伊利諾州春田市擔任「草原律師」[5]，每年跟著美國聯邦第八巡迴法院出差兩次，為期十六年之久。巡迴法院律師得跟著法院巡迴各地，在14個郡的各個城鎮間奔走，審理案件，數個星期奔波數百英里。規劃這些巡迴路徑產生了一項挑戰：如何以最短路線經過所有城鎮，但又不經過同一個城鎮兩次？

這就是數學家和電腦科學家所知的「約束最佳化」問題：如何遵循給定的規則和計分方法，找出一組變數的最佳配置方式。事實上，它也是最著名的最佳化問題。如果十九世紀有人研究這個問題，它可能會被稱為「草原律師問題」；如果出現在二十一世紀，可能被暱稱為「送貨無人機問題」；但它和祕書問題一樣在二十世紀中期出現，因此名稱也

4　b貝羅斯用來解決婚宴座位安排的形式架構請參閱Bellows and Peterson, "Finding an Optimal Seating Chart"。

5　想進一步了解林肯的巡迴路線，請參閱Fraker, "The Real Lincoln Highway"。

充分反映了那個時代，叫做「業務員出差問題」。

　　1930年代之前，路徑規劃問題在數學界沒有受到多少注目，但後來突然暴紅。1930年，數學家卡爾‧曼格（Karl Menger）提到「郵差問題」[6]，指出除了依次嘗試所有可能路徑，別無其他容易的解決方案。1934年，海斯勒‧惠特尼（Hassler Whitney）在普林斯頓大學的一次談話中提到這個問題，令同樣任職該校的梅瑞爾‧弗勒德（Merrill Flood）印象深刻[7]（說不定你對弗勒德還有印象，他就是第一章中首先提出祕書問題解答的數學家）。弗勒德於1940年代搬到加州後，再把這個問題告訴他在蘭德研究所的同事。這個問題的典型名稱，首次出現在數學家茉莉亞‧羅賓森（Julia Robinson）於1949年撰寫的一篇論文中。[8]這個問題在數學圈不斷流傳，變得越來越出名，當時許多傑出數學家對它非常著迷，但似乎沒有人取得實質進展。

　　在業務員出差問題中，問題不是電腦（或數學家）是否能找出最短路徑。理論上，我們只要列出所有可能路徑，再一條條量出長度就可以得出答案。問題在於當城鎮越來越多，連接所有城鎮的可能路徑就會暴增。一條路徑就是連接所有城鎮的一種排列方式，所以要用暴力法列出所有可能，必須花費驚人的階乘時間 $O(n!)$，相當於用電腦來把一副撲克牌向上拋出，期待某次撲克牌落下時恰好依照順序排列為止。

　　現在的問題是：究竟有沒有更好的方法來做這件事？

6　Menger的"Das botenproblem"中包含1930年2月5日他在維也納以此為主題的一場演講。想了解業務員出差問題的完整歷史，請參閱Schrijver, "On the History of Combinatorial Optimization"以及庫克深入淺出的 In Pursuit of the Traveling Salesman。

7　Flood, "The Traveling-Salesman Problem."

8　Robinson, On the Hamiltonian Game.

經過數十年努力研究，似乎仍難以降服業務員出差問題。舉例來說，弗勒德初次接觸這個問題的二十多年後，在1956年寫道：「我們可能必須完全跳脫目前已知的各種方法，才能解決這個問題。事實上，它可能沒有通用的解決方法，就算只能求出不可能程度也一樣有用。」[9]又過了十年，數學家的看法更消極。傑克·艾德蒙斯（Jack Edmonds）寫道：「我猜業務員出差問題根本沒有適合的演算法。」[10]

後來證明，他說對了。

量化難度——用「不可能程度」來解答

1960年代中期，任職美國國家標準與技術研究所的艾德蒙斯和IBM的艾倫·柯布漢（Ellen Cobham），發展出問題可解或不可解的實用定義。[11]他們提出現在所稱的「柯布漢－艾德蒙斯假說」（Cobham-Edmonds thesis）：如果一個演算法花費的時間是多項式時間（polynomial time），也就是$O(n^2)$、$O(n^3)$或n的任何次方，則這個演算法應該視為「有效率」。因此，如果我們知道如何以有效率的演算法來解決一個問題，則這個問題是「可解問題」。相反地，如果我們不知道如何在多項式時間內解決一個問題，則這個問題是「難解問題」。除了規模極小的問題，不管運算能力多強大的電腦都無法解決難解問題。[12]、[13]

這可說是電腦科學的核心見解。我們可藉此量化一個問題的困難程

9　Flood, "The Traveling-Salesman Problem."

10　Edmonds, "Optimum Branchings."

11　Cobham, "The Intrinsic Computational Difficulty of Functions"詳細探討了「有效率的」演算法必須考慮哪些問題。同樣地，Edmonds, "Paths, Trees, and Flowers"也說明了難解問題的解為何如此重要，以及在確認這個解正確時建立判定演算法優劣的通用架構。

度，有些問題真的是……很難。

那麼業務員出差問題屬於哪一類？說來古怪，現在我們仍然不大確定。1972年，柏克萊的李查‧卡爾普（Richard Karp）證明，業務員出差問題與一種疑似處於模糊地帶的問題有關，而數學家目前尚未證明這類問題是否具有效解。[14]然而這類問題目前尚未找到有效解，而且大多數電腦科學家也認為應該找不到解[15]，所以應該算是難解問題。因此，1950年代弗勒德提出的業務員出差問題，似乎只能以「不可能程度」來解答。不只如此，許多與政策、公共衛生和防火等領域有關的最佳化問

---

12 $O(n^2)$在排序中似乎很恐怖，這裡說它「有效率」或許有點奇怪。事實上，即使是像$O(2^n)$這樣底數極小的指數時間，跟n^{10}這樣底數很大的多項式時間相比之下，也會很快變得令人難以招架。在某些問題尺度中，指數時間一定會超越多項式時間。在這個例子中，如果我們排序幾十個項目，n^{10}增大的步調跟2^n相比，簡直就像在公園裡散步。從柯布漢和艾德蒙斯的研究成果發表後，多項式時間（n的某次方）和指數時間（某數的n次方）間的差距，就成為這個領域的不成文邊界標記。

13 事實上，有些演算法執行時慢於多項式時間，但快於指數時間，這類超多項式（superpolynomial）執行時間使它們無法被歸類為高效率演算法。

14 在電腦科學中，具有效解的問題稱為P，是「多項式時間」（polynomial time）的縮寫。而有爭議的問題則稱為NP，是「非確定性多項式」（nondeterministic polynomial）的縮寫。NP問題的解只要找到，就可加以有效驗證，但可輕易驗證的問題是否都能輕易解決則不清楚。舉例來說，如果有人告訴你一條路線，說這條路線不到一千英里，這個說法很容易驗證，但要找出一條不到一千英里的路線或證明不可能找到，則完全是另一回事。是否P = NP的問題（例如我們是否能跳到NP問題的解決方案），是電腦科學中很大的未解決謎團。解開這個謎團的主要進展是證明某些問題具有特殊狀態：如果其中之一具有效解，則NP中的所有問題均具有效解，且P = NP（參見Cook, "The Complexity of Theorem-Proving Procedures"）。這類問題稱為NP困難問題。P = NP這個問題沒有答案時，NP中的問題也不具有效解，因此我們稱這類問題為難解問題（唐納‧克努特曾在"A Terminological Proposal"中提出，除了懸賞徵求高手證明P = NP之外，這可說是NP困難問題的明顯標記）。第五章中羅勒碰到的難解排程問題就屬於這一類。本身屬於NP的NP困難問題稱

題〔16〕，同樣是難解問題。

　　但對致力於研究這類問題的電腦科學家而言，這個判決不是定讞的槌聲，反而像是衝鋒的號音。確定一個問題是難解問題後，我們不能雙手一攤、就此放棄。排程專家簡・卡爾・蘭斯特拉（Jan Karel Lenstra）曾說：「問題很難不代表我們可以放著不管，而是代表我們處於另一種狀態。這個敵人不好對付，但我們還是得跟它搏鬥。」〔17〕這個領域的學者開始探討一個價值連城、而且讓所有人獲益良多的重要想法：如何盡可能處理不可能得到最佳解的問題，以及如何放鬆。

為「NP完全」（NP-complete）問題。關於證明某個業務員出差問題為NP完全問題的經典結果，請參閱Karp, "Reducibility Among Combinatorial Problems"以及Fortnow, *The Golden Ticket: P, NP, and the Search for the Impossible, for an accessible introduction to P and NP*。

15 2002年一項對象涵括一百位頂尖理論電腦科學家的調查中，有61位認為P ≠ NP，只有9位認為P = NP（參見Gasarch, "The P =? NP Poll"）。要證明P = NP只需提出解決NP完全問題的多項式時間演算法，但要證明P ≠ NP則必須針對多項式時間演算法的極限提出複雜論證。此外，對於解決這個問題究竟必須運用哪種數學原理，接受意見調查的電腦科學家也還沒有共識，但有一半認為這個問題應該可在2060年前解決。

16 這些問題包含各種版本的頂點涵蓋和集合涵蓋問題，Karp, "Reducibility among Combinatorial Problems"把這兩類問題歸類為NP問題。在這篇論文中，有21個問題被歸為此類。1970年代末，電腦科學家找出了大約三百個NP完全問題（參見Garey and Johnson, *Computers and Intractability*），此後數目仍在快速增加。這類問題包含某些一般人相當熟悉的問題。2003年，數獨被證明為NP完全問題（參見Yato and Seta, "Complexity and Completeness"）。此外，即使已經完全知道未來會出現哪些方塊，在俄羅斯方塊遊戲中清除最多排方塊同樣是NP完全問題（參見Demaine, Hohenberger, and Liben-Nowell, "Tetris Is Hard, Even to Approximate"）。2012年，超級瑪利兄弟遊戲等橫向捲軸遊戲是否存在通往最終階段的路徑，正式被歸類為NP完全問題（參見Aloupis, Demaine, and Guo, "Classic Nintendo Games are (NP-) Hard"）。

17 Jan Karel Lenstra, personal interview, September 2, 2014.

放鬆問題，提供解題的起點

完美是把事情做好的大敵。[18]

——伏爾泰

如果有人叫你放鬆，原因大多是你非常急躁，把事情看得太嚴重。電腦科學家面對令人畏懼的挑戰時，也會設法鬆一鬆[19]，傳閱《鬆弛法入門》（*An Introduction to Relaxation Methods*）或《離散鬆弛法技巧》（*Discrete Relaxation Techniques*）之類的書，不過他們不是要放鬆自己，而是要放鬆問題。

電腦科學中相當簡單的一種放鬆方式，是**限制鬆弛法**（Constraint Relaxation）。研究人員運用這種技巧時，會先去除問題的某些限制，再著手解決問題。有了一定進展後，再慢慢加回這些限制。也就是說，數學家先把問題改得容易處理，再把它改回實際狀況。

舉例來說，要解決業務員出差問題，可以先允許業務員經過相同城鎮一次以上，並允許他任意回頭走同一路徑。在這些比較鬆的規則下找出最短路徑，可以得出最小生成樹（minimum spanning tree）（可以把最小生成樹想成：連結所有城鎮，一個城鎮與另一城鎮間至少連結一次〔而不是僅能連結一次〕，這條件下所需的最短里程數。林肯的法院巡迴路線[20]的最短業務員移動路徑和最小生成樹請參閱〈圖8−1〉）。結果

---

18 伏爾泰的詩《老古板》開頭的對句是「在他的作品中，一位義大利哲人／說完美是把事情做好的大敵」。更早之前，伏爾泰曾於1764年在他編寫的《哲學辭典》中引用義大利諺語「完美是把事情做好的大敵」。

19 Shaw, *An Introduction to Relaxation Methods*; Henderson, *Discrete Relaxation*

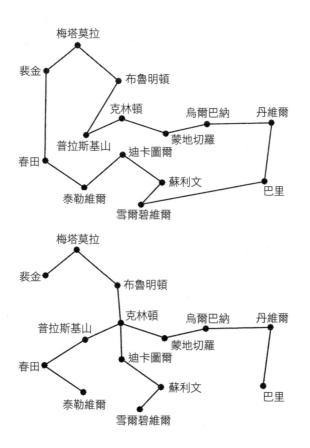

圖 8-1
林肯 1855 年巡迴法院的業務員最短移動路徑（上圖）和最小生成樹（下圖）

    Techniques。請讀者注意：這些書中的數學內容相當繁瑣，讀起來一點也不鬆弛。

20 林肯巡迴路線經過的城鎮名稱取自《林肯協會期刊》中，1847 至 1853 年第八次巡迴路線圖。
    參見 http://quod.lib.u.mich.edu/j/jala/images/fraker_fig01a.jpg。

電腦沒花多少時間[21]，就解決了這個比較鬆弛的問題。雖然最小生成樹不一定能直接得出實際問題的解答，但同樣有用。首先，可任意回頭的生成樹[22]，絕對不比遵守所有規則的實際解決方案來得長，因此我們可以把（想像中）放鬆的問題，當成實際狀況的下邊界。如果我們算出某幾個城鎮的生成樹距離是160公里，就可以確定業務員奔走的距離不少於此。如果發現了一條176公里的路徑，就能確定它最多比最佳路徑長10%。因此就算不知道真正的答案，也能大致了解相差多少。

更棒的是，在業務員出差問題中，最小生成樹其實正是尋找實際解的最佳起點。這種方法甚至可以協助我們，解答目前所知規模最大的業務員出差問題：找出造訪全球所有城鎮的最短路徑[23]，並把解答範圍縮小到（我們不知道的）最佳解的0.05%。

雖然大多數人都沒碰過演算法中的限制鬆弛法問題，但凡是思考過人生問題的人都很熟悉它的基本訊息。我們可能在輔導室裡看過、或在激勵演講裡聽過：「如果你當時不害怕的話會怎麼做？」、「如果你不會失敗的話會怎麼做？」同樣地，考慮職業或事業時我們也會問：「如果你中樂透的話會怎麼做？」或者換一種方式問：「如果每個工作薪水都一樣，你會怎麼做？」這些思想訓練背後的概念，正是限制鬆弛法：先把難解的問題變得可解，求得理想化版本的進展，再思考現實世界的版本。如果無法解決眼前的問題，就先解決比較容易的版本，再看

---

21 嗯，好吧，花了一點時間。如果你運氣很好，時間隨城市數目呈線性變化，運氣不好的話呈對數變化。參見Pettie and Ramachandran, "An Optimal Minimum Spanning Tree Algorithm"。

22 Christofides, *Worst-Case Analysis of a New Heuristic*探討了以最小生成樹解決業務員出差問題。

看這個解答是否能給完整問題提供起點或提示，或許真的有幫助。鬆弛法不可能提供保證找到完美解答的捷徑，不過電腦科學也能將鬆弛法在時間和解答品質間所做的取捨，加以量化。當然，在許多狀況下這兩者的比例相當懸殊，舉例來說，完美程度超過一半的答案，機率大約只有一千兆分之一。這個訊息很簡單但相當重要：如果願意接受接近的解答，那麼即使是最棘手的問題，都有適當技巧可以解決。

如同最小生成樹和「如果你中樂透……」這些例子一樣暫時去除限制，是最簡單明瞭的演算法鬆弛方式，不過最佳化研究中，還經常用到另外兩種比較細膩的鬆弛法，它們都有助於解決這個領域中相當重要的難解問題，可以直接應用在真實世界，解決從都市計劃、疾病控制到培養運動選手等各種問題。

無限多的灰階：連續鬆弛法

業務員出差問題和貝羅斯試圖尋找最佳座位安排，同樣屬於最佳化問題中的「離散最佳化」（discrete optimization）問題，也就是解與解之間沒有平滑的連續統。業務員不是去這個城鎮、就是去那個城鎮，賓客不是坐第五桌就是第六桌，中間沒有灰色地帶。

這類離散最佳化問題在生活中俯拾即是。舉例來說，都市規劃人員想停五輛消防車，讓消防車能在一定時間內（例如五分鐘）到達每

---

23 如需進一步了解最頂尖的全世界城市業務員出差問題（稱為世界TSP），可參閱最新報告：http://www.math.uwaterloo.ca/tsp/world/。如需進一步了解一般業務員出差問題，可以參閱Cook, *In Pursuit of the Traveling Salesman* 以及Lawler et al., *The Traveling Salesman Problem*。

棟房屋。從數學上說來，就是要每輛消防車「覆蓋」五分鐘內可抵達的所有房屋。這個問題的挑戰是：找出所有房屋都被覆蓋到的最小地點組合。[24] 美國威斯康辛麥迪遜大學的羅拉・艾伯特・麥克雷（Laura Albert McLay）表示：「整個（消防與緊急救援）行業都採用這種覆蓋模式，效果相當好。這個模型既好用又清楚。」然而由於消防車要嘛在某處、要嘛不在，因此計算最小組合時，必須使用離散最佳化技巧。麥克雷指出：「許多問題在這裡變得相當難以計算，因為我們不能這邊放半輛（消防車）、那邊也放半輛。」[25]

社會上也經常碰到離散最佳化的挑戰。假設你想辦派對招待朋友和認識的人，但不想花太多錢買請帖和貼郵票，可能就會選擇只寄請帖給幾個人面比較廣的朋友，再請他們「帶我們認識的所有人來」。理論上，你應該找認識你的社交圈中每個人的最小子群，這樣就能以最少的請帖請到每個人。[26] 幹嘛為了省一點小錢而花那麼大的工夫？你可能會這樣想。不過，不論是政治運動發起人和企業行銷人員想用最有效方式散播訊息，還是流行病學家探討如何為最少的人口以及哪些對象施打疫苗，就可防止傳染病擴散時，都需要研究這個問題。

前面曾經指出，離散最佳化只適用於整數，例如消防隊停車場裡的消防車可能是一輛、兩輛或三輛，但不會有2.5輛或π輛，因此離散最佳化問題非常難解。事實上，消防車問題和請帖問題都是難解問題，沒有

---

24 這類古典離散最佳化問題稱為「集合涵蓋」（set cover）問題。

25 Laura Albert McLay, personal interview, September 16, 2014.

26 在電腦科學中，這種狀況稱為「頂點涵蓋」（vertex cover）問題，類似集合涵蓋問題。集合涵蓋問題不是找出可涵蓋每個點的最少消防隊數目，而是找出認識其他所有人的最少人數。

27 某幾種連續最佳化問題能以多項式時間解決，最明顯的例子是線性規劃問題。在這類問題

通用的有效解。不過如果是解答容許出現分數或小數的連續型問題〔27〕，則確實有一些有效策略。面對離散最佳化問題的研究人員，可能會欣羨地看著這些策略，但他們可以不只是看，而實際嘗試把離散問題放鬆成連續問題，看看會怎麼樣。

在請帖問題中，把離散最佳化放鬆成連續的意思，是某個解或許會要我們寄1/4張請帖給某個人，再寄2/3張給另一個人。這究竟是什麼意思？這樣的解顯然解答不了原本的問題，但它和最小生成樹一樣提供了起點。有了鬆弛的解，我們就可以決定如何把這些分數還原到現實世界中。舉例來說，我們可以依照需求把這些分數四捨五入，只要在鬆弛解中有「半張請帖」以上的人就寄請帖。此外，我們也可以把這些分數解讀成機率，比方說，可以針對鬆弛解中要我們放半輛消防車的地點拋硬幣決定，如果出現正面就放一輛消防車。在這兩種狀況中，把分數還原成整數後，就可以得出一個對原始離散問題而言合理的解。

最後一個步驟在各種鬆弛法中都相同，就是探討辛苦檢視原始問題所有可能答案所得的實際最佳解，與（鬆弛後的）解相比之下究竟如何。以請帖問題而言，連續鬆弛法加上四捨五入提供的簡單解答，只比最佳解差不到一半：從數學上看來，你寄的請帖張數最多只要達暴力法算出的最佳解的兩倍〔28〕，就一定能夠請到所有你想邀的人。同樣地，在消防車問題中，帶有機率的連續鬆弛法，可以讓我們很快

中，要最佳化的評量基準和解決方案的限制，都能以變數的線性函數描述。參見Khachiyan, "Polynomial Algorithms in Linear Programming"以及Karmarkar, "A New Polynomial-Time Algorithm for Linear Programming"。然而連續最佳化也不是萬靈丹，有些連續最佳化問題屬於難解問題，可參閱Pardalos and Schnitger, "Checking Local Optimality in Constrained Quadratic Programming is NP-hard"。

接近最佳解答。〔29〕

　　連續鬆弛法不是特效藥〔30〕，它依然無法得出獲得真正最佳解答的有效方法，只能提供近似值。但即使寄出的請帖數目或施打疫苗人數是最佳解答的兩倍，依然比未最佳化的替代方案好得多。

拉氏鬆弛法──只要你願意付出點代價

維齊尼：太不可思議了！〔31〕

伊尼戈‧蒙托亞：你一直這麼說，但我不相信你真的這麼想。

　　　　　　　　　　　　　　　　　　──電影《公主新娘》

　　布萊恩小時候有一天向他媽媽抱怨要做的事好多，包括家庭作業、日常瑣事等等。他母親回答：「其實你可以都不做啊。不用做老師要你做的事，也不用做我要你做的事，甚至不用遵守法律。但凡事都有後果，你得決定自己是否願意承擔它們。」

　　布萊恩的小小心靈受到重擊。這段話威力強大，喚起了自主感、責任以及道德判斷，此外它也是一種稱為**拉氏鬆弛法**（Lagrangian Relaxation）

---

28 Khot and Regev, "Vertex Cover Might Be Hard to Approximate to Within 2–ε."

29 如需進一步了解這些近似解，請參閱 Vazirani, *Approximation Algorithms*。

30 最小頂點涵蓋（minimum vertex cover）問題又稱為「宴會請帖問題」，連續鬆弛法是否可為最小頂點涵蓋問題提供最佳可能近似解決方案，或者是否可能找到更好的解決方案，目前仍有爭議。

31 電影《公主新娘》，威廉‧戈德曼（William Goldman）編劇，二十世紀福斯公司，1987年。

32 拉氏鬆弛法這個名稱，出自美國加州大學洛杉磯分校 Arthur M. Geoffrion "Lagrangean Relaxation for Integer Programming"。一般認為這個概念本身源自1970年IBM的麥可‧海爾德（Michael Held）和加州大學柏克萊分校的李查‧卡爾普（Richard Karp）探的強大運算技巧。〔32〕拉氏鬆弛法蘊含的概念相當簡單。最佳化問題包含兩個部分：規則和計分。在拉氏鬆弛法中，我們取出問題中的某些限制，把它改成計分系統。也就是說，我們把「不可能」降級成「代價高昂」（舉例來說，在婚禮座位最佳化中，可以允許每張桌子坐超過十人，只是這麼一來，每個座位的空間就會小一點）。當某個最佳化問題的限制說：「聽話，否則……」拉氏鬆弛法會回答：「否則怎樣？」只要能超越界線，就算只超越一點點，就算必須付出很大的代價，原本難解的問題都會變得可解。

在業務員出差問題和一些電腦科學難題的理論文獻中，拉氏鬆弛法都扮演相當重要的角色，此外它也是某些實際用途的重要工具。舉例來說，我們在第三章提過，卡內基美隆大學的麥可‧特里克負責排定美國職棒大聯盟和幾項NCAA比賽的賽程，不過當時沒有提到他是怎麼做的。每年的賽程組合都是規模龐大的離散最佳化問題，複雜到任何電腦都無法以暴力法解決，因此特里克和他在運動排程小組的同事，每年都必須藉助拉氏鬆弛法來完成工作。我們每次打開電視或在球場裡坐下來，知道這兩隊在這一天在這個球場碰頭……嗯，這不一定是最好的對

討業務員出差問題的作品，參見 Held and Karp, "The Traveling-Salesman Problem and Minimum Spanning Trees" 及 Held and Karp, "The Traveling-Salesman Problem and Minimum Spanning Trees: Part II"。但其實有其他作品年代更早，例如Lorie and Savage, "Three Problems in Rationing Capital"、Everett III, "Generalized Lagrange Multiplier Method" 以及 Gilmore and Gomory, "A Linear Programming Approach to the Cutting Stock Problem, Part II"。相關概念及深入探討請參閱 Fisher, "The Lagrangian Relaxation Method for Solving Integer Programming Problems" 以及 Geoffrion, "Lagrangian Relaxation for Integer Programming"。

戰，但相當接近了。我們不只應該感謝特里克，還應該感謝十八世紀的法國數學家約瑟夫－路易斯・拉格朗日（Joseph-Louis Lagrange）。

特里克在排定一個球季的賽程時，發現前面介紹過的連續鬆弛法不一定比較好。他說：「幾分之幾的比賽這類答案根本沒用。」〔33〕派對請帖或消防車數量可以在遇到分數時四捨五入，但在運動領域，諸如一場比賽有幾隊參加、總共有幾場比賽，以及每一隊要和其他各隊比賽幾場等，不只得是整數，而且得是固定的數。「因此我們不能以那種方式放鬆，必須維持這個模型的基本（離散）要素。」

不僅如此，還得對付讓問題更形複雜的其他事情。特里克解釋：「我們必須跟聯盟合作，放鬆他們希望施加的某些限制。」排定球季賽程必須考慮的這類限制非常多，不只包括聯盟基本結構產生的規定，還包括各種特殊規定和考量。有些聯盟允許下半球季和上半球季僅主場和客場對調，但是對戰組合相同；有些聯盟不僅不允許前述作法，還要求曾經交手的球隊得跟其他球隊打過，才能再度對戰。有些聯盟堅持最著名的對戰必須排在球季的決賽中。某些球隊所在地在某些日期有重要活動，所以不能排主場比賽。以NCAA籃球而言，特里克還必須考慮轉播球賽的電視台的特殊限制。電視台前一年會先設定哪些比賽是A級和B級，這些是最吸睛的比賽（例如杜克大學對紐約大學就是A級）。接下來，電視台希望每星期播出A級和B級比賽各一場，絕對不要同一週播出兩場A級比賽，以免分散觀眾。

可以想見，特里克發現若要遵循這些要求，一定得先放鬆某些嚴格限制，才可能排出賽程。

---

33 Michael Trick, personal interview, November 26, 2013.

很多人拿排好的賽程給我們時會說：「我們絕對不會XX，也絕對不會YY。」我們會看看他們的賽程表告訴他們：「你去年就有兩次XX跟一次YY。」他們會說：「喔，對，嗯，好，最多就這樣而已。」接著看看再前一年的賽程……，通常就會發現，很多人以為自己一定不會做某些事，實際上還是照做不誤。棒球界的人認為，洋基隊和大都會隊絕對不會同時在主場比賽[34]，其實沒有，而且向來不是這樣。這兩隊每年會有三次或六次同一天在主場比賽。但球季很漫長，每一隊共有八十一場主場比賽，三場或六場占很小的比例，所以大家都忘記了。

有時候這需要一點外交手腕，但拉氏鬆弛法能把不可能轉化成代價，把難以想像轉化成僅是令人不快，讓我們取得進展。特里克曾說，他不會花很長的時間追尋無法企及的完美答案，運用拉氏鬆弛法讓他可以思考「你能做到什麼程度？」這類問題。結果是他能讓聯盟、學校、電視台三方面都滿意，同時讓「瘋狂三月」一年比一年更火紅。

學習放鬆

運算問題有許多呈現方式，其中一部分是目標、另一部分是規則的最佳化問題，可說是最常見的一種，而選擇不是一就是二、沒有模糊地帶的離散最佳化問題，又是其中最典型的問題。對此電腦科學做出了令人沮喪的判決——許多離散最佳化問題真的很難。這個領域的傑出學者想出各種方法，看能不能輕鬆取得完美答案，不過事實上，致力於證明

---

34 編註：這兩隊的主場都在紐約。

根本沒有這種方法的學者還比較多呢。

即使不談別的，這應該也可以讓我們略感安慰。如果碰到一個張牙舞爪的難纏問題，我們的想法或許是對的。就算有電腦也未必有幫助。

至少我們要學會放鬆，電腦才派得上用場。

放鬆問題的方法很多，目前已經介紹過最重要的三種。第一種是限制鬆弛法：直接去除某些限制，求出比較鬆弛的問題的解，再把結果套用到真實狀況。第二種是連續鬆弛法：把離散或二元選擇化成連續體（決定要點冰紅茶或檸檬水時，先想像混合兩種飲料的冰檸檬紅茶，再決定要進位或捨去）。第三種是拉氏鬆弛法：把不可能變成高昂的代價，教我們怎麼改變規則（或是先違反規則再接受後果）。舉例來說，搖滾樂團決定把哪幾首歌塞進有限的組合時，就要面對電腦科學家說的背包問題，也就是要決定要把體積和重要程度不一的多個物品，塞進有限空間中。設限嚴格時，背包問題以難解著稱，但這些放鬆的搖滾巨星當然不會就此放棄。從幾個著名的例子可以得知，有時稍微超過限制時間並支付罰款，會比嚴格限制表演時間來得好。事實上，即使無意違規，純粹想像一下也能帶給我們不少的啟示。

保守的英國專欄作家克里斯多夫·布克爾（Christopher Booker）說過：「我們基於某種渴望而無意識地採取一連串行動時，會有一段時間似乎非常順利。」但這是因為「這個假想永遠不可能和現實調和」。[35]它最後一定會走向布克爾說的多階段崩潰：夢想、挫折、惡夢、爆炸。電腦科學家勾畫的景象則美好得多：「放鬆」這種最佳化技巧，是基於

---

35 Christopher Booker, "What Happens When the Great Fantasies, Like Wind Power or European Union, Collide with Reality?," the *Telegraph*, April 9, 2011.

某種渴望而有意識地採取的作法——兩者的結果之所以不同，或許就是因為這差別。

　　鬆弛法具有不少優點。首先，它給真實解答設下了品質界限。如果要填滿行事曆，先想像我們能瞬間移動到其他地方，這樣就會明白，我們每天最多只能安排八次一小時的會議。這樣的界限，相當有助於在面對完整問題時設定自己的預期。第二，鬆弛法在設計上確實能與現實互相調和，進而從另一個方向提供解答的界限。連續鬆弛法要我們施打非整劑的疫苗時，我們可以只為分配到半劑以上疫苗的民眾施打，最後得出一個容易計算出來的解。這個解指定的施打疫苗人數，最多可能是完美答案的兩倍，但或許差強人意。

　　除非每次碰到問題時，我們都願意投注大量時間追求完美，否則解決困難問題要做的不是浪擲時間，而是先假設比較容易的問題並加以解決。如果運用得當，它就不只是一種渴望、幻想，也不是白日夢，而是取得進展的最佳對策。

9 隨機性　　　　　　　Randomness

什麼時候該讓機率決定

> 我必須承認，在這個領域工作多年後，我還是搞不懂隨機性為什麼對許多演算法問題有神奇功效。它有用、效果極佳，但原因和過程十分神祕難解。[1]
> ——數學家麥可・拉賓（Michael Rabin）

乍看之下，隨機性似乎和理性正好相反，它代表我們放棄這個問題，採取不得已的手段。其實完全不是這樣。隨機性在電腦科學中扮演的角色令人驚訝，而且越來越重要，證明在面對極為困難的問題時，運用機率可能是審慎又有效的解決方法。事實上，有時候我們別無選擇。

一般我們會想像，電腦是使用標準的「確定性」演算法，也就是每次都依照相同程序一步步執行。隨機演算法則相反，是用隨機產生的數來解決問題。[2] 電腦科學近年來的研究也證明，處理困難問題時，隨機演算法有時能比各種已知的確定性演算法，更快提出不錯的近似答案。

1　摘自 Shasha and Rabin, "An Interview with Michael Rabin"。

2　Motwani and Raghavan, *Randomized Algorithms* 與 Mitzenmacher and Upfal, *Probability and Computing* 深入探討了隨機演算法。Karp, "An Introduction to Randomized Algorithms" 和 Motwani and Raghavan, "Randomized Algorithms" 則是年代較早但比較簡短的介紹。

　　隨機演算法雖然不一定能提出最佳解，但它不用像確定性演算法那麼辛苦，前者只要有計畫地丟幾個硬幣，就能在極短的時間內，提出相當接近最佳解的答案。

　　隨機演算法用於某些問題的效果，甚至超越最好的確定性演算法，這透露出一個很深奧的訊息：問題的最佳解決方法有時候是交給機率決定，而不是自己試圖推出答案。

　　然而單單知道隨機性很有用仍然不夠，我們還得知道依靠機率的時機、方式，以及仰賴的程度。近年來的電腦科學發展史可以提供一些答案，但故事其實早在好幾個世紀前就已開始。

抽樣

　　1777年，布豐伯爵喬治－路易斯・萊克勒克（George-Louis Leclerc）發表了一份有趣的機率分析結果。[3] 他問，如果我們把一根針丟在一張畫有橫線的紙上，這根針和線相交的機率是多少？布豐的研究結果指出，如果針的長度短於線的間隔，則答案是 $2/\pi$ 乘以針的長度除以間隔寬度。

　　對布豐而言，推導出這個公式已經夠了。但到了1812年，第六章的要角皮爾－賽門・拉普拉斯（Pierre- Simon Laplace）指出，這個結果還

3　Buffon, "Essai d'arithmétique morale."

4　Laplace, *Théorie analytique des probabilités.*

5　有趣的是，有些這類實驗估算出來的 π 值，比依據機率估算出來的 π 值準確得多，這代表這些實驗可能到了某個點就停下來，甚至根本就是假造的。舉例來說，義大利數學家馬力歐・拉札里尼（Mario Lazzarini）曾於1901年拋了3408次針，得出 π 約等於 355/113=3.1415929（π的前七位小數為3.1415927），但針與線相交的次數只要相差一次，

有另一層意義：我們只要把針丟在紙上〔4〕，就能估算出 π 的值。

　　拉普拉斯的提議指出一個重要而普遍的事實：如果我們想了解某個複雜的性質，可以藉由抽樣估計它的值。他研究貝斯定律得到的成果，正好可以協助我們進行這類計算。事實上，有幾個人真的依據拉普拉斯的建議，進行他提議的實驗，證實了我們的確能用這種手工方式估算出 π 的值，只是效率不是很高。〔5〕、〔6〕、〔7〕

　　把一根針丟在紙上幾千次對某些人或許是有趣的消遣，但直到電腦問世後，抽樣才成為實際可用的方法。以往數學家和物理學家嘗試運用隨機性來解決問題時，都必須辛苦地以人工計算，因此很難產生足夠的樣本來得出準確結果。電腦——尤其是第二次世界大戰時美國洛沙拉摩斯〔Los Alamos〕國家實驗室開發的電腦——發揮了相當大的功效。

　　外號「史丹」的數學家史丹尼斯羅・烏蘭（Stanislaw Ulam）曾參與開發原子彈。他在波蘭長大，於1939年移民美國，並於1943年加入曼哈頓計畫。回到學術界一段時間後，又於1946年回到洛沙拉摩斯國家實驗室，參與設計熱核武器。但他後來罹患腦炎〔8〕，接受緊急腦部手術治療。痊癒之後，他很擔心自己能否恢復數學能力。

　　在恢復期間，烏蘭經常玩撲克牌，尤其是接龍。喜歡玩接龍的人都知道，有時候發出來的牌不可能玩到結束。因此烏蘭玩牌時，他會問自

　　估計值就會差很多，變成3.1398或3.1433，這使得拉札里尼的報告變得沒那麼可信。拉普拉斯或許已經發現，可以運用貝斯法則來證實不大可能由有效的實驗得出這個結果。

6　Lazzarini, "Un'applicazione del calcolo della probabilità."

7　如果想進一步探討拉札里尼的演算法，請參閱 Gridgeman, "Geometric Probability and the Number π" 和 Badger, "Lazzarini's Lucky Approximation of π"。

8　Ulam's story appears in Ulam, *Adventures of a Mathematician*.

己：一次發出來的牌能玩到結束的機率是多少？

在接龍這類遊戲中，在種種可能中推想出一條可行路線很快就會讓人傷透腦筋。翻開第一張牌時共有52種可能；翻開第二張牌時，每個第一張牌又各有51種可能。換句話說，還沒開始玩，就有好幾千種可能牌局。史考特・費茲傑羅（F. Scott Fitzgerald）曾經寫道：「對第一等頭腦的考驗〔9〕，是腦中同時有兩個相反的想法，但仍然轉得動。」這個說法或許沒錯，但就算是第一等的頭腦（管它是人腦還是什麼腦），在裝進80兆種可能的撲克牌順序後，恐怕都轉不動了。

烏蘭嘗試過幾次複雜精巧的組合運算，都以放棄收場，最後採用另一種簡單又漂亮的方法——開始玩牌。

我發現直接排出撲克牌或實際演練這個過程，同時留意成功的比例有多少，而不要試圖算出所有可能組合，這樣會實際得多。〔10〕因為可能組合的數目增加得非常快，除非是規模極小的狀況，否則不可能估算出來。理智地看待這件事我們會覺得很驚訝，就算不會感到害臊，也會謙卑看待推理或傳統思考的限制。遇到具一定複雜程度的問題時，實際抽樣優於分析所有可能性。

必須注意的是，他說的「優於」，不是指抽樣而得的答案比徹底分

---

9 Fitzgerald, "The Crack-Up." 後來與其他散文一同收錄在 The Crack-Up。

10 Ulam, *Adventures of a Mathematician*, pp. 196–197。接龍成功率問題至今仍然是相當活躍的研究領域，主要工具是蒙地卡羅模擬法。想了解這個領域的新近研究成果，請參閱 Bjarnason, Fern, and Tadepalli, "Lower Bounding Klondike Solitaire with Monte-Carlo

析得到的答案更加精確。抽樣過程一定有誤差，但我們可透過確保樣本確實為隨機，以及取得更多樣本，來減少誤差。他的意思是：在沒有其他方法能得出答案時，抽樣至少能提供答案，就這點而言抽樣優於分析。

烏蘭認為抽樣可在分析無法發揮作用時提供答案，這理論在解決洛沙拉摩斯國家實驗室中某些困難的核子物理問題時，也相當有用。核反應過程相當混亂，可能性倍增的速度跟撲克牌不相上下：一個粒子分成兩個，兩個粒子可能撞擊其他粒子，使其他粒子分裂，如此不斷持續下去。有許多粒子參與的過程，要精確算出發生某種結果的機率非常困難，簡直可以說不可能。不過如果把每次交互作用當成翻開一張新的撲克牌，來模擬這個過程，將可提供替代方案。

烏蘭和約翰‧馮紐曼進一步發展這個想法，並和曼哈頓計畫中另一位物理學家尼可拉斯‧梅特羅波里斯（Nicholas Metropolis）合作，以實驗室的電腦實作這個方法。梅特羅波里斯把這個以樣本模擬取代完整機率計算的方法，命名為**蒙地卡羅法**（Monte Carlo Method）[11]，因為摩納哥的蒙地卡羅賭場同樣依賴變化無常的機率。洛沙拉摩斯實驗室的團隊得以用這個方法，解決核子物理學的重要問題。蒙地卡羅法今天仍然是科學運算極為重要的基礎。

計算次原子粒子的交互作用、或接龍遊戲的獲勝機率等這類問題，有許多本身就帶有機率性，所以藉助蒙地卡羅法等隨機方法還算合理。

Planning"。

11 梅特羅波里斯在 Hurd, "Note on Early Monte Carlo Computations" 內的一封信中宣稱自己擁有命名權。

但隨機性最令人驚奇的能力,是它其實也能用在機率似乎無用武之地的地方。即使我們想知道的答案只有是或否、真或假,沒有模糊空間,擲幾次骰子似乎也能提供部分解答。

隨機演算法

數學家麥可·拉賓首先證明,隨機性在電腦科學中的用途十分廣泛。拉賓在1931年出生於德國布列斯勞(Breslau,此地在第二次世界大戰後成為波蘭的弗羅茨瓦夫〔Wrocław〕),家中代代都是猶太教拉比(律法教師)。[12]他的家族於1935年從德國遷往巴勒斯坦,他在希伯來大學攻讀學士學位時發現艾倫·圖靈的作品,深受數學之美吸引,因此離開父親為他鋪下的拉比之路,移民美國,在普林斯頓大學攻讀博士學位。拉賓後來以運用理論電腦科學來處理非確定性問題,獲頒圖靈獎(相當於電腦界的諾貝爾獎)。電腦處理非確定性問題時,不需要依循唯一的選擇,而是有許多路徑可選。[13]在1975年的教授休假期間,拉賓前往MIT找尋新的研究方向。

他找到的研究方向就在一項歷史極為悠久的數學問題中:如何找出質數。

尋找質數的演算法至少從古希臘時代就已存在,古希臘數學家曾經

---

12 Shasha and Lazere, *Out of Their Minds*.

13 此處拉賓的重要論文是與Dana Scott合作的"Finite Automata and Their Decision Problems"。我們在第八章探討業務員出差問題的複雜程度時,曾經提到這個概念在理論電腦科學中十分重要。拉賓的非決定性(nondeterministic)運算概念就是NP中的N。

14 這段話摘自Hardy, "Prime Numbers",另參見Hardy, Collected Works。如需進一步了解質數在密碼學中的影響,可參閱Schneier, *Applied Cryptography*。

使用簡潔的「埃拉托斯特尼篩選法」（Sieve of Erastothenes），這種方法是這樣的：要找出小於n的所有質數，先依序寫出1到n的所有數，然後劃掉2和2的倍數（4、6、8、10、12……等）。接著選擇尚未劃掉的最小的數（以這個例子而言是3）以及它的倍數（6、9、12、15……）。如此不斷持續下去，最後剩下來的數就是質數。

幾千年來，質數研究如同G・H・哈第（G. H. Hardy）所形容的，被視為數學中「顯然極其無用的一個分支」[14]，但在二十世紀突然變得實用，成為密碼學和線上安全的重要知識。有趣的是，把兩個質數的乘積分解開來，比起把兩者相乘困難得多。只要質數夠大（例如有好幾千位），相乘只要不到一秒就能完成，但分解則可能需要數百萬年，這就是「單向函數」（one-way function）。舉例來說，現代加密技術[15]就是把只有收發雙方知道的祕密質數相乘，產生可以放心公開傳送的龐大合數，因為這個乘積即使遭到竊取也極難分解。因此商務、銀行或電子郵件等各種線上安全通訊，一開始都必須尋找質數。

這個密碼學上的用途，使得找尋和確認質數的演算法變得格外重要。埃拉托斯特尼篩選法雖然有效，但是缺乏效率。如果要檢查某個數是不是質數（稱為檢測其質數性），依據篩選法，我們必須試著以小於這個數的平方根的所有質數，來除這個數。[16]檢查一個六位數是不

---

15 常見的RSA演算法就是以質數相乘。它的名稱來自三位發明者隆・李維斯特（Ron Rivest）、阿迪・夏米爾（Adi Shamir）和李奧納德・阿德曼（Leonard Adleman）。請參閱 Rivest, Shamir, and Adleman, "A Method for Obtaining Digital Signatures and Public-Key Cryptosystems"。迪菲－赫爾曼（Diffie-Hellman）等加密系統也使用質數。請參閱 Diffie and Hellman, "New Directions in Cryptography"。

是質數，必須以小於1000的168個質數一個個除它，這還不算太可怕，若要檢查12位數，就必須檢視小於100萬的78498個質數，根本除都除不完。現代密碼學使用的質數通常都有好幾百位，還是算了吧。

拉賓在MIT認識了剛從柏克萊電腦科學系畢業的蓋瑞・米勒（Gary Miller）。米勒在博士論文中，發展出一個十分有趣又快上許多的質數性檢測演算法，但它有個小問題：不一定每次都有用。

米勒發現有一組方程式，其中包含n和x兩個數，如果n是質數，則無論x的值是多少，這組方程式恆為真。只要x在任一值時為假，則n一定不是質數。x在這類狀況下稱為排除質數性的「見證」（witness）。不過問題出在偽陽性〔17〕，也就是即使n不是質數，這組方程式有時仍可能為真。這個問題似乎可能讓米勒的方法失效。

拉賓發現，這時候稍微走出電腦科學的確定性世界，應該會有幫助。如果n其實不是質數，那麼有多少個x值可能造成偽陽性，指出n是質數？拉賓證明答案不超過1/4。也就是說如果米勒的方程式正確，則對任意x值而言，n其實不是質數的機率只有1/4。十分重要的是，我們再次隨機取得新的x值，再用米勒的方程式來檢查時，n似乎是質數但其實不是的機率，會再降低到1/4。如果重複這個過程10次，偽陽

---

16 我們只需要檢查小於其平方根的數，原因是如果一個數擁有大於其平方根的因數，則依照定義，它一定還有小於其平方根的對應因數，而且我們一定已經找到了。舉例來說，如果要尋找100的因數，則每個大於10的因數一定有一個小於10的因數，也就是20與5對應，25與4對應等等。

17 米勒的方法可能帶來（或未能出現）的突破，取決於這些偽陽性被忽略的程度。我們需要檢視多少個x值，才能確定一個已知數字n？米勒證明如果廣義黎曼假設（generalized Riemann hypothesis）為真，則必須檢視的可能最小見證數為$O((\log n)^2)$，遠少於埃拉托斯特尼篩選等演算法需要的n個。但這裡有個問題：廣義黎曼假設至今都尚未證明（黎曼假設

性的機率將會降到1/4的10次方，也就是不到百萬分之一。這樣還覺得不夠確定嗎？再檢查五次，就可把機率降低到十億分之一。

　　某個冬天的深夜，MIT另一位電腦科學家范恩‧普拉特（Vaughan Pratt）運用拉賓的演算法開始計算結果。當時拉賓正好請朋友到家裡過光明節，他還記得當天接近午夜時接到電話：

> 他說：「麥可，我是范恩。[18]我正在計算這些實驗的結果，趕快拿筆和紙把這些結果寫下來。」他算出2^{400}-593是質數。如果把小於300的所有質數p的乘積記成k。則k × 338 + 821和k × 338 + 823是攣生質數。[19]這兩個質數是當時最大的攣生質數。當時我頭髮全站了起來，這真是了不起、真的太了不起了。

　　這種方法現在稱為「米勒－拉賓質數性測試」，即使十分龐大的質數它也能迅速找出來[20]，只不過確定程度不一。

　　這裡我們或許可以問一個哲學問題：「是」究竟是什麼意思？我們已經習慣數學是個說一不二的領域，說某個數「可能是質數」或「幾乎確定是質數」會讓人覺得很奇怪。多確定才算夠確定？實際上，在網際網

是德國學家伯納‧黎曼於1859年提出，假設中探討黎曼ζ函數這個複變函數。這個函數與質數分布關係相當密切，尤其是質數出現在數線上的頻率，如果這個假設為真，則質數的性質將可保證米勒演算法的效率。但目前沒有人知道它是否為真。事實上，黎曼假設是數學界的六大難題之一，如果解答出來，克雷數學研究所將會頒發一百萬美元的千禧年大獎。第八章曾經提到的P = NP問題，也是千禧年大獎的問題）。

18 拉賓這個故事出自 Shasha and Lazere, *Out of Their Minds*。
19 攣生質數是兩個連續而且都是質數的奇數，例如5和7。

路連線和數位交易用來加密的現代密碼系統中，偽陽性的比率不到10^{24}分之一[21]，這個數字是小數點後面有24個零，也就是數目等於地球上所有砂粒的質數中[22]，只有不到一個假質數。這個標準來自用四十次米勒−拉賓測試算出的結果。我們確實不可能百分之百確定，但能夠非常確定，而且速度非常快。

你或許從來沒聽過米勒−拉賓測試，但你的筆記型電腦、平板電腦和手機對它都很熟悉。這個測試發現至今已經幾十年，依然是許多領域尋找和檢查質數的標準方法。我們在網路上使用信用卡，以及透過無線或有線方式傳送安全通訊內容時，它都在幕後默默運作。

米勒和拉賓的研究成果發表後的幾十年間，我們始終不清楚是否真有能以確定性方式測試質數性、同時可絕對確定的高效率演算法。[23]直到2002年，印度科技研究所的馬寧德拉・阿格拉瓦（Manindra Agrawal）、尼拉吉・卡亞爾（Neeraj Kayal）和尼丁・薩克西納（Nitin Saxena）才發現

---

20 拉賓數年後才發表探討這項質數性測試的論文"Probabilistic Algorithm for Testing Primality"。在此同時，羅伯・索羅威（Robert Solovay）和瓦爾克・史特拉森（Volker Strassen）以另一組質數遵守的方程式，發展出類似的機率演算法，但他們的演算法效率較低，請參閱Solovay and Strassen, "A Fast Monte-Carlo Test for Primality"。

21 OpenSSL文件具體說明一個函數「以數次反覆……執行米勒−拉賓機率質數性測試……以隨機輸入產生的偽陽性率最高為2^{-80}，參見https://www.openssl.org/docs/crypto/BN_generate_prime.html。同樣地，美國聯邦資訊處理標準（FIPS）也明訂其數位簽名標準（DSS）接受的誤差機率為2^{-80}（1024位元金鑰，且為最低要求），參見Gallagher and Kerry, *Digital Signature Standard*。米勒−拉賓測試執行四十次就足以達到這個標準，而1990年代的研究則指出，在許多狀況下，只要執行三次米勒−拉賓測試就已足夠。請參閱Damgård, Landrock, and Pomerance, "Average Case Error Estimates for the Strong Probable Prime Test"、Burthe Jr., "Further Investigations with the Strong Probable Prime Test"，以及Menezes, Van Oorschot, and Vanstone, *Handbook of Applied Cryptography*。更新近的討論

了這種方法〔24〕，但米勒－拉賓這類隨機演算法要快得多，因此目前實務上仍然使用。

對於另外一些問題，隨機性依然是目前已知，唯一可快速求解的方法。數學家提出的一個古怪範例，稱為多項式身分測試（polynomial identity testing）。如果有 $2x^3 + 13x^2 + 22x + 8$ 和 $(2x + 1) \times (x + 2) \times (x + 4)$ 兩個多項式，若以完整方式了解這兩個數學式是不是相同的函數，也就是全部乘開再比較結果，往往相當曠日廢時，變數增多時尤其如此。

隨機性對此同樣提供了簡便的解決方法：只要隨機設定幾個x值〔25〕，再把這個值代入多項式算出結果。如果兩個數學式不同，則代入隨機值後得到的值相同的機率不高，再代入第二個隨機值後得到的值，相同的機率更低。由於目前沒有已知的確定性演算法可快速測試多項式身分，因此這個以多次觀察快速獲得近似確定答案的隨機化方法，可說是目前唯一實際可行的方法。〔26〕

參見 http://security.stackexchange.com/questions/4544/how-many-iterations-of-rabin-miller-should-be-used-to-generate-cryptographic-saf。

22 各方估計地球上所有砂粒的總數介於 10^{18} 到 10^{24} 之間。

23 這裡的「高效率」是這個領域的標準定義，也就是多項式時間，如同第八章的討論。

24 Agrawal, Kayal, and Saxena, "PRIMES Is in P."

25 關於隨機性在多項式身分測試中的角色，關鍵研究結果是史瓦茲－齊柏爾引理（Schwartz-Zippel lemma）。請參閱 Schwartz, "Fast Probabilistic Algorithms for Verification of Polynomial Identities"、Zippel, "Probabilistic Algorithms for Sparse Polynomials"，以及 DeMillo and Lipton, "A Probabilistic Remark on Algebraic Program Testing"。

26 多項式身分測試是否真能找出有效率的確定性演算法？更廣泛地說，如果可找到隨機演算法，則有效率的確定性演算法是否必定存在？或者是否有隨機演算法能有效解決、但確定性演算法反而無法有效解決的問題？這在理論電腦科學中是個相當有趣的問題，而且答案目前仍然不明。

禮讚抽樣

多項式身分測試告訴我們，有時最好把時間花在檢查隨機值，從我們想了解的兩個數學式抽樣，而不要嘗試了解其內部運作。某個程度上，這似乎相當合乎直覺。如果有人拿給我們兩個沒看過的電子產品，問我們這兩樣東西是不是相同，大多數人會開始隨意亂按按鈕，而不會拆開外殼察看裡面的線路。同樣地，我們在電視上看到藥頭隨意割開幾包白粉，檢查整批貨的品質時，會覺得這麼做很理所當然。

不過遇到某些狀況時我們不會求助於隨機性，但或許應該這麼做。

哈佛大學的約翰·羅爾斯（John Rawls）是二十世紀非常傑出的政治哲學家。他曾經著手進行一項極富企圖心的工作，試圖調和自由與平等這兩個在他的研究領域中似乎完全相反的觀念。一個社會越自由，會變得更「正義」還是更平等？這兩者是否一定不能並存？羅爾斯提出一種解答這些問題的方法，稱為「無知之幕」（veil of ignorance）。[27] 他表示，假如我們快要出生，但不知道自己會生成什麼樣的人：是男是女、是貧是富、生活在城市還是鄉村、患病或健康等等。知道自身狀態之前，我們必須選擇自己想生活在什麼樣的社會。你想要哪種社會？羅爾斯主

探討隨機化與確定性演算法之間關係的方法，稱為去隨機化（derandomization）。這種方法其實是去除隨機演算法中的隨機性。實際上，電腦很難真正產生隨機性，因此我們執行隨機演算法時，電腦通常使用確定性程序來產生遵循真實隨機性統計性質的數字。去隨機化使這點變得更明確，檢視以其他複雜運算程序的輸出值取代隨機演算法中的隨機性時，會產生什麼結果。

去隨機化研究證明，有效率的隨機演算法，有可能轉變為有效率的確定性演算法，但前提是必須找出適當的函數，這個函數必須夠複雜，因此輸出值看來是隨機的，但又必須夠簡單，因此能有效率地運算。如需了解相關細節，請參閱 Impagliazzo and Wigderson,

張，我們在無知之幕後方評估各種社會狀況後，應該會對理想社會的樣貌更有共識。

然而羅爾斯的思想實驗沒有考慮到，躲在無知之幕後方理解社會要花多少運算成本。在這個假設狀況下，我們怎麼可能把所有相關資訊裝進腦子裡？暫且不談正義和公平這大哉問，僅試著把羅爾斯的方法套用在健康保險法規的修改提案上。把長大後成為美國中西部鎮公所祕書的機率，乘以美國中西部市政府員工適用的各種健保計畫的分布，再乘以（比方說）提供脛骨骨折機率的精算資料，再乘以美國中西部醫院一般脛骨骨折治療程序的平均醫療費用……。好，這個保險修改提案對美國而言是「好」還是「壞」？這種方法連脛骨受傷的單一案例都不大可能評估得出來，更別提要評估幾億人的人生。

批評羅爾斯的學者質疑〔28〕，我們究竟應該如何運用在無知之幕後方取得的資訊呢？舉例來說，我們應該盡量提高平均快樂程度、中位快樂程度、總快樂程度，還是其他事物？這些方法都十分容易遭到有害的敵托邦影響，例如作家娥蘇拉・勒瑰恩（Ursula K. Le Guin）想像的奧美拉文明。〔29〕奧美拉文明繁榮和諧，但有一個小孩被迫生活得十分悲慘。這些批評都很有價值〔30〕，但羅爾斯避開這些問題，刻意不回答我們該

"P = BPP if E Requires Exponential Circuits" 以及 Impagliazzo and Wigderson, "Randomness vs. Time"。

27 無知之幕出自 Rawls, *A Theory of Justice*。

28 批評羅爾斯的人當中最著名的，是經濟學家約翰・哈爾桑尼（John Harsanyi），可參閱 Harsanyi, "Can the Maximin Principle Serve as a Basis for Morality? A Critique of John Rawls's Theory"。

29 Le Guin, "The Ones Who Walk Away from Omelas."

如何處理在無知之幕後方取得的資訊。然而,該如何蒐集這些資訊或許才是最大的問題。

答案很可能隱身在電腦科學中。MIT的史考特‧艾隆森(Scott Aaronson)表示,他沒想到電腦科學家對哲學的影響沒有想像的大。他猜測部分原因是電腦科學家「並未表達他們可為哲學添加哪些概念工具」。他解釋:

> 或許有人會認為,只要知道某個值算得出來,那麼要花10秒還是20秒計算,顯然只有工程師在乎,哲學家並不在意[31],因為沒差多少。不過要是一個方法要花10秒,另一個要花10的10次方再10次方秒,那就難說了。的確,在複雜理論中,我們在意的數字落差通常非常大,所以得考慮差多少。你可以想想看,讀一本四百頁的書和讀所有類似書籍,兩者差別多大,或是寫下一個一千位的數和從一數到這個數,兩者又差了多少。

脛骨受傷等事故率涉到極為複雜的社會供給,而電腦讓我們得以表達對這些複雜狀況的評估。所幸,電腦科學也提供了處理這類複雜性的工具,以抽樣為基礎的蒙地卡羅演算法就是其中相當好用的。

當我們需要了解某樣東西(例如複雜無比、不易理解的美國醫療改革),政治領袖通常會提供兩樣東西:對自己有利的個人故事和整體概要統計數字。這些個人故事當然寫得活靈活現,但不具代表性。一

---

30 如需進一步了解「矛盾結論」是什麼,請參閱Parfit, *Reasons and Persons*,另可參閱 Arrhenius, "An Impossibility Theorem in Population Axiology"。

條法律無論多麼開明或遭到誤導，都會讓某些人生活得比較好、讓另一些人過得較差，所以刻意篩選的故事無法幫助我們了解全貌。至於整體統計數字則恰好相反，它們範圍廣泛但深度不足。舉例來說，我們或許可以得知全美平均保費是否降低，但不知道這個改變對範圍更小的層級產生什麼影響：保費或許降低，但可能像奧美拉斯一樣，使大學生、阿拉斯加人或孕婦等族群陷入困境。統計數字只能告訴我們部分狀況，卻會讓我們看不出潛藏的差異，何況我們經常連自己需要哪些統計數字都不清楚。

由於整體統計數字和政客最愛的故事，都無法讓我們真正了解幾千頁的修法提案，所以了解蒙地卡羅法的電腦科學家提出了另一種方法：抽樣。要理解一個過於複雜、無法直接理解的事物，仔細研究隨機樣本可能是最有效的方法。碰到接龍遊戲、核分裂、質數性測試或公共政策等，這類數字龐大到無法掌握、複雜棘手而無法直接處理的事物，抽樣可說是簡單的絕佳解決方案。

從金援肯亞和烏干達極度貧窮民眾的慈善機構GiveDirectly，我們也可觀察到這種方法。這個機構受注目的原因，是它從許多層級重新思考傳統慈善工作，除了使它的任務與眾不同，也使本身的工作程序更加透明。目前這機構面臨的最新挑戰是報導成功案例。

GiveDirectly計畫助理蕾貝卡‧藍琪（Rebacca Lange）寫道：「如果你經常造訪我們的網站、部落格或臉書專頁，或許會注意到一些不常見的東西[32]，就是受贈者的故事和照片。」其他慈善機構的問題不在於

---

31 Aaronson, "Why Philosophers Should Care About Computational Complexity."

它們登的故事不是真的，而是這些故事經過刻意挑選，讓人弄不清楚可從中獲得多少資訊。因此 GiveDirectly 決定改變這種傳統作法。

GiveDirectly 團隊每星期三隨意選出一位受贈者，派一名現場人員前往訪問，事後完整刊登現場人員筆記的逐字稿，不做任何修改。舉例來說，瑪麗用捐款蓋了鐵皮屋頂〔33〕，以下便是她的受訪紀錄：

> 她終於有能力蓋比較好的房子，這是一間鐵皮屋。她還買了一組沙發放在屋裡。她的屋頂原本會漏水，只要一下雨，屋裡所有東西都泡在水裡。但她由於有這筆錢，能夠蓋鐵皮屋頂，生活就此改變。

藍琪寫道：「我們希望這段文字讓大家對我們提供的資訊更有信心，甚至提升這類機構在大家心目中的地位。」

取捨「確定程度」──電腦給的答案不一定對

> 我突然想到有哪些特質可以造就傑出的人（尤其是文學領域），以及莎士比亞擁有什麼重要特質。我指的是處於否定的能力，也就是有能力處於不確定、謎團、懷疑之中，而不急躁地尋求事實和理由。

32 Rebecca Lange, "Why So Few Stories?," GiveDirectly blog, November 12, 2014, https://www.givedirectly.org/blog-post.html?id=2288694352161893466.

33 請注意，我們刻意選擇網站上的第一個故事。也就是說，我們沒有看過所有故事之後再選一個來寫。

34 John Stuart Mill, *On Liberty* (1859).

———約翰・濟慈（John Keats）

沒有事情是絕對確定的，但事情的確定程度已經足夠人活下去了。〔34〕

———英國哲學家和經濟學家約翰・史都華・米爾（John Stuart Mill）

電腦科學經常必須協調權衡。舉例來說，我們在第三章討論排序時提過，如何取捨花在排序上的時間和其後花在搜尋上的時間。在第四章討論快取時，也探討過以更多空間（快取的快取的快取）來換取時間。

時間和空間是電腦科學中很常見的權衡，但近年隨機演算法的研究成果指出，還有一個變數必須考慮：確定性。哈佛大學的麥可・米曾馬赫爾（Michael Mitzenmacher）曾說：「我們的目標是想出一個答案來節省時間和空間，但犧牲第三個維度——誤差機率。」有人請他舉出最喜歡的例子來說明這類不確定性權衡，他毫不猶豫地說：「有個同事剛剛說應該設計一種喝酒遊戲〔35〕，這個詞每出現在我的投影片上一次，我就必須喝一杯。你們聽說過布隆過濾器（Bloom filter）嗎？」

米曾馬赫爾說，要了解布隆過濾器的概念，可以先想像有一個類似谷歌的搜尋引擎試圖抓取整個網路，把每個可能的 URL 標上索引。網際網路包含一兆個以上的 URL〔36〕，平均每個 URL 包含 77 個字元。〔37〕

35 Michael Mitzenmacher, personal interview. November 22, 2013.

36 "We Knew the Web Was Big..." July 25, 2008, http://googleblog.blogspot.com/2008/07/we-knew-web-was-big.html.

37 Kelvin Tan, "Average Length of a URL (Part 2)," August 16, 2010, http://www.supermind.org/blog/740/average-length-of-a-url-part-2.

搜尋引擎看見某個URL時，如何確認已經處理過這個網頁呢？單單儲存造訪過的所有URL清單，就要花費極大空間，重複搜尋這個清單（即使已經完全排序過）工程更是浩大。事實上，解決方案很可能比問題本身更嚴重，換句話說，每次都確認某個網頁是否已經做過索引，可能比偶爾重複標記網頁花更多時間。

但是，如果我們只需要大致確定沒造訪過這個網頁呢？布隆過濾器這時就能派上用場。布隆過濾器的名稱源自其發明者波頓‧H‧布隆（Burton H. Bloom），功能相當類似拉賓－米勒質數性測試。把URL代入一組檢查「見證」的方程式[38]，確認是否曾經造訪這個URL（這些方程式不會說「n不是質數」，而會說「我以前沒看過n」）。如果願意容許大約1%或2%的錯誤率，那麼把找到的URL儲存在布隆過濾器這類機率資料結構中，將可省下大量時間和空間。這類過濾器的用途不限於搜尋引擎。最近有好幾款瀏覽器配備布隆過濾器[39]，用已知的惡意網頁清單對照檢查URL。此外，布隆過濾器對於比特幣等數位貨幣也十分重要。[40]

米曾馬赫爾說：「說到誤差權衡空間，我想問題是一般人不認為它跟電腦運算有關。他們認為電腦就是該算出答案啊。所以當你在演算法課堂上聽到『它應該會算出個答案，只不過未必是正確答案』，我希望你（學生）會豎起耳朵。我想一般人不知道自己在生活中經常這麼做，而且已經接受了。」

---

38 Bloom, "Space/Time Trade-offs in Hash Coding with Allowable Errors."
39 Google Chrome至少使用布隆過濾器到2012年。參見http://blog.alexyakunin.com/2010/03/nice-bloom-filter-application.html和https://chromiumcodereview.appspot.com/10896048/。

山丘、山谷和陷阱

河流彎彎曲曲是因為它不會思考。[41]

——理查・肯尼（Richard Kenney）

隨機性也是解決離散最佳化問題的強大武器，可用來排定NCAA
籃球賽程，或找出業務員出差的最短路線。前一章介紹過，在簡化問題
時，鬆弛可能扮演相當重要的角色，但適當地運用隨機性可說是更重要
的技巧。

假設你要規劃一趟包含10個城市的環球之旅，其實這就是業務員
出差問題：你可能從舊金山出發，造訪西雅圖、洛杉磯、紐約、布宜諾
斯艾利斯、倫敦、阿姆斯特丹、哥本哈根、伊斯坦堡、德里和京都，最
後再回到舊金山。你或許不太擔心總里程，但應該會想盡量減少旅途的
花費。提醒你一點：10個城市聽來似乎不多，但可能路線多達10的階
乘，總數超過350萬。換句話說，你不大可能仔細檢視所有路線，找出
花費最低的組合，必須想個更好的方法。

規劃旅程之初，你或許會找出離開舊金山最便宜的航班（假設是
到西雅圖），再找出從西雅圖到其餘城市最便宜的航班（假設前往洛杉
磯），然後找出從洛杉磯出發的最便宜航班（假設前往紐約），如此不斷
持續下去，直到到達第10個城市，再從那裡飛回舊金山。這是「貪婪

---

40 Gavin Andresen, "Core Development Status Report #1," November 1, 2012, https://
bitcoinfoundation.org/2012/11/core-development-status-report-1/.

41 Richard Kenney, "Hydrology; Lachrymation," in The One-Strand River: Poems, 1994–
2007 (New York: Knopf, 2008).

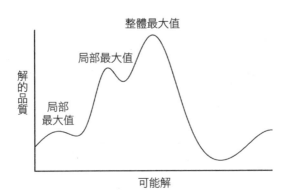

圖9-1:「誤差山水」描繪出解的品質如何隨可能性而變化。

演算法」,也可說是「短視近利演算法」,因為它的每一步都選擇最有利的方式。在第五章介紹的排程理論中,貪婪演算法(例如完全不考慮或規劃,只做時間最短的工作)有時正是最佳解決方式。在這種狀況下,貪婪演算法對業務員出差問題提出的解決方案大概不會非常差,但很可能跟最佳方案相去甚遠。

規劃好基本行程後,你可以略微更改城市順序,試試替代方案,看看行程會不會變得更好。舉例來說,如果一開始先去西雅圖,接著去洛杉磯,那麼可以試試反過來走,先到洛杉磯再到西雅圖。任何已排定的行程都可以做11次這樣的對調,所以我們可以全部做一遍,再選出最省錢的組合。這樣就產生了一條新路線,我們可以再做一次對調,再從中找出最佳方案。這種演算法稱為**登山法**(Hill Climbing),原因是優劣不等的各種解決方案構成的空間,經常被視為山丘和山谷,而我們的目標就是登上最高峰。

最後我們會得到比各種排列更好的解決方案,對調其中任何兩個相鄰的點都不可能變得更好。登山就到這裡結束。不過這表示你已經得出最佳可能行程了嗎？可惜不是。你找到的或許只是「局部最大值」，而不是所有可能的整體最大值。登山法探索的山水籠罩著一片迷霧。你之所以知道自己已經站上山頂，是因為四周的地面都在你的腳下，但其實對面可能有更高的山頭，只是你看不見。

看看卡在龍蝦籠裡的龍蝦。真是可憐，牠不知道想爬出籠子反而會退回籠子中央，必須往籠子裡去才逃得出去。龍蝦籠其實就是鐵絲做的局部最大值，這個局部最大值要了龍蝦的命。幸好假期規劃中的局部最大值沒那麼可怕，不過本質是一樣的。即使我們發現了小幅度調整也不會變得更好的解，還是可能已經錯過整體最大值。我們可能需要徹底修改，才能得出真正的最佳行程，例如以不同順序走過每個大陸，或是從向西走改成向東走等。如果想繼續改善行程，可能需要暫時選擇較差的解決方案。隨機性則為這種方式提供了一種策略（其實是好幾種）。

離開局部最大值

有一種方法是在登山法中增加「抖動」（jitter）：如果覺得沒有進展，就把東西弄亂一點。隨機做幾個小更改（即使結果更差也沒關係），再重新使用登山法，看看能否爬上更高的山峰。

另一種方法是到達局部最大值時，就把解全部搞亂，從這個隨機選擇的新起點重新開始登山。這種演算法名副其實，稱為「隨機重新開始登山法」（Random-Restart Hill Climbing），或是更炫的「槍口登山法」（Shotgun Hill Climbing）。當問題中包含很多個局部最大值時，這種策略相當有效。舉例來說，電腦科學家破解電碼時就會使用這種方法[42]，

---

42 請參閱 Berg-Kirkpatrick and Klein, "Decipherment with a Million Random Restarts"。

因為有很多破解訊息的方法起初看來很有希望,最後都沒有結果。解譯電文時,解出看來有點像正常文字的訊息未必代表方向正確。有時最好不要太堅持看來很有希望的初步方向,直接重新開始。

　　不過其實還有第三種方法:沒有進展的時候不要全部隨機修改,每次做決定時用一點隨機資料就好。這種技巧稱為**梅特羅波里斯演算法**(Metropolis Algorithm)[43],設計者正是洛沙拉摩斯國家實驗室中設計蒙地卡羅法的團隊。梅特羅波里斯演算法和登山法一樣,都是嘗試小幅度修改解決方案,但和登山法有個重要差異:在任何一點,它既接受好的修改,也接受壞的修改。我們可以把這個技巧用在前面的假期規劃問題上。我們同樣對調不同城市的位置,調整解決方案。如果行程隨意修改後變得比較好,我們一定會接受,並且繼續修改。但如果修改使行程變差了一點,繼續修改仍然有機會使行程變好(但這次修改若使行程變得越差,以後變好的機率就越低)。如此一來,我們就不會陷在局部最大值太久,因為一定會嘗試另一個相近的解決方案,即使這樣花費更多,而且可能妨礙我們想出更好的計畫。

　　無論是抖動、隨機重新開始,或是接受解決方案偶爾變得更糟,隨機性用於避免局部最大值的效果都非常好。機率不只是處理困難的最佳化問題的可行方法,在許多狀況下還是必要方法。不過現在又出現了一

---

43 有時也稱為梅特羅波里斯－赫斯廷斯演算法,關於這種技巧請參閱 Metropolis et al., "Equation of State Calculations by Fast Computing Machines" 以及 Hastings, "Monte Carlo Methods Using Markov Chains and Their Applications"。這種演算法是 1950 年代時,由梅特羅波里斯與羅森布魯斯夫婦及泰勒夫婦所開發。梅特羅波里斯是介紹此種演算法的論文上的第一作者,因此這種演算法現在稱為「梅特羅波里斯演算法」,這滿諷刺的:一來,梅特羅波里斯對這種演算法的開發工作顯然貢獻甚小,但他是運算實驗室的主要

些問題。我們應該使用多少隨機性？又該在何時使用？此外，梅特羅波
里斯演算法往往會沒完沒了地更改我們的行程，我們又怎麼知道已經完
成了？令最佳化研究者驚訝的確定性答案，來自一個完全不同的領域。

模擬退火

1970年代和1980年代初，史考特‧寇克派崔克（Scott Kirkpatrick）
認為自己是物理學家，不是電腦科學家。他對統計物理學特別有興趣，
這門學問以隨機性來解釋某些自然現象，例如退火的物理原理，也就是
材料加熱後再冷卻時的狀態變化。退火最有趣的特質，是材料冷卻的快
慢可能會大大影響最終的結構。寇克派崔克這樣解釋：

> 熔融液細心退火後可製作出單晶。[44]首先把物質熔化，再緩緩
> 降溫，讓物質在冰點附近停留一段很長的時間。如果沒有這麼
> 做，讓物質脫離平衡，產生的晶體就會有許多缺陷，也可能變
> 成完全沒有晶體秩序的玻璃。

當時寇克派崔克在IBM工作，而IBM最大、最困難也最可怕的問
題，就是當時生產的晶片中的線路該如何布局。這個問題既怪異又棘

人物，其他人純粹出於禮貌才將他列為第一作者（參見Rosenbluth, *Marshall Rosenbluth*,
Interviewed by Kai-Henrik Barth）。此外，梅特羅波里斯給事物命名時，偏好名稱能夠說
明該事物本身：他表示鎝和砈兩種元素都是他命名的，MANIAC電腦和蒙地卡羅法也出自
他手（Hurd, "Note on Early Monte Carlo Computations"）。
44 Kirkpatrick, Gelatt, and Vecchi, "Optimization by Simulated Annealing."

手：需要考慮的可能解決方案非常多，但有一些難以處理的限制。舉例來說，通常元件最好能盡量靠近，但不能近到沒空間安置線路。只要移動任何一樣東西，就必須重新計算如何安置新布局中的所有線路。

當時這個過程由IBM內某個神隱的大師主導。寇克派崔克回憶：「那個人是全IBM最擅長把更多線路塞進晶片內的人〔45〕……他說明自己的工作時也神祕兮兮的，不會真的說出自己在做什麼。」

寇克派崔克的朋友和同事丹・傑拉特（Dan Gelatt）對這個問題相當著迷，很快就聯絡上寇克派崔克，寇克派崔克對這個問題有一項深入見解：「研究（物理系統）的方法是先加熱再冷卻下來，讓系統自己組織。就這個背景而言，我們處理各種最佳化問題時，自然也可以把要組織的自由度當成原子、自旋或任何事物。」

物理學中說的溫度，其實是分子尺度中的隨機運動，也就是速度。寇克派崔克推測，它就相當於加入登山演算法中，好讓解決方案從較佳

---

45 Scott Kirkpatrick, personal interview, September 2, 2014.

46 覺得這個起初願意在各個選項間變換，後來較專注於較佳選項的概念聽來似乎有點熟悉？您說對了：把複變函數最佳化必須面對開發與善用權衡。在解決多臂土匪問題和寇克派崔克致力解決的最佳化問題等問題時，隨機性可提供不錯的策略。

如果您還記得，多臂土匪問題提供了好幾個選項（也就是拉桿），提供不同且未知的報酬。我們的挑戰是找出嘗試新選項（開發）和死守目前為止的最佳選項（善用）兩者間的平衡。我們最好是在早期較為樂觀和多方嘗試，後期則較為審慎和善用資源。最好逐漸降低對其他選擇可產生最佳結果的樂觀程度，讓遺憾次數的增加速度逐漸降低，使遺憾總次數隨時間的對數函數增加。

隨機性對樂觀提供了另一種策略。直覺上，如果這個問題必須權衡開發和善用，那麼何不直接這麼做呢？花一些時間來開發，再花一些時間來善用就好了。這種方式正是多臂土匪問題專家說的ε貪心法（Epsilon Greedy）。

ε貪心法分為ε和貪心兩個部分。數學家常以ε來代表少數，ε部分代表有一小部分時間可以隨機選擇。貪心部分則是其餘時間選擇目前為止的最佳選擇。所以走進一家餐廳拋硬幣，

退回較差方案的隨機抖動。事實上，設計梅特羅波里斯演算法的最初目的，就是建立物理系統（原先是核子爆炸）中的隨機行為模型。因此寇克派崔克好奇，如果把最佳化問題當成退火問題來處理，也就是先「加熱」再慢慢「冷卻」，會有什麼結果。

以先前探討過的十個城市度假問題而言，我們可以完全隨機排出初步行程，不考慮價格，從各種可能方案中選出一種，先形成「高溫」。接著在考慮調整城市順序時，可以擲骰子決定，慢慢「冷卻」這個過程。修改後變得較佳時當然應該接受，但如果變得較差，則骰子必須擲出2以上才接受。一段時間之後進一步冷卻，如果修改後價格變得較高，則骰子必須擲出3以上才接受，接著增加到4、再增加到5。後來和登山法幾乎相同，骰子必須擲出6才接受變得較差的修改。最後我們開始只向上走[46]，到達下一個局部最大值時停止。

這種稱為**模擬退火**（Simulated Annealing）的方法，似乎是個運用物

決定是否要嘗試新餐點（也可以擲骰子決定，依照你的ε值而定）。如果答案是肯定的，就閉上眼睛，在菜單上隨便指一道菜。如果是否定的，就享用你目前最喜歡的餐點。

可惜的是，多臂土匪問題研究者並不特別喜歡ε貪心法。這種方法似乎有點浪費，因為即使最佳選擇很快就能明朗，你也一定要花點時間來嘗試新選擇。如果採用ε貪心法，遺憾次數將隨下注次數呈線性增加。你每用餐一次，就有一些機會吃到非最佳選擇的餐點，所以平均遺憾每次將等量增加。相較於採取適當審慎樂觀的確定性演算法帶來的對數遺憾，這樣的線性增加精糕得多。

但如果ε貪心法的簡單性具有吸引力，那麼有個好消息。這種演算法有個簡單的變化版，稱為ε/N貪心法。這種方法可確保遺憾呈對數增加，實際使用時的表現也不錯（參見Auer, Cesa-Bianchi, and Fischer, "Finite-Time Analysis of the Multiarmed Bandit Problem"）。這種方法的技巧是逐漸降低嘗試新餐點的機率。你第一次選擇時，隨機選擇的機率是1/1（也就是一定如此）。如果這個選擇很好，則你第二次隨機選擇的機率是1/2（也就是拋硬幣：正面就選擇同一選項，反面則嘗試新餐點）。第三次造訪時，你選擇最佳餐點的機率是2/3，而嘗試新餐點的機率是1/3。第N次造訪這家餐廳時，你隨機選擇的機率是1/N，否則就選

理學來解決問題的有趣方法,但它真的有用嗎?比較傳統的最佳化研究者一開始的反應是:它似乎有點太……隱喻。寇克派崔克說:「我沒辦法讓數學家相信這一堆東西是溫度、這些比喻都是真的,因為數學家都不信任直覺。」

不過這些疑慮後來很快就消失了——寇克派崔克和傑拉特的模擬退火演算法設計出的晶片布局,比大師更優。他們沒有對自己的祕密武器諱莫如深,讓自己成為神祕大師,而是把他們的方法寫成論文,發表在《科學》期刊上,公開給所有人。其後數十年,這篇論文被引用了三萬兩千次。〔47〕時至今日,模擬退火依然是目前已知,效能非常強大的最佳化問題解決方法。〔48〕

隨機性、演化和創造力

1943年某日,薩爾瓦多・盧瑞亞(Salvador Luria)準備去參加一個舞會。他剛剛離開墨索里尼統治下的義大利,移民到他的塞法迪

擇目前的最佳選項。逐漸降低嘗試新餐點的機率,最後就可到達開發和善用之間的平衡點。還有一種同樣運用隨機性但更複雜的多臂土匪問題演算法,稱為「湯普森取樣法」(Thompson Sampling),名稱源自耶魯大學物理學家威廉・R・湯普森(William R. Thompson)。1933年,湯普森首先提出如何選擇兩種療法之一的問題(Thompson, "On the Likelihood that One Unknown Probability Exceeds Another"),他的解決方法很簡單:使用貝氏法則計算每種療法是最佳療法的機率,再依照機率選擇療法。一開始我們完全沒有概念,選擇兩種療法的機率相等。隨著資料逐漸增多,我們可能會偏好其中一種,但有時仍然可能選擇另一種療法,而且可能改變主意。等我們更確定其中一種療法較佳後,就會固定使用這種療法。湯普森取樣法優雅地取得開發與善用間的平衡,同時確保遺憾呈對數增加(參見Agrawal and Goyal, "Analysis of Thompson Sampling")。
在解決多臂土匪問題時,湯普森取樣法優於其他演算法之處是它具有彈性。即使問題的假設改變(例如你取得一些資料指出某個選項優於其他選項、選項互相依賴、選項隨時間改

（Sephard）猶太家族居住的美國。他是學者，研究領域是細菌如何發展對病毒的免疫力，但這時他把研究拋在腦後，動身前去印第安那大學附近一家鄉村俱樂部，參加教職員聚會。他不知道自己將因此有一項重大發現，並因而獲頒諾貝爾獎。

聚會上，盧瑞亞看著一名同事玩吃角子老虎：

> 由於我自己不賭博[49]，所以我取笑他老是輸錢。這時他突然中了大獎，贏到大約三美元的一角硬幣之後，瞪了我一眼後就走了。我開始思考吃角子老虎機的數字密碼，突然想到吃角子老虎機和細菌突變可以互相參照。

1940年代，科學家還不清楚細菌為何會對病毒（以及抗生素）產生抵抗力，也不曉得產生抵抗力的過程。它究竟是細菌內部對病毒的反應，或者只是因為不斷突變而碰巧產生的？要設計實驗來得到肯定答案

變等），湯普森這個選擇就機率而言，是目前最佳選擇的策略依然有效。所以我們不需要為每個狀況設計一種新的演算法，只需要套用貝氏法則，再使用其結果。在實際生活中，貝氏運算可能很困難（湯普森自己為了解決只有兩個選項的問題，就寫了好幾頁的複雜數學式），但試圖選擇最佳選項，並容許選擇具有一定程度的隨機性，而且你的選擇受確定程度影響，這種演算法不會讓你感到迷惘。

47 人工智慧權威教科書 *Artificial Intelligence: A Modern Approach* 指出，模擬退火「現在已經自成領域，每年有數百篇論文問世」。（第155頁）。

48 有趣的是，一篇2014年的論文似乎證明，水母覓食時也採用模擬退火方法，請參閱 Reynolds, "Signatures of Active and Passive Optimized Lévy Searching in Jellyfish"。

49 Luria, *A Slot Machine, a Broken Test Tube*, p. 75.。Garfield, "Recognizing the Role of Chance"也探討了這個主題。

似乎不大可能，但盧瑞亞看到吃角子老虎機時靈光一閃。他想到，如果培養好幾代不同譜系的細菌，再讓最後一代接觸病毒，可能產生兩種迥然不同的結果。如果抵抗力是對病毒的反應，則不論那個譜系，每個培養皿中具抵抗力的細菌量應該大致相同。相反地，如果抵抗力來自偶然的突變，數量就會很不平均，跟吃角子老虎吐錢一樣。換句話說，大多數譜系的細菌將完全不具抵抗力，某些品系可能會有一個「孫輩」培養皿產生突變，開始具有抵抗力。而在極少數狀況下，如果在這個「族譜」中的好幾代之前出現適當的突變，就相當於開出大獎，整個譜系中的所有「孫輩」都會具有抵抗力。盧瑞亞立刻離開舞會，著手實驗。

　　既緊張又焦急地等待數天後，盧瑞亞回到實驗室察看菌落——中大獎了。

　　盧瑞亞發現的是機率的力量，也就是隨機、偶然的突變可能產生對病毒的抵抗力。但這件事至少有一部分也源自機率的力量。他在適當的時候出現在適當地方，看見吃角子老虎機，引發出新想法。新發現的誕生故事中經常出現類似時刻：牛頓（傳說中）的蘋果、阿基米德在浴缸裡靈光一閃說：「我找到了！」以及長出青黴菌的培養皿等。的確，這種現象十分普遍，甚至有人為它發明了一個單字。1754年，霍瑞斯・沃波爾（Horace Walpole）依據《錫蘭三王子》(*The Three Princes of Serendip*) 這個童話冒險故事，發明了「機遇」(serendipity) 這個詞。[50] 故事中的王子「總是憑藉智慧和運氣，發現意想不到的事物」。

　　隨機性的雙重角色（生物學中的重要元素，也是發現的重要元素），經常讓試圖解釋人類創造力的心理學家感到興趣。威廉・詹姆士提出了

---

50 In Horace Walpole, letter to Horace Mann (dated January 28, 1754).

這個概念的早期實例。1880年，詹姆士剛升任哈佛大學心理學助理教授，重要著作《心理學原理》（*Principles of Psychology*）出版已有十年，他在《大西洋月刊》（*Atlantic Monthly*）上寫了一篇文章〈傑出人士、傑出思想，以及傑出的環境〉。這篇文章以他的論文當作開頭：

> 就我所知，目前還沒有人提到過，一個民族的社會演進一方面與心智成長有關[51]，另一方面則如同達爾文先生闡述的，與動物學上的演化有關。

詹姆士撰寫這篇文章時，「動物學上的演化」這個概念還相當新穎。當時《物種起源》（*Origin of Species*）甫於1859年出版，達爾文也健在。詹姆士探討了我們可以如何把演化概念，套用在人類社會的許多面向，在文章結尾時則談到概念的演化：

> 逐步形成的新概念、情緒和活躍傾向，原本是極不穩定的人類大腦進行機能性活動時，發生自發性變化所生成的隨機影像、想像和意外結果。外在環境只能證實或反駁、接受或拒絕、保留或銷毀。簡而言之就是選擇，如同它選擇類似的微小意外所造成的形態和社會變化一樣。

因此詹姆士認為，隨機性是創造力的核心。他認為最具創造力的人放大了這一點。他寫道，由於有這些人，「我們好像突然進入一個概念

---

51 James, "Great Men, Great Thoughts, and the Environment."

的大熔爐,一切都處於令人目眩神迷的活躍狀態,不斷旋轉翻騰。合作關係可能隨時形成或消失,沒有令人厭倦的例行工作,唯一的定律是難以預期」(這裡同樣提到源自溫度比喻的「退火」概念,其中紊亂的排列等於熱)。

　　一百年後的心理學家唐納‧坎貝爾(Donald Campbell)對詹姆士的理論提出現代例證。1960年,坎貝爾發表論文《創意思考與其他知識過程中的盲目變異與選擇性保留》[52],他和詹姆士同樣以中心論點破題:「盲目變異和選擇性保留過程,是各種歸納性成就、各種真實知識增長,以及各種系統與環境適合程度增長的基礎。」他也和詹姆士一樣由演化獲得靈感,認為創新是敏銳的人類思想把隨機產生的新概念去蕪存菁的結果。坎貝爾大量引用其他科學家和數學家寫下的自身發現的過程,來支持他自己的論點。十九世紀的物理學家與哲學家恩斯特‧馬赫(Ernst Mach)和亨利‧龐卡赫(Henri Poincaré)似乎都曾經寫下與坎貝爾類似的文字,馬赫更進一步宣稱「因此可以解釋牛頓、莫札特和華格納等人[53]為何會說那些想法、旋律與和聲是傾洩而下,他們只是留下適當的部分」。

　　有個激發創造力的常見技巧是加入一個隨機元素,例如一個與人有關的單字。音樂家布萊恩‧伊諾(Brian Eno)和藝術家彼得‧史密特(Peter Schmidt)就曾創造一副名為「迂迴策略」的紙牌來解決創造力問題。任意抽出一張牌,就可隨機取得關於計畫的新觀點(如果覺得太麻煩,現在還可以下載程式來幫忙抽牌)。伊諾說明他們為何開發這副紙牌,其

---

52 Campbell, "Blind Variation and Selective Retention."
53 摘自同上出處。

原由顯然相當類似脫離局部最大值：

> 當你置身某樣事物之中，就會忘記最顯而易見的東西。當你走出
> 錄音室，想著：「我們為什麼不記得這麼做或那麼做？」這些（紙
> 牌）其實只是讓你跳脫框架、稍微打破脈絡的方法[54]，讓你不
> 是在錄音室中只專注於一首歌的樂團，而是活在世界上，知道
> 許多其他事物的人。

隨機抖動、跳出框架，放眼更大的尺度，可以讓我們離開局部最佳
狀態，繼續追尋整體的最佳狀態。

我們雖然不是伊諾，也可以在生活裡添加少許隨機刺激。舉例來
說，維基百科中就有「隨機條目」（Random article）連結，湯姆好幾年前
就將這個網頁預設為瀏覽器首頁，每次一打開新視窗，就可看到隨機
選取的維基百科條目。雖然他目前還沒有因而有什麼重大發現，但已
經知道許多冷知識（例如智利軍隊使用的刀子種類），他覺得這些知識
令他的生活更加豐富（舉例來說，他學到了葡萄牙文裡有個單字用來描
述「一種模糊又持續，想要某個不存在、而且大概不可能存在的事物的
欲望」[55]，這種問題目前仍無法用搜尋引擎解決）。有個相當有趣的副
作用是：湯姆現在不只更清楚維基百科包含哪幾類主題，也更了解隨
機性真正的面貌。舉例來說，可能與他有關的網頁（談到他知道的人
或地方），出現的頻率高得出奇（在一次測試中，他只重新載入網頁兩

---

54 Brian Eno, interviewed by Jools Holland, on *Later . . . with Jools Holland*, May 2001.
55 這個單字是 saudade，定義摘自 Bell, *In Portugal*。

次，就看到「1962～1965年西澳洲立法會成員」，而他確實在澳洲西部
長大）。知道這些內容其實只是隨機產生，讓他看待生活中其他「巧合」
時更能保持平常心。

在實際生活中，我們可以用隨機方式購買蔬菜，只要加入社區支持
農業（CSA）的會員，農場每星期會寄來一箱農產品。先前我們已經知
道，CSA訂購方式確實可能造成排程問題，但收到我們平常不會買的
蔬菜或水果，是跳脫食譜循環的局部最大值的好方法。同樣地，每月一
書、每月一酒，甚至每月一巧克力俱樂部，也可以讓我們讀到平常接觸
不到的好書、嘗到意想不到的好酒跟美味巧克力。

你或許會擔心每次都拋硬幣做決定可能會造成問題，尤其是對老
闆、朋友和家人而言。的確，讓隨機性深入生活不一定會帶來成功。本
名喬治・考克科羅夫特的路克・萊因哈特（Luke Rhinehart）1971年出版
的非主流小說《骰子人生》（The Dice Man），是個頗具警世意味的故事。
小說中的敘事者總是以擲骰子做決定，最後很快就陷入大多數人都不想
碰到的狀況。

然而這或許只是一知半解導致的危險。假如這個人多懂一點電腦
科學，或許就能從中獲得一些指引。第一，從登山法可以得知，就算
你習慣有時採用壞點子，也應該每次都採用好點子。第二，從梅特羅
波里斯演算法可以得知，你採用壞點子的可能性，應該與點子的糟糕
程度成反比。第三，從模擬退火法可以得知，你應該盡早運用隨機性，
快速離開完全隨機的狀態，愈來愈少使用隨機性，停留在接近結冰的
時間最久。壓住火氣，不要急躁。

這本小說的作者沒有錯失最後一點。考克科羅夫特本身也和書中的
主角一樣，人生中有一段時間處於「擲骰子」狀態，跟家人一起開著帆

船在地中海上漫無目的地航行，有點像慢速的布朗運動。然而到了某一天，他的退火程序結束了。他停留在某個局部最大值，在紐約上州某個湖邊住下，好好過日子。他現在已經八十多歲，仍然知足地住在那裡。他向《衛報》表示：「你一旦到了讓你感到快樂的地方，再大幅改變就太傻了。」〔56〕、〔57〕

---

56 Tim Adams, "Dicing with Life," *Guardian*, August 26, 2000.
57 編註：本書成書於2016年，萊因哈特當時還在世，後來他在2020年11月6日過世。

10 | 網路　　　　　　　　　Networking

我們如何互通聲息

connection 這個詞有很多意義。[1] 它可以指兩個實體間的實體或邏輯管道、管道中的流動，在推論上它可以指建立通道，也可以指兩個以上的實體間的連結，不管它們之間有沒有管道。

——文特・塞夫（Vint Cerf）、鮑伯・坎恩（Bob Kahn）

只有聯繫。[2]

——E・M・佛斯特（E. M. Forster）

長途電報問世時有個預兆。1844年5月24日，山繆・F・B・摩斯（Samuel F. B. Morse）站在美國最高法院的法庭中，發送《舊約聖經》中的一段文字給位於巴爾的摩的助手阿弗瑞德・維爾（Alfred Vail）：「上帝創造何等奇蹟。」發現新連結時，我們首先想知道的是它如何產生，同時不由自主地想預測它的未來。

史上第一通電話是1876年3月10日那天亞歷山大・葛拉漢・貝爾（Alexander Graham Bell）打給他的助理的，他說：「華生先生，過來一下，

1　Cerf and Kahn, "A Protocol for Packet Network Intercommunication."

2　Forster, *Howards End*.

我有事找你。」這話有點矛盾，同時證明了電話既能、也不能克服有形的距離。

行動電話問世時則十分高調：1973年4月3日，摩托羅拉的馬丁‧古柏（Martin Cooper）走在紐約第六街上，在眾目睽睽下打電話給AT&T的競爭對手喬爾‧恩格爾（Joel Engel）說：「喬爾，我正用行動電話打給你。這是真正的行動電話：可隨身攜帶、拿在手上、真正的行動電話。」[3] 曼哈頓的行人看得瞠目結舌。古柏事後說：「我不記得當時他怎麼回答，但電話裡沉默了一陣子。我猜他當時應該氣得咬牙切齒。」

1992年12月3日文字簡訊問世時則挺歡樂的：塞瑪電信集團（Sema Group Telecoms）的尼爾‧派普沃斯（Neil Papworth）祝賀沃達豐的理查‧賈維斯（Richard Jarvis）：「耶誕快樂。」

網際網路問世比其他通訊方式更低調、也更不吉利，對它而言十分貼切。1969年10月29日，加州大學洛杉磯分校的查理‧克萊因（Charley Kline）透過ARPANET，發送史上第一則電腦間的訊息：「登」（lo）。其實他原本要傳送的訊息是「登入」（login）[4]，但由於當時接收端電腦當機，所以只接收到「登」。

登——沒錯，雖然克萊因沒有這個意思，但他發出了意味深長且頗富《舊約聖經》風格的訊息。[5]

---

3 Martin Cooper, "Inventor of Cell Phone: We Knew Someday Every body Would Have One," interview with Tas Anjarwalla, CNN, July 9, 2010.

4 2014年克萊因洛克在查爾斯‧賽維倫斯主持的錄影訪談中提到這個故事，參見 "Len Kleinrock: The First Two Packets on the Internet," https://www.youtube.com/watch?v=uY7dUJT7OsU。

5 克萊因洛克說：「這不是我們事先想好的，但我們也想不出更好的訊息。這個訊息既簡短又有預言的味道。」如果把UCLA波爾特大樓地板上的磁磚色彩轉換成0和1，再轉譯成ASCII

　　人類互通聲息的基礎是「協定」（protocol），也就是程序和預期的共通慣例，例如握手、打招呼和禮儀、禮貌，以及各種社會規範。機器間的聯繫也不例外。我們藉由通訊協定來互相理解。protocol這個字源於希臘文的protokollon[6]，意思是「最初的膠」，意指書或手稿的前幾頁。

　　在人際關係中，這類協定是微妙但長久存在的焦慮來源。幾天前我傳送了某個訊息，我會從何時開始懷疑對方根本沒收到呢？我們約好正午要通電話，現在是中午12點5分，我們是不是都在等對方打過來？你的回答感覺怪怪的，我們之間是不是有什麼誤會？可以再講一次嗎？

　　從電報到簡訊，通訊科技雖然提供了人與人溝通的新管道，但人與人之間依然有溝通障礙。但網際網路問世後，電腦不僅是溝通管道，也是負責交談的聯絡端點，因此它們必須負責解決本身的溝通問題。機器與機器間的這類問題（以及解決方案），跟人與人之間的這類問題相仿，很快便成了我們借鏡的對象。

封包交換──為了非連續交談而創

　　現在我們說的網際網路（Internet）其實包含多種通信協定，但最主要的通信協定是傳輸控制協定（TCP），因此TCP或多或少被視為網際網

碼，可以拼成「LO AND BEHOLD!」這句話。這個巧妙的設計出自建築師艾瑞克・海根（Erik Hagen），可參閱Alison Hewitt, "Discover the Coded Message Hidden in Campus Floor Tiles," *UCLA Newsroom*, July 3, 2013, http://newsroom.ucla.edu/stories/a-coded-message-hidden-in-floor-247232。

6　可參閱the Online Etymology Dictionary, http://www.etymonline.com/index.php?term=protocol。

路的同義詞。這個協定源自1973年的一次談話，以及外號「文特」的文頓·塞夫（Vinton Cerf）和外號「鮑伯」的羅伯·坎恩（Robert Kahn）在1974年發表的論文，他們在這篇論文中提出一種在「網路間」使用的語言。

　　TCP起初使用電話線路，但其實應該視為郵件（而非電話）的新發展。語音通話使用「回路交換」，也就是系統在傳送者和接收者間開啟一條通道，在雙方通話期間提供雙向的固定頻寬。回路交換非常適合用於人類互動，但早在1960年代起，我們就知道這種典範不適用於機器溝通。

　　UCLA的李奧納多·克萊因洛克（Leonard Kleinrock）回憶：

　　我知道電腦交談時不像人類那樣持續講話，它們是叭啦叭啦！一下子講一大堆，接著沉默一陣子。[7]過一會兒後，又突然叭啦叭啦講一大堆。我們不能把通信連結指定給絕大多數時間不講話、要講話時就立刻需要管道的東西。所以我們不應該使用為連續通話而設計的電話網路（也就是回路交換網路），而應該用其他網路。

　　電話公司似乎不大願意討論徹底改變它們的通信協定。當時一般認

7　Leonard Kleinrock, "Computing Conversations: Len Kleinrock on the Theory of Packets," interview with Charles Severance (2013)。參見 https://www.youtube.com/watch?v=qsgrtrwydjw以及http://www.computer.org/csdl/mags/co/2013/08/mco2013080006.html。

8　Jacobson, "A New Way to Look at Networking."

為笨蛋才會拋棄回路交換，網路研究專家范‧雅各布森（Van Jacobson）形容那是「發神經」。[8]克萊因洛克回想他跟電信業人士打交道的過程：

> 我去拜訪當時最大的電話公司AT&T，向他們解釋他們應該提供好的資料通信方式。他們回我：你在說什麼？美國鋪滿了電話線，根本像個銅礦，用電話線就可以了。我說不是，你們不了解。打一通電話需要三十五秒，你至少會算我三分鐘的錢，但我只想傳送一百毫秒的資料！他們的答覆是：「小朋友，走開！」所以小朋友走了[9]，跟別人合作開發這項技術，搶走他們的飯碗。

搶走回路交換飯碗的技術是「封包交換」（packet switching）。[10]封包交換網路中，發送者和接收者不使用專屬通道來通話，而是把訊息切割成極小的封包，再把封包合併成共有的資料流，有點類似以光速移動的明信片。

蘋果公司網路專家史都華‧薛謝爾（Stuart Cheshire）說明，在這種網路中，「我們說的連線是兩端點間的合意幻象。[11]網際網路上其實沒有連線。討論網際網路上的連線就像討論美國郵政體系中的連線一樣。我們寫信給別人，每封信都是分別寄送，你或許常跟某人魚雁往還，而且持續了一段時間，但郵局不需要知道這點⋯⋯他們只負責投遞信件。」

9　Kleinrock, "Computing Conversations."

10「封包交換」這個詞出自美國國家物理實驗室的唐納‧W‧戴維斯（Donald W. Davies），他是當時研究封包交換的重要人物。

11　Stuart Cheshire, personal interview, February 26, 2015.

　　想要有效率地使用頻寬，不是1960年代開始研究封包交換的唯一因素，另一個因素是核子戰爭。蘭德公司的保羅・巴蘭（Paul Baran）當時試圖解決網路強固性問題，讓軍方通訊在網路遭到核子戰爭破壞一部分後，仍可維持運作。[12]巴蘭受1950年代為破解迷宮而開發的演算法所啟發，提出即使網路劇烈變化、甚至支離破碎時，每條訊息仍可各自到達目的地的設計。

　　這是回路交換和穩定專用連線的第二個缺陷。穩定代表通話一旦中斷，就不會恢復。回路交換的彈性和適應力都不足，因此不夠強固，封包交換在這方面則正好具備當時需要的特質。在回路交換網路中，雙方只要任一方斷線，通話就隨之失效，這代表回路網路規模越大，穩定性將呈指數降低。相反地，在封包交換中，管道數目會隨著回路網路規模增大而增加，這成了它的優點[13]：可供資料流通的路線多出許多，因此網路的可靠程度將隨著規模而呈指數提高。

　　不過雅各布森發現，即使封包交換已經問世，電話公司依然不感興趣。「所有電信公司的人都大聲說，這不是網路！只能算是低劣的網路使用方式！你們用我們的線路、透過我們建造的通道傳送訊息！你多放了很多東西，所以用得很沒有效率。」但從封包交換的觀點看來，電話線路只是達到目標的途徑，發送者和接收者其實不在意封包如何傳送。能夠毫無差別地在許多種媒介上運作，就是封包交換的重要優點。1960年代末和1970年代初的ARPANET等早期網路證明這個概念確實可行

---

12 Baran, "On Distributed Communications."

13 如果想進一步了解這段時間以及更詳細的網路發展史（包括網路目前面臨的問題），請參閱 Jacobson, "A New Way to Look at Networking"。

14 參見 Waitzman, *A Standard for the Transmission of IP Datagrams on Avian Carriers*、

後，各種網路開始在美國百花齊放，除了可以透過電話銅線進行封包交換，衛星和無線電同樣可以。2001年，挪威卑爾根市（Bergen）一群電腦科學家甚至透過「鳥類運輸業者」進行封包交換[14]——他們其實是把資料寫在紙上做成封包，綁在鴿子的腳上。

當然，封包交換也有自己的問題。第一個問題很簡單，也是對任何通信協定、人類或機器而言最重要的問題，那就是：我們怎麼知道訊息已經送到？

應答——怎麼知道訊息有沒有送達？

任何傳輸都不可能百分之百可靠。[15]

——文特・塞夫、鮑伯・坎恩

「上帝創造何等奇蹟」不只是美國史上第一則長距離電報的內容，也是第二則的內容，因為阿弗瑞德・維爾把這段電文回傳給在最高法院法庭的摩斯，當成確認收條。

維爾的回覆讓摩斯和他周圍的國會議員確定，維爾已經收到摩斯的訊息。當然，前提是維爾事先不知道摩斯會發送什麼訊息。但有什麼可以讓維爾確定，對方已經收到了他發的確認訊息呢？

電腦科學家把這個概念稱為「拜占庭將軍問題」。[16]假設有兩名將軍分別在山谷兩側，準備攻擊山谷中的敵人。他們兩人得同時進攻才

Waitzman, *IP Over Avian Carriers with Quality of Service*。Carpenter and Hinden, *Adaptation of RFC 1149 for IPv6*介紹航空通信協定。此外，http://www.blug.linux.no/rfc1149詳細介紹2001年4月28日在挪威卑爾根的實際運作狀況。

15 Cerf and Kahn, "A Protocol for Packet Network Intercommunication."

會成功，任一方單獨攻擊必定會失敗。更糟的是，兩人傳遞訊息給彼此的唯一方法，是派人通過敵方占據的區域遞送，因此發送的訊息可能無法傳到。

假設第一名將軍建議了攻擊的時間，但除非他確定另一名將軍會配合，否則不敢輕舉妄動。第二名將軍接到建議後並送回確認訊息，但除非他知道第一位將軍已經收到確認訊息，否則不會進攻（因為對方若沒收到也不會採取行動）。第一位將軍收到了確認訊息，但除非確定另一名將軍知道他已經收到，否則也不會採取行動。要滿足這一連串邏輯需要無限多則訊息，通訊是眾多令人滿意的實際作法之一，但理論上這作法是辦不到的。

大多數狀況下，通訊延遲的後果不會這麼嚴重，也不需要這麼嚴格地確認。在TCP中，失誤通常不會造成死傷，只會造成重複傳送，所以對話以「三重交握」（triple handshake）起頭就已經足夠。訪客打招呼，伺服器接收後回應，訪客再接收回應。如果伺服器接收到第三則訊息，就不需要再行確認，可以開始通話。然而即使完成初步連結，後來的封包還是有可能損壞或漏失，或是到達的次序不對。實體包裹投遞可以藉收件人簽收確認已經送達，而在網路上，封包遞送則以應答封包（ACK）確認。這些對於網路運作十分重要。

ACK的運作方式既簡單又巧妙。進行三重交握時，雙方電腦各提供對方一組序號，並且了解其後每傳送一個封包，這個序號就會加1，

---

16 Lamport, Shostak, and Pease, "The Byzantine Generals Problem."

17 這裡提到的過程稱為「快速重傳」。

18 Jon Brodkin, "Netflix takes up 9.5% of upstream traffic on the North American Internet: ACK packets make Netflix an upload monster during peak viewing hours,"

就像支票本裡的支票一樣。舉例來說，如果你的電腦開始跟網頁伺服器連線，它可能會送出100這個數字，而伺服器送出的ACK則會指定伺服器本身送出的封包的起始序號（假設是5000），同時說「準備接收101」。你電腦的ACK就會帶有數字101，同時表達「準備接收5001」（注意，這兩個編號方式完全獨立，每個序列的起始號碼通常是隨機指定）。

這個機制提供了封包分散時加以定位的現成方法。如果伺服器正在等101，但收到了102，就會對102封包送出一個ACK，但還是說：「準備接收101。」如果接收到的下一個封包是103，它同樣會說：「準備接收101。」如果連續三次發送一樣的ACK，電腦就會發現101封包不只是延遲，而是遺失了，因此它會重新送出這個封包。在此同時，（已經收到102和103封包的）伺服器會送出ACK說：「準備接收104。」告知程序已經復原。[17]

這些應答其實都可能形成可觀的流量。我們認為傳送一個大檔案是單向作業，但其實接收端也會回傳數百個「控制訊息」（control message）給傳送端。2014年下半年的一份報告指出，尖峰時段的網際網路，上傳流量有將近10％源自Netflix。[18]我們通常認為Netflix只會傳送資料給使用者，但這些影片其實也會產生大量ACK。

在日常對話中，俯拾皆是對訊息是否確實傳達的焦慮。我們講話時常會下意識地加句：「你知道嗎？」聽話時則會不由自主地持續點頭，或說是、對、了解、好、嗯嗯等。我們即使面對面講話時也會這麼做，

Ars Technica, November 20, 2014。布洛德金引用的資料則來自Sandvine公司的 *Global Internet Phenomena Report,* https://www.sandvine.com/trends/global-internet-phenomena/。

但在講電話時，似乎沒有別的方法可以確認彼此仍在通話。難怪二十一世紀最成功的無線網路服務行銷活動中，不斷重複網路工程師為了確保品質常講的話：「你聽得到嗎？」

這類訊息往返出現差錯時，我們通常毫無頭緒。軟體部落客泰勒·崔特（Tyler Treat）說：

> 在分散式系統中，我們通常會等待系統應答說訊息已經收到，以確保訊息傳送成功。但任何事物都可能出錯。訊息有沒有寄丟？ACK是否丟失？是不是接收端當機？或者只是速度變慢？[19] 我的速度變慢了嗎？

他提醒我們，拜占庭將軍面對的問題「不是設計的複雜程度，它們是反機率結果」。

塞夫指出，早期的網路研究「假設我們能建立可靠的底層網路」。而另一方面，「網際網路則假設沒有一種網路絕對可靠，我們必須進行端對端重新傳輸來復原」。[20]

矛盾的是，這個說法的少數例外之一是傳送者的聲音。Skype這類即時語音通訊，通常不使用網際網路其他部分常用的TCP。網路發展初期，研究人員發現，使用可靠強固的通信協定（包括所有ACK和封包漏失時的重新傳送）來傳送人類語音，是殺雞用牛刀。人類本身就具

---

19 Tyler Treat, "You Cannot Have Exactly-Once Delivery," *Brave New Geek: Introspections of a software engineer*, March 25, 2015，參見 http://bravenewgeek.com/you-cannot-have-exactly-once-delivery/。

有一定的強固性。塞夫解釋：「以語音而言，我們就算丟失一個封包，你也只會說，『再講一次[21]，剛剛有點聽不清楚。』」

因此，消除背景雜音的電話服務其實效果適得其反，會對使用者造成不便。靜電噪音可以讓我們確定通話沒有中斷，如果無聲也是對方刻意的；沒有這種噪音，我們就會經常懷疑通話是不是中斷了，需要加以確認。這也是各種封包交換通訊協定的焦慮，對各種源於非同步輪流發言的媒介也都成立，包括手寫文字、發送簡訊，或是線上交友的短暫往返等。每條訊息都可能是最後一條，而且通常看不出來某人到底是正在花時間回應，還是已經不打算再談下去。

那麼，面對一個不可靠的人或電腦時，我們該怎麼做？

首要問題是，我們應該把多久沒有回應視為通話中斷？答案有一部分取決於網路本身的特性。如果是講電話，幾秒鐘後我們就會開始擔心，電子郵件是幾天，一般郵件是幾星期。訊息在發送者和接收者之間往返的時間越長，沒消沒息的時間也要越長才會引人注意，發送者發現出問題時可能已經「在途中」的資訊也越多。在網路中，讓雙方調整本身對應答時效性的期望，對系統正確運作十分重要。

發現通訊中斷時，第二個問題當然就是：我們該如何因應？

指數退讓——寬恕的演算法

世界最難翻譯的單字[22]，是剛果共和國東南部齊魯巴（Tshiluba）

---

20 Vint Cerf, interviewed by Charles Severance, "Computing Conversations: Vint Cerf on the History of Packets," 2012.

21 出處同上。

> 語中的 ilunga……這個字意謂「某人第一次遭到辱罵時會寬恕、
> 第二次會忍耐,第三次則不再寬待」。
> —— BBC 新聞

> 第一次不成〔23〕／就再試一次
> —— T・H・帕馬(T. H. Palmer)

現在即使接線沒什麼不方便的時候,我們也希望裝置能無線連接,比如鍵盤和滑鼠跟電腦雖然相距僅十幾公分,仍用無線方式溝通。不過無線網路最初是因應需求,而出現在沒辦法接線的地方:夏威夷。1960年代末和1970年代初,夏威夷大學檀香山分校的諾曼・艾布蘭森(Norman Abramson)試圖把這所大學分布在四座島嶼、距離數百公里的七個校區和許多研究單位連結起來。〔24〕他突然想到透過無線電取代電話系統,來進行封包交換,用數個發射器和接收器連結這幾個島嶼。這套系統後來命名為 ALOHAnet。

ALOHAnet 必須克服的最大障礙是干擾。兩個基地台有時會同時發射,無意間互相干擾彼此的訊號(人類交談也有類似狀況)。如果兩個基地台立刻重新傳送訊息,就可能一直彼此干擾。要避免這種情形,ALOHAnet 的通信協定顯然必須告訴互相干擾的訊號,如何給彼此空間、禮讓一下對方。

---

22 Oliver Conway, "Congo Word 'Most Untranslatable,'" BBC News, June 22, 2004.
23 Thomas H. Palmer, *Teacher's Manual* (1840), attested in *The Oxford Dictionary of Proverbs*, 2009.

此時發送者要做的第一件事是「打破對稱」。走在人行道時，倘若迎面而來的人往左邊讓，而你同時往右邊讓，然後雙方又同時退後，這樣兩人都過不去。交談的兩人同時暫停，互相做個「您先請」的手勢，然後同時開始說話；或是兩輛車同時到達路口時都停下來讓對方，接著又同時加速，一樣會進退不得。隨機性在這個領域中顯得十分重要——的確，網路少了它將無法運作。

有個直截了當的解決方法是讓每個基地台拋硬幣。正面就重新發送，反面就等一輪再重新發送。其中一方一定很快就能順利發送完畢。發送者只有兩個時，這種方法效果很好，但如果有三者同時發射訊號呢？四個呢？這時一個封包在網路上發送成功的機率只有1/4（完成後還有互相衝突的三個基地台，而且可能有更多訊號同時到達）。彼此衝突的數目更多時，網路處理量可能會陡降。1970年一份關於ALOHAnet的報告指出，無線電波的平均利用率僅略高於18.6%[25]，「通道變得不穩定，平均重傳次數變得非常多」，這不是好事。

那我們該怎麼辦？能不能設計出一套方法來避免這個命運？

解決方法是增加每次連續錯誤後的平均延遲時間，具體的說是把嘗試重新傳送前的可能延後時間加倍。因此在第一次失敗後，發送者會隨機在1至2輪後重傳；第二次失敗後會在1至4輪後重傳；連續三次失敗後則會等待1至8輪，依此類推。這種簡潔的方法可讓網路容納無限多個訊號。由於最大延遲長度（2、4、8、16輪……）呈指數增加，所

---

24 Abramson, "The ALOHA System."

25 出處同上。事實上這個數字是$1/2e$，正好是n/e的一半，也就是第一章討論最佳停止問題時提到的37%。

以這種方式稱為**指數退讓**（Exponential Backoff）。

　　1971年問世的ALOHAnet得以成功運作，指數退讓功不可沒。1980年代，TCP納入這種方法，成為網際網路的重要元素，數十年後依然如此。一份頗具影響力的論文曾說：「如果有個網路當中的節點連結形式不明，不知道、也無法得知爭相發送的對話數量有多少，那麼這個網路中的傳輸端點只有一種方法能順利運作[26]，就是指數退讓。」

　　然而，這種演算法的其他用途發揮了更具規範性、也更基礎的功能。除了避免衝突，指數退讓成為處理各種網路失敗或不可靠性的預設方法。舉例來說，當電腦試圖連線一個顯然停機的網站，就會使用指數退讓法，起先是一秒鐘後重試，接著是幾秒鐘後重試，如此不斷拉長間隔。這種方式對大家都有益，不僅可以防止停機的伺服器重新上線時因為要求太多而停擺，也可以防止電腦浪費太多時間做白工。不過有趣的是，這種方法也不會迫使（或容許）我們的電腦完全放棄。

　　指數退讓在網路安全中也扮演要角。有人藉由連續輸入密碼試圖登入帳戶失敗時，它會指數延長鎖定時間，防止駭客利用「字典式攻擊」入侵帳號，不斷輸入可能的密碼直到成功為止。這種方法同時解決了另一個問題：只要是帳號的真正使用者，無論記性多差，絕對不會在數次延長後永遠被拒於門外。

　　在人類社會中，我們經常連續給別人重新來過的機會，但在對方屢次失敗後完全放棄。例如打棒球遇到三次好球沒打出去，你就出局了。在需要寬恕、仁慈或堅持到底的場合，這種模式經常出現。簡單說來，我們這麼做可能錯了。

---

26 Jacobson, "Congestion Avoidance and Control."

　　我們有個朋友最近提到，有個兒時玩伴很令人傷腦筋，她經常不遵守已經說定的社交計畫。這該怎麼辦呢？如果認為已經受夠了，從此跟她絕交似乎過度嚴苛，但沒完沒了的更改計畫似乎又太天真，而且很可能得沒完沒了地重新約定，不斷浪費時間。解決方法是：針對邀請率執行指數退讓。試著在一星期內重排約會，（如果對方沒遵守，逐次改為）兩星期、四星期、八星期後再重排等。「重新傳送」率逐漸接近零，但不用完全不邀她。

　　另一個朋友的煩惱，是該不該為有藥物濫用紀錄的家人提供住處和金援。她還抱著這個家人可能改過自新的希望，也不願意就此對他不理不睬。但如果讓他住在家裡，她又不願意做一些必須做的事，包括買衣服給他、做飯給他吃、幫他重新開立銀行帳戶，以及每天開車送他去工作等等，因為難保他不會突如其來拿走所有錢後搞失蹤，幾個星期後又打電話求她原諒，說要回來。這整件事像個大悖論，既殘酷又難以抉擇。

　　指數退讓不是這類狀況的靈丹妙藥，但確實能提供可行的辦法。舉例來說，設定呈指數增加的冷靜期，有助於遏止有不良紀錄的家人再度違反規矩，使他得更努力證明真的有意回來，這也能協助主人承受惡性循環持續施加的壓力。最重要的或許是，主人將不用再告訴對方，自己已經放棄他或他已經無藥可救。這種方式讓人得以表達我們雖然仁慈無限，但耐心是有限的，而且或許不一定非得做出選擇。

　　事實上，近十年來，司法體系監督毒犯社區的作法已經不同以往，帶領這個轉變的是「希望」前導計畫。[27] 這項計畫採用ALOHAnet的指數退讓原則，很巧就在ALOHAnet的出生地檀香山實施。

---

27 Hawken and Kleiman, *Managing Drug Involved Probationers* 中曾經評估「希望」計畫。

史蒂芬・艾爾姆（Steven Alm）宣誓就任夏威夷第一巡迴法院法官後，留意到一種反覆出現的現象。緩刑者會一再違反緩刑規定，巡迴法院法官則會依慣例使用裁量權警告後，讓他們離開。不過到某些時候，可能是違反規定12次以上時，法官會決定嚴格一點，判違反者服刑數年。艾爾姆表示：「我認為，想用這種方式改變人根本行不通。」[28]因此他提出完全相反的方法。原本受刑人違反緩刑規定後，要經過許久才會舉行聽證，處罰方式不定，經常附帶大筆罰款。「希望」計畫取消了這種作法，改成立即執行事先訂定的處罰方式，時間從服刑一天開始，每違反一次就增加一些。美國司法部一項為期五年的研究指出，「希望」計畫的緩刑者因再次犯罪或緩刑撤除而遭逮捕的比例，只有一般緩刑者的一半，濫用藥物的比例更減少了72％。目前美國已經有十七個州效法夏威夷，制訂並施行自身版本的希望計畫。

控制流量和避免壅塞

電腦網路發展初期的工作重點，是在不可靠的連線上建立可靠的傳輸。這類工作做得相當成功，因此立刻出現了第二個考量：讓已經過載的網路能夠避免突然整個垮掉。TCP解決把資料從A點送到B點的問題後，立刻就遭遇網路壅塞問題。

最明顯的早期警訊，出現在1986年美國勞倫斯柏克萊實驗室（LBL）和加州大學柏克萊分校（UCB）間的線路上，兩者間的距離大約相當於

---

28 如需進一步了解，可參閱 "A New Probation Program in Hawaii Beats the Statistics," *PBS NewsHour*, February 2, 2014。

29 Jacobson, "Congestion Avoidance and Control."

一座美式足球場（而在柏克萊，這個空間恰好就是一座美式足球場）。有一天，這條線路上的頻寬從平常的每秒三萬兩千位元，陡降到每秒僅四十位元。LBL的范・雅各布森（Van Jacobson）和UCB的麥可・凱洛斯（Michael Karels）兩個受害者「很好奇為何頻寬突然減少到千分之一〔29〕，於是立刻著手研究狀況為何這麼嚴重」。

在此同時他們也得知，美國各地的網路群組上，都有人提到自己遭遇相同的狀況。雅各布森開始研究底層程式碼。他想：「是不是通信協定有什麼問題？小規模測試時都好好的，突然就整個垮掉了。」〔30〕

回路交換和封包交換間最大的差別，在於處理壅塞的方式。在回路交換中，系統可能許可通道要求，如果無法接納這個要求，就會立刻否決。因此我們要在尖峰時間打電話時，可能會聽見「特殊通知聲」和語音訊息告知「所有線路都在忙線中」。

封包交換的方式則大不相同。電話系統可能會被占滿，郵件系統則會變慢。網路中沒有任何機制可以明確告知發送者還有多少發送者，或告知任何一刻的網路壅塞狀況，而且壅塞量也會不斷改變，因此發送者和接收者不僅需要溝通，還必須進行「後設溝通」（metacommunicate）：收發雙方必須了解應該以何種速度送出資料。因為某種原因，各種封包流（沒有明確的管理或協調機制）必須互不干擾，並且快速利用所有剛剛出現的空間。

雅各布森和凱洛斯的偵察工作，催生了一套新的流量控制和避免壅

---

30 Jacobson, "Van Jacobson: The Slow-Start Algorithm," interview with Charles Severance (2012), https://www.youtube.com/watch?v=QP4A6L7CEqA.

塞的演算法，這也是四十年來規模極大的一次TCP修改。

TCP壅塞控制的核心，是稱為**加法遞增乘法遞減**（AIMD）的演算法。AIMD問世前，新的連線將使傳輸率急遽提高[31]：如果第一個封包接收成功，就會再送出兩個封包；如果前兩次都成功，就會一次送出四個；接著依此類推。但只要有任何一個封包的ACK沒有傳回發送者，AIMD演算法就會接手。在AIMD中，一批封包完整接收後，不會使傳送中的封包數加倍，只會加一，而封包遺失時則會使傳輸率降到一半（因此稱為加法遞增乘法遞減）。實質上，AIMD採取的方式就是說：「多一點、多一點、多一點、多一點、哇太多了，減少，好，多一點、多一點……」因此它產生的頻寬變化圖形稱為「TCP鋸齒」（TCP sawtooth）：先逐步爬升，間或穿插幾次突然下降。

為什麼要這樣急遽且不對稱地降低呢？雅各布森和凱洛斯解釋，AIMD第一次介入，是連線在初期急遽增加階段首次發生封包遺失時。因為初期階段每傳送成功一次，傳輸率就會加倍，因此在出現問題時把速度減半非常合理。傳輸一旦正在進行，如果速度開始不穩，可能是因為有新連線正在爭奪網路。以最保守的方式來評估這種狀況（也就是假設你原本是唯一的網路使用者，現在有第二個人來分走一半資源），結果同樣是把速度減半。保守主義在這裡十分重要：所有使用者的速度都不能超過使網路過載的速度，這樣網路才能維持穩定。同樣地，僅以加法遞增有助於穩定整體狀況，防止出現急遽的過載和復原循環。

---

31 這個起始程序在TCP中稱為「慢速啟動」，也就是發送嘗試性的單一封包，再執行兩倍加速。這個名稱其實有部分錯誤。慢速啟動只有在一開始發送單一嘗試性封包時速度慢，但後來速度呈指數提高後就不慢了。

雖然在大自然中，不大容易見到加法和乘法這麼涇渭分明的事例，但在那些想在安全範圍內盡可能取得最多資源的領域，則經常看得到TCP鋸齒。

舉例來說，在2012年一項合作中，史丹佛大學生態學家黛博拉·戈登（Deborah Gordon）和電腦科學家巴拉吉·普拉貝卡（Balaji Prabhakar）發現，螞蟻似乎比人類早幾百萬年就發展出流量控制演算法。螞蟻外出尋找食物時，如果遇到難以逆料、可能明顯影響牠們往返蟻巢和食物所在地成功率的狀況，牠們會設法管理「流量」（這裡指螞蟻覓食所形成的隊伍），這時也會跟電腦一樣遇到分配問題。螞蟻和網際網路上的電腦一樣，必須在沒有中央決策者協助的狀況下，解決這個問題，開發戈登所說的「無階層控制」。[32] 牠們的解決方式同樣相當類似[33]：找到食物的螞蟻發出提示，要更多螞蟻離巢覓食，沒找到食物的螞蟻則會使覓食行動逐漸沉寂下來。

還有其他動物行為類似TCP流量控制和特殊的鋸齒曲線。追逐人類食物碎屑的松鼠和鴿子會每次向前走一步，偶爾退後，後來又繼續往前走。此外，人類的訊息本身或許就很像傳遞訊息的通信協定：每則文字訊息或電子郵件回信都會鼓勵對方回應，而沒有收到回覆的訊息則使流動中斷。

更廣泛地說，遇到得在不確定和不斷變動的環境下分配有限資源時，AIMD是個方法。

---

32 可參閱 Gordon, "Control without Hierarchy"。

33 關於把螞蟻覓食和慢速啟動等流量控制演算法連結的發現，請參閱 Prabhakar, Dektar, and Gordon, "The Regulation of Ant Colony Foraging Activity without Spatial Information"。

教育學教授勞倫斯‧J‧彼得（Laurence J. Peter）於1960年代提出諷刺的「彼得原理」（Peter Principle），指出「所有員工通常都會升到無法勝任的職位」。[34]這個原理的主要概念是：在階層式組織中，精通一項工作的員工會獲得升職做為獎勵，新職位往往需要面對更複雜和（或者）不同的挑戰，一旦他們升到無法勝任的職位，就會停止在組織中升遷，就此待在這個職位。因此可以這麼說：依據彼得原理的邏輯，組織中的每個職位，最後都會由不適任的人占據。彼得提出這個想法的大約五十年前，西班牙哲學家荷西‧奧特嘉‧伊‧加賽特（José Ortega y Gasset）就已於1910年提出相同想法。他寫道：「每個公僕都應該降一級[35]，因為公務員都會升到他們無法勝任的職位。」

有些組織會開除沒有升職的員工，試圖破除彼得原理的影響。凱威制（Cravath System）由業界頂尖的凱威律師事務所（Cravath, Swaine & Moore）創立[36]，作法包含幾乎只雇用剛畢業的新鮮人、讓他們從基層做起，其後定期讓律師升職或直接解雇。1980年，美軍施行國防軍官人事管理法，也採取類似的「不升職就離職」政策。[37]英國同樣實行人員分派管制[38]，因此引發很大的爭議。

在彼得原理和嚴酷的「不升職就離職」制度之間，是否可能有中庸

---

34 Peter and Hull, *The Peter Principle.*

35 這句經常被引用的格言的西班牙原文是「Todos los empleados públicos deberían descender a su grado inmediato inferior, porque han sido ascendidos hasta volverse incompetentes.」。

36 凱威制在凱威律師事務所的正式版本參見http://www.cravath.com/cravathsystem/。其中並未明確提到凱威制中「不升職就離職」的規定，但其他地方經常提到這一點，例如American Bar Association：「1920年代，凱威律師事務所在法學院公開招募時明確表示，許多助理律師日後不會成為他們的合夥人；這是史上第一家這樣公開聲明的律師事務所。

作法或替代方案？AIMD演算法正是其一，因為它的本意就是因應多變環境的需求。電腦網路必須管理本身的最大傳輸量，再加上用戶端的傳輸率，這些都可能出現難以預料的波動。同樣地，在商場上，一家公司可用來支付營運成本的資金有限，每位員工或廠商可處理的工作量與能負的責任有限，每個人的需求、能力與合作關係也不斷在變化。

TCP鋸齒告訴我們，在無法預料且不斷變化的環境中，要充分運用全部資源，最好（甚至唯一）的方法，就是把狀況推到出現錯誤。最重要的是確保因應失敗時，既迅速又保有彈性。在AIMD中，沒有中斷的連線都會加速到中斷為止，接著減速到一半，又立刻開始加速。儘管以下方式可能違反當今企業文化中的各種規範，但我們可以假設有一家公司的員工每年若不是晉升一級，就是下降若干級。

就彼得看來，隱隱為患的彼得原理在企業中形成的原因，是「階級人生中最重要的守則：階級必須維持」。相反地，TCP則告訴我們彈性的優點。企業常常在談扁平式組織或高聳式組織，或許它們可以考慮改採動態組織。實施AIMD制度的話，不會有人長期擔憂負擔過重，也不會長期抱怨沒有獲得升遷，這兩種狀況都是經常出現的短暫修正，整個制度也會因為不斷變化而維持一定的平衡。有一天或許我們討論的不是

未成為合夥人的律師通常都會離開事務所。然而，順利完成必要工作，並且在要求年限內維持一定水準的優秀助理律師，則可成為合夥人，薪水會三級跳，而且獲得律師事務所終身雇用。」(Janet Ellen Raasch, "Making Partner—or Not: Is It In, Up or Over in the Twenty-First Century?," *Law Practice* 33, issue 4, June 2007.)

37 可參閱 Rostker et al., *Defense Officer Personnel Management Act of 1980.*

38 可參閱 Michael Smith, "Army Corporals Forced Out 'to Save Pension Cash,' " *Telegraph*, July 29, 2002.

事業的曲線，而是事業的鋸齒線。

祕密管道：語言學中的流量控制

仔細研究網路流量管制，可以得知上傳的ACK封包不僅能應答和確認傳輸，還能改變整個互動的樣貌，包括其步調和節奏。它可以讓我們認識和了解回饋對溝通很重要。我們已經了解，在TCP中沒有單向傳輸，一旦沒有持續的回饋，發送者會立刻減緩發送速度。

奇怪的是，我們更加了解回饋在網路領域中的重要性時，語言學領域也出現幾乎完全相同的進展。二十世紀中期，語言學的主流是諾姆‧杭士基（Noam Chomsky）的理論，以最完美和理想的狀態來研究語言，也就是絕對流暢、合乎文法，以及沒有中斷的句子，把各種溝通都當成書面文字。[39] 但從1960和1970年代開始，許多人開始對口說語言的實用面感到興趣，他們發現主導輪流發言、中斷以及快速組織句子或敘述，並逐步理解聆聽者反應的過程，十分精巧微妙。因此表面上的單向溝通，其實是協同行為。語言學家維克多‧英維（Victor Yngve）在1970年寫道：「事實上，輪到發言的人和聽者都同時參與說與聽[40]，原因是有祕密管道（back channel）存在。輪到發言的人透過這個管道接收是和嗯嗯這類簡短訊息，而決定不交出發言權。」

研究人類的「祕密管道」為語言學領域開拓了新天地，讓我們徹底重新評估溝通的動態，尤其是聆聽者這方。在一項實證研究中，維多利

---

39 Bavelas, Coates, and Johnson, "Listeners as Co-Narrators" 曾經提到「在大多數理論中，聆聽者的地位都微不足道。在極端狀況下，聆聽者甚至被視為不存在或不重要，因為這個理論也沒有提到聆聽者或把聆聽者視為周邊。這樣的忽視至少有部分導致我們把書面文字

亞大學的珍娜・貝維拉（Janet Bavelas）帶領團隊，研究一個人在聆聽個人經歷時不專心可能導致什麼問題，結果不僅聆聽者的理解會受影響，連故事內容也會受到影響。他們發現，回饋不良時，說話的人也會講得亂七八糟。

> 敘事者向不專心的聆聽者敘述驚險的經歷[41]……整體而言講得比較差，在應該極為精彩緊張的部分尤其不理想。故事結尾草率或落東落西，或是重複講述結尾部分一次以上，而且明明是講驚險的故事，他們卻經常藉解釋來加以調整。

我們都碰過跟別人講話時，對方的眼睛瞟向其他地方（比方在看手機），使我們懷疑是不是因為自己講得太枯燥乏味。事實上現在已經很清楚，兩者間的因果關係其實正好相反：是差勁的聆聽者使說話的人講起故事變得無聊。

理解人類祕密管道的確實功能和意義，一直是相當活躍的研究領域。舉例來說，2014年，加州大學聖克魯茲分校的傑克森・托林斯（Jackson Tolins）和琴・福克斯・崔伊（Jean Fox Tree）證明，對話中這些不明顯的「嗯嗯」、「對」、「嗯」和「哦」，對於調節從說話者到聆聽者的資訊流量（包括其速率和詳細程度等）[42]，扮演清楚明確的角色。的確，它們的重要程度就像ACK對TCP一樣。托林斯說：「真的，有

當成各種語言用途的原型。」

40 Yngve, "On Getting a Word in Edgewise."

41 Bavelas, Coates, and Johnson, "Listeners as Co-Narrators."

些人或許比較不擅長說故事,但故事講得很差這件事,至少有一部分應該歸咎於聽眾。」[43] 了解這點帶來了意想不到的影響,讓他講課時的壓力減輕了不少,當然也包括講授這個結果。他開玩笑地說:「我講課時只要一講到這類祕密管道,一定會告訴學生,現在他們透過祕密管道傳達的感受,會改變我講課的內容,所以我講得好不好他們也有責任。」

緩衝爆滿——笨蛋,問題出在延遲!

開發有效的主動佇列管理,會受誤解佇列的理由和意義阻礙。[44]
——凱瑟琳·尼可斯(Kathleen Nichols)、范·雅各布森(Van Jacobson)

2010夏天,吉姆·蓋提斯(Jim Gettys)和許多父母一樣,正在應付小孩不斷抱怨家裡的無線網路太慢。但和大多數父母不同的是,他在惠普、阿爾卡特朗訊、全球資訊網聯盟和網際網路工程小組工作,1999年時還擔任過至今仍在使用的HTTP規格編輯[45],所以大多數技客老爸還得研究問題的那些領域,蓋提斯早就研究過了。

蓋提斯可能會用網路術語急迫的向一群谷歌工程師這樣解釋他的判斷:

---

42 Tolins and Fox Tree, "Addressee Backchannels Steer Narrative Development."

43 Jackson Tolins, personal correspondence, January 15, 2015.

44 Nichols and Jacobson, "Controlling Queue Delay."

45 the HTTP specification still in use today:1999年6月的RFC 2616文件指出,這個規格是 HTTP 1.1,參見http://tools.ietf.org/html/rfc2616.

我正透過這個十毫秒通道把舊的X協會存檔資料從我家複製（或rsync）到MIT[46]……SmokePing回報平均延遲遠超過一秒，而且封包遺失的狀況很嚴重，當時正在複製一個檔案……我使用（網路封包分析軟體）Wireshark，看到一大堆非常奇怪的情形……看來完全不像期望中的TCP（鋸齒），照理說應該不會這樣才對。

用一般人的話來講，他發現有些狀況……非常奇怪。有句話說：「科學界最令人興奮的一句話，也是預示新發現的一句話，不是我找到了！而是這很有意思。」[47]

蓋提斯起初以為是他的纜線數據機有問題。他家人認為的網路問題，似乎是家裡的網路接頭發生交通阻塞。應該傳送到波士頓的封包不是卡在中途，而是卡在家裡傳不出去。

不過蓋提斯越深入研究就越擔心。這個問題影響的不只是他的家和數據機，而是所有家庭和所有數據機。這個問題不只在網路裝置，也在電腦本身，包括桌上型、筆記型、平板和智慧型手機，以及Linux、Windows和OS X等各種系統內部。此外它還不只存在一般使用者的硬體中，也潛藏在網際網路本身的基礎架構內。蓋提斯約了雅各布森和塞夫等康卡斯特（Comcast）、威訊（Verizon）、思科（Cisco）與谷歌等公司

---

46 Jim Gettys, "Bufferbloat: Dark Buffers in the Internet," Google Tech Talk, April 26, 2011.

47 這段話在各種出版品出現時經常標示出自以撒·艾西莫夫（Isaac Asimov），但是真正的作者和由來其實不明。它最初似乎出現在UNIX的好運（fortune）程式中，這個程式會顯示風格類似幸運餅乾文字的引言或諺語。參見 http://quoteinvestigator.com/2015/03/02/eureka-funny/。艾西莫夫確實寫了一篇關於「『我找到了！』現象」的散文，但當中沒有出現這段話。

的核心人物共進午餐，逐步拼湊出問題的全貌。

這個問題可說隨處皆是，稱為「緩衝爆滿」(bufferbloat)。

緩衝區實質上是個佇列，功能是消除暴增。如果你跟另一個顧客幾乎同時走進一家甜甜圈店，收銀員由於一下子應付不來，於是請你們其中一人稍後再買，這對他沒什麼損失。客人當然也沒有損失，實際上就連管理階層也沒有損失，因為這麼做可以確保收銀員不會過勞。請顧客排隊則可確保店裡的平均處理量可達到最大處理量，這是好事。

然而這種優秀的資源運用方式，必須付出這項代價：延遲。湯姆帶女兒去柏克萊的五月五日節遊玩時，女兒很想吃巧克力可麗餅，於是他們排隊等候。等了二十分鐘後，湯姆站到隊伍前端點了可麗餅，但付錢後他們得再等四十分鐘才能拿到餅（湯姆跟蓋提斯一樣，立刻得開始應付家人連珠砲般的抱怨）。做可麗餅顯然比接受顧客點單慢得多，所以點單隊伍只是這個問題的第一部分，而且顧客至少看得見這個隊伍，知道自己排在哪裡，第二個更長的隊伍可就完全看不見了。因此就這個例子而言，如果可麗餅攤把隊伍從中間截斷，放個標示牌說暫時不接受點單，大家應該會高興點。暫時拒絕少數顧客可以讓其他顧客早點拿到可麗餅，或趁早改買其他東西，可以說是皆大歡喜。這麼做完全不會損及可麗餅攤的營業額，因為無論顧客等多久，它一天之內無論如何就只能做出這麼多份。

這就是蓋提斯家裡的纜線數據機中發生的狀況。當時他正在上傳檔案，他的電腦盡可能把上傳封包傳給數據機。數據機假裝自己能處理很大的量，所以來者不拒，但它的處理能力實際上沒這麼大，因而形成龐大的佇列。所以當蓋提斯同時想下載資料（例如瀏覽網頁或查看電子郵件）時，ACK封包就被塞在上傳封包之後，必須在數據機上等待傳送出去。由於ACK封包一直送不到網頁或電子郵件伺服器，伺服器就把下載速度降得非常低。

這就像你跟人交談時，每次要說「嗯」的時候就延遲十到二十秒一樣。這時說話的人會以為你沒聽清楚而慢下來，但你對這種狀況無能為力。

網路緩衝區裝滿時，通常會出現**墜尾**（Tail Drop）現象，表示在此之後到達的所有封包都會直接拒絕並且刪除（可麗餅攤的隊伍排得太長時，告知剛到的顧客下次請早，這就是墜尾）。如果以郵政業務來說明封包交換，可以想像郵差每天早上把包裹裝進郵車時，放不下的包裹就直接丟掉。這種說法或許有點奇怪，但這類「封包丟棄」正可提醒電腦注意有一個封包沒有收到應答，並提示AIMD開始把頻寬減半。丟棄封包是網際網路的主要回饋機制。緩衝區如果太大（就像餐廳不管廚房人手不足，對點單照單全收，或是數據機不管要花多久才能將封包送出去，對封包也照單全收一樣），將使這種調整機制無法發揮作用。

基本上，緩衝區藉由延後（在網路領域稱為「延遲」）來提高處理量。也就是說，延遲讓封包（或顧客）等待，在速度降低時好好利用後來的時間。但緩衝區如果一直滿載則會讓我們兩頭落空：無限延遲，永遠得不到處理。如果平均處理速度趕得上封包到達的速度，消除暴增當然很好，但如果平均負擔超過平均工作速度，任何緩衝區都不可能帶來奇蹟。緩衝區越大，開始要求協助的時機就越晚。無論對象是封包還是顧客，緩衝區有個基本原則是：必須定期清空才能有效運作。〔48〕

幾十年來，電腦記憶體價格都相當高，廠商不可能生產配備極大記

---

48 請參閱Nichols and Jacobson, "Controlling Queue Delay"。

憶體的數據機,所以數據機也不可能產生超過其處理能力的佇列。但在某些時候,電腦產業的規模經濟使記憶體成本大幅降低時,數據機製造商就會給數據機配備數GB的記憶體,因為這可能是他們採購到的最小量記憶體。結果,數據機、路由器、筆記型電腦、智慧型手機等種種設備,乃至網際網路的主要架構本身中,無處不在的緩衝區就變得比需求大上數千倍,導致蓋提斯等人來不及提出警告。

既然遲了,不如就別做了

把你最基本的問題當成一個單身的人……有個人喜歡你,但你不喜歡她。在某個時候,這種狀況有點奇怪。你們必須交談,這種狀況很奇怪。現在你應該怎麼做?有個人喜歡你,但你不喜歡她?你只能裝忙……永遠裝忙。

——喜劇演員阿茲·安薩里(Aziz Ansari)

現在做勝過永遠不做。

但永遠不做通常比立刻做來得好。

——《Python之禪》(*The Zen of Python*)

歌手凱蒂·佩芮(Katy Perry)的推特追蹤人數,比她出身的加州總人口還多107%。[49] 她是推特上追蹤人數最多的人,在2016年年初,她的粉絲共有8420萬人。這表示即使她的粉絲有99%從來沒發訊息給

---

49 美國人口普查局2015年估算的加州總人口為39,144,818人。參見http://www.census.gov/popest/data/state/totals/2015/index.html。

她，而且最投入的1%粉絲每年只發一封訊息，她每天也會收到2225封訊息，每一天。

假設佩芮承諾依據收到的順序回覆所有粉絲訊息，而她每天能回覆100封，那麼粉絲收到回覆的期望時間，很快就會長達幾十年。可以想見，即使機會微乎其微，大多數粉絲仍寧可選擇立刻收到回覆，也不想等上十幾二十年好確定會收到回覆。

佩芮若是從活動現場拍拍屁股走人，頂多可能得罪期待簽唱會或簽名的粉絲，還不用欠這麼一屁股債呢。她繼續回覆粉絲，回多少算多少，錯過的就算了。身體就是本身的流量控制器。我們不可能同時在兩地出現。在人數眾多的派對中，我們參與得到的談話不到5%，而且不可能看到或跟上其餘的談話。沒有進入我們眼中的光子不會排隊等著我們看。在實際生活中，封包遺失幾乎都無可挽回。

「落地的球」這個詞在大多數狀況下是負面意義，代表這個人懶惰、自滿或健忘。但出於策略刻意讓球落地，則是在負擔過大時完成工作的重要方法。

現代通訊最常見的批評是我們「總是上線中」，但其實我們沒有總是上線。問題出在我們一直有緩衝──這個差別可大了。

當我們感覺得注意網路上的所有動靜、或是讀遍所有讀得到的書、看過所有看得到的表演，這其實就是緩衝爆滿。你錯過了一集喜歡的影集，遲了一小時、一天和十年補看。你外出度假，回到家時看見信件堆積如山。以前若有人敲你的門但沒人應門，他們就轉身離開，現在這些人則在你回家時排得好好的等著你。

真是的，電子郵件就是用來克服墜尾現象的。電子郵件發明者雷·湯姆林森（Ray Tomlinson）這麼說過：

當時沒有好方法可以留訊息給別人。[50] 電話能滿足某程度的這種需求，但得有人接聽才行，不是你想找的人，就是行政助理或祕書等。你若想要留話就得經歷這個過程，所以後來大家都想到可以在電腦留話。

換句話說，我們希望有個絕對不會拒絕傳送者的系統，無論如何，這樣的系統還真的問世了。的確，過去十五年來，從回路交換轉為封包交換影響了整個社會。以前我們要求與其他人建立專用回路，現在我們傳送封包，熱切地等待ACK。以前我們拒絕掉事情，現在我們則是延後處理它們。

經常有人抱怨說「沒有空檔」，而沒有空檔正是緩衝區的主要特點：把平均處理量提高到尖峰處理量。它的功能就是防止閒置。你在路上、度假時、在馬桶上、在半夜都能查看電子郵件，絕對不會無聊。這是緩衝區的優點和缺點，完全符合它原本的用意。

度假電子郵件自動回應功能明確告知發送者會延遲回覆，但較好的程式或許會告知發送者會有墜尾，後者不告知發送者高於平均的佇列時間，而是告知它會拒絕收到的所有電子郵件。這種方式不只適用於度假：我們可以想像，有個電子郵件程式在收件匣累計郵件達一百封時，

---

50 Ray Tomlinson, interviewed by Jesse Hicks, "Ray Tomlinson, the Inventor of Email: 'I See Email Being Used, by and Large, Exactly the Way I Envisioned,' " Verge, May 2, 2012, http://www.theverge.com/2012/5/2/2991486/ray-tomlinson-email-inventor-interview-i-see-email-being-used.

51 舉例來說，美國謝菲爾德大學認知科學家湯姆・史塔佛德（Tom Stafford）就採用了這種方法。他在2015年休假期間設定的自動回覆電子郵件內容如下：「我從現在休假到6月12日，傳到t.stafford@shef.ac.uk的電子郵件都被刪除了。」

會自動擋掉後來的所有郵件。〔51〕這種方式不適用於帳單這類郵件，但對社交邀請倒不失為好方法。

如今我們已經鮮少碰到收件匣或語音信箱「已滿」，這種令人覺得時光彷彿倒流到二十世紀末和二十一世紀初的狀況。但如果連接新款手機和電腦的網路儘管擁有幾乎用之不竭的儲存空間，依然會在封包來得又快又多時刻意丟棄它們，那麼我們或許不該將墜尾現象看做記憶體空間有限時，避免不了的結果，而要將它視為有目的的策略。

至於網路緩衝爆滿，這個尚未結束的故事儘管錯綜複雜，但發展令人欣喜。硬體和作業系統廠商投注大量心力，徹底修改了網路佇列。此外還有人提議建立新的TCP祕密管道，這是多年來第一項這類修改，稱為「明確壅塞通知」（ECN）。〔52〕要讓網際網路完全擺脫緩衝爆滿，必須用上所有改變，並且耐心努力多年。蓋提斯說：「這是長期抗戰。」〔53〕

不過緩衝爆滿消失後的未來頗值得期待。緩衝區本身就是延遲，因此不適用於頻繁互動的過程。舉例來說，現在我們透過Skype講話時，通常會希望通話者三秒鐘前講的話的訊號中偶爾有環境音，而不喜歡完全清楚的錄音。對遊戲玩家而言，即使僅僅延遲五十毫秒，都可能影響他是幹掉別人還是被人幹掉。事實上，玩遊戲對延遲非常敏感，因此所有重要的遊戲獎項目前依然是由個人角逐，它們會請玩家登上飛機，一

---

52 ECN的徵求意見（RFC）文件是Ramakrishnan, Floyd, and Black, *The Addition of Explicit Congestion Notification (ECN) to IP*，這個文件是Ramakrishnan and Floyd, *A Proposal to Add Explicit Congestion Notification (ECN) to IP*的修訂版。雖然這個通信協定原先制訂於1990年代，但ECN至今依然沒有在標準網路硬體上實施（Stuart Cheshire, personal interview, February 26, 2015）。

53 Jim Gettys, personal interview, July 15, 2014.

起透過網路對戰，而且網路運作範圍僅限於一個房間。對同步極為重要的場合，這幾點也大多正確。蓋提斯指出：「如果你想跟朋友一起演奏音樂，那麼即使在你所在的那一區，你也會很在乎十萬分之一秒。」據他想像，日後會出現一大堆新的應用與商機，充分運用低延遲的互動潛力。「我從這次經驗學到的是，工程師應該把時間視為頭等物件。」

蘋果公司的史都華・柴歇爾（Stuart Cheshire）也認為，網路工程師早就該把延遲視為最優先的問題。他很驚訝許多公司宣稱的「高速」網際網路連線只是指高頻寬，而不是低延遲。他打了個比方，說波音737和波音747都是時速八百公里左右，但前者只能載運120名乘客，後者則可載運三倍的乘客，所以「你會說波音747比波音737快三倍嗎？[54]當然不會」。不過容量有時確實很重要：傳輸大型檔案時，頻寬就成為關鍵因素（不過如果你有大量貨物需要運送，貨櫃船抵得上747飛幾千趟）。然而在人與人之間，縮短處理時間通常重要得多，我們真正需要的是更多協和式客機。的確，減少延遲是目前網路研究的新疆界，隨時關注新發展將十分有趣。

在此同時，還有其他戰鬥正在進行。蓋提斯稍微移開注意力，看看其他地方。「這樣沒用嗎？我正在跟某個人說話，結束後就來處理。現在先暫時打住——呃不是，現在5 GHz沒問題，2.4 GHz的通道塞住了。這是個有名的問題，我會重新啟動分享器。」現在似乎是說再見的好機會，把我們的頻寬開放給大眾，讓大量流量開始加法遞增。

---

54 這句話出自1996年薛謝爾的一句「名言」：「笨蛋，問題在延遲！」參見http://rescomp.stanford.edu/~cheshire/rants/Latency.html。二十年後，這句話更顯得中肯。

11 | 賽局理論　　Game Theory

別人是怎麼想的？

在某種意義上我很樂觀，我相信人類高尚又可敬[1]，而且有些人非常聰明……但我對一群人就沒那麼樂觀了。
——史帝夫‧賈伯斯

　　有個投資人賣股票給另一個人，賣家認為這支股票會下跌，買家則認為會上漲；我自認知道你在想什麼，但不知道你認為我在想什麼；泡沫經濟終究會爆破；一個有望談上戀愛的對象送了一份禮物，但意思不是「我想做的不只是朋友」，也不是「我想做的只是朋友」；一桌客人開始為誰應該請誰、以及為什麼該請客而起了爭執；有的人想幫忙反而惹人不高興；有的人想裝酷卻適得其反；有的人想離開一個團體，想不到整群人居然打算跟他走。有人跟愛人講：「我愛你。」對方回答：「我也愛你。」但雙方都不知道對方這麼說究竟是什麼意思。

　　電腦科學對這些狀況有什麼說法呢？

　　學校裡把文學情節劃分成以下幾類：人對自然[2]、人對自己、人

1　Steve Jobs, interview with Gary Wolf, *Wired*, February 1996.
2　二十一世紀的學童學到「人對自然」、「人對自己」、「人對人」以及「人對社會」這幾句話中的主詞不具性別差異，這樣比較正確。

對人，以及人對社會。目前為止，這本書討論的大多是前兩類，也就是
從開始到現在，電腦科學一直在指引我們解決兩類問題，一是世界的基
本結構，二是我們處理資訊的能力有限。最佳停止問題源自我們無法回
到過去改變先前的決定；開發與善用的兩難源自我們的時間有限；鬆弛
和隨機化則對於處理行程規劃和注射疫苗等複雜挑戰，非常有用。

在本章中，我們將轉而探討人對人和人對社會這兩類問題，也就
是我們彼此造成和導致的問題。這個領域的最佳指引，出自稱為賽局
理論的數學分支，這個領域的古典形式對二十世紀產生了巨大影響。
近數十年來，賽局理論和電腦科學交互激發，產生演算法賽局理論這
個領域，並且已經開始影響二十一世紀。

遞迴

> 現在有個聰明人把毒藥放進自己的酒杯[3]，因為他知道，只有
> 大笨蛋才會拿別人遞來的酒杯。我不是大笨蛋，所以當然不會
> 選擇你面前那杯酒。但你也一定知道我不笨，而且你很確定，
> 所以我當然不會選擇我面前的酒。
> ——電影《公主新娘》

約翰・梅納德・凱因斯（John Maynard Keynes）可說是二十世紀最具
影響力的經濟學家，他說過：「成功的投資是預料別人預期什麼。」[4]假
如有一支股票以每股60美元賣出，買家一定認為能以70美元賣出——

3　電影《公主新娘》，威廉・戈德曼（William Goldman）編劇，二十世紀福斯公司，1987年。
4　出自Keynes in Gregory Bergman, *Isms*, Adams Media, 2006.

賣給認為能以80美元賣給另一個認為能以90美元賣給又一個認為能以100美元再賣給別人的人。就這點看來，這支股票的價值不在於我們認為它值多少，而是我們認為別人認為它值多少。其實這樣講還不夠完整。凱因斯曾這樣說明美（beauty）和受喜愛（popularity）兩者的重要區別：

> 專業投資或許可以比做報紙比賽。參賽者必須從一百張照片中選出六張最美的臉，比賽首獎將頒給勾選內容最接近平均偏好的參賽者，因此參賽者必須選擇的，不是自己認為最漂亮的臉，而是最可能獲得其他參賽者青睞的臉，而所有其他參賽者都是這樣看待這個問題。這時不是選出就我們看來最漂亮的臉，也不是選出一般人認為最漂亮的臉，而必須想到第三層，猜測一般看法認為的一般看法是什麼。我相信還有人想到第四層、第五層和更深的層次。

電腦科學以「停機問題」（halting problem），說明這類推論的基礎限制。艾倫‧圖靈曾於1936年證明，一個電腦程式除非模擬另一個電腦程式的運作，否則無法確知後者是否會沒完沒了地算下去，然而一旦前者真的模擬後者的運作，前者自身也會陷入漩渦難以自拔。（同樣地，程式設計師也不可能設計出自動化工具，告知他們設計的軟體是否會當機）。這是電腦科學的基礎結果之一，許多證明以它為出發點。〔5〕、〔6〕簡單說來，在任何時候，一個系統（無論是機器或思想）模擬複雜程度

---

5 的確如此，它是現代電腦的原點，停機問題觸發圖靈透過圖靈機正式定義運算。

與本身相仿的事物時，會幾乎耗盡本身的資源。電腦科學家用「遞迴」（recursion）這個詞，來描述這種以思想模擬思想再模擬思想，彷彿走進四周都是鏡子的大廳，永遠走不出來的狀況。

在《007首部曲：皇家夜總會》中，詹姆士・龐德說：「打撲克牌時，你不是在打你手上的那副牌，而是在扮演你的對手。」事實上，你玩的是理論上無窮無盡的遞迴，除了你拿到的牌、你認為對手拿到的牌、你認為對手認為你拿到的牌，還有你認為對手認為你認為他拿到的牌……如此一直循環下去。世界頂尖撲克牌手丹・史密斯（Dan Smith）說：「我不知道這是不是真正的賽局理論用語，但撲克牌手稱為「分層」（leveling）。[7] 第一層是我知道，第二層是你知道我知道，第三層是我知道你知道我知道。在某些狀況下你會想：『哇，這時虛張聲勢真笨，但如果他知道這時虛張聲勢很笨，他就不會跟注，那麼這時候虛張聲勢就很聰明。』也有這種狀況。」

高階撲克牌局中最讓人津津樂道的一次虛張聲勢，是湯姆・杜恩（Tom Dwan）以德州撲克中最差的一副牌（也就是2-7）贏得47萬9500美元——他直接告訴對手山米・喬治（Sammy George）他拿到了這副牌，喬治回答：「你拿到的一定不是2-7。」[8] 之後喬治蓋牌，杜恩一邊回答：「是，真的是2-7。」一邊收起所有籌碼。

在撲克牌中，遞迴是危險的遊戲。你當然不想卡在對手後方一步，但又不能領先對手太多。職業撲克牌手凡妮莎・羅索（Vanessa Rousso）

6　圖靈研究停機問題並提出圖靈機的論文包括 "On Computable Numbers, with an Application to the Entscheidungsproblem" 以及 "On Computable Numbers, with an Application to the Entscheidungsproblem. A Correction"。

7　Dan Smith, personal interview, September 11, 2014.

解釋：「原則上你只要比對手多一層就好。〔9〕如果比對手多太多層，你會認為他們握有某些其實他們沒有的資訊，而且對手將無法蒐集到你希望透過行動讓他們取得的資訊。」職業撲克牌手有時會刻意引誘對手進入盤旋的遞迴，自己則假裝不懂心理戰、完全依照理論打牌，這稱為引誘對手從事「跟自己對抗的分層戰」。

　　（引誘對手深入沒有結果的遞迴，在其他比賽中也是很有效的策略。歷史上一次非常多采多姿、曲折離奇、引人入勝的西洋棋人機對奕，是2008年美國棋王中村光和當時最強的電腦西洋棋程式瑞布卡〔Rybka〕的超快棋對決。在超快棋賽中，雙方各只有三分鐘可以思考，時間用完就自動判輸，因此每秒能評估數百萬個位置、下棋又完全不用動肌肉的電腦似乎握有優勢。但中村立刻讓盤面陷入僵局，他盡可能快速下出許多重複而無意義的棋步。在此同時，電腦則浪費寶貴的時間，毫無意義地搜尋不存在的取勝變化，努力試圖預測中村接著可能怎麼下，但中村只是在盤面上胡亂攪和。後來電腦為了避免耗盡時間而落敗，開始加快動作，這時中村終於打破僵局，殺出重圍）。

　　既然遞迴那麼危險，職業撲克牌手又如何破除遞迴呢？他們運用賽局理論。史密斯解釋：「有時候你可以想到理由，打出掠奪性（分層）的牌，但很多時候，你只是因為無意義的理由打出很糟糕的牌。在大多數狀況下，我很努力對理論有基本程度的了解……我每次都從了解或試圖了解奈許是什麼開始。」〔10〕

8　這件事發生於2009年11月17至19日，在倫敦利陞俱樂部（Les Ambassadeurs Club）舉行的全速撲克杜爾百萬美元挑戰大賽，當時由Sky Sports轉播。

9　Vanessa Rousso, "Leveling Wars," https://www.youtube.com/watch?v=Yt5ALnFrwR4.

10 Dan Smith, personal interview, September 11, 2014.

那麼，奈許究竟是什麼？

奈許，就是賽局達到均衡

你知道規則，我也知道……

我們了解這個遊戲，我們準備參與。

——英國歌手瑞克・艾斯里（Rick Astley），

上文引自〈Never Gonna Give You Up〉一曲

　　賽局理論涵括各種合作與競爭情境，但這個領域的起源相當類似撲克牌手對決：兩方互相角逐，一方的獲益就是另一方的損失。分析這些賽局的數學家試圖從中找出均衡（equilibrium）[11]，也就是一套可供雙方遵循、並且讓雙方知道對方的行動後，也不想改變本身行動的策略。這種狀態稱為「均衡」是因為它很穩定，也就是雙方即使再怎麼考慮，都不會改變自身選擇。我用你的策略考慮後，很滿意我自己的策略；你用我的策略考慮後，也很滿意你自己的策略。

　　舉例來說，在剪刀石頭布中[12]，均衡的意思是完全隨機從這三種手勢出一種[13]，出每種手勢的機率大約是1/3。使這個均衡穩定的因素是，如果雙方都採取這種1/3-1/3-1/3策略，那麼對雙方而言，除了

---

11 賽局理論均衡以及賽局理論本身的概念，源自普林斯頓的馮紐曼和奧斯卡・摩根史坦恩（Oskar Morgenstern）的 *Theory of Games and Economic Behavior*。

12 要觀賞生動有趣的剪刀石頭布（RPS）大賽，以及各種三步驟的「招式」（例如雪崩〔RRR〕、官僚〔PPP〕以及一把抓〔RPP〕等），請造訪網站http://worldrps.com。想觀看電腦RPS比賽，請造訪網站Rock Paper Scissors Programming Competition：http://www.rpscontest.com。

堅持下去之外別無更好的方法（如果我們試著多出幾次石頭，對手很快就會注意到，開始經常出布，這樣又會使我們多出幾次石頭，如此不斷循環，最後雙方都會回歸原本的1/3-1/3-1/3策略）。

　　數學家約翰‧奈許（John Nash）於1951年證明，所有雙人賽局至少有一個均衡狀態。[14]這項重大發現在賽局理論領域影響深遠，也讓奈許獲頒1994年諾貝爾經濟學獎（並促成《美麗心靈》〔A Beautiful Mind〕這部講述奈許生平的小說和電影問世）。現在這樣的均衡經常被稱為奈許均衡，也就是前述的撲克牌手丹‧史密斯想追求的狀況。

　　從表面上看來，雙人賽局一定存在奈許均衡這一點[15]，似乎可以讓我們擺脫撲克牌和許多類似競爭中，常見的鏡廳遞迴現象。我們感到自己捲入遞迴漩渦時，一定有機會脫離對手的掌控，尋求均衡，發現最佳策略，採取合理的行動。在剪刀石頭布中，如果你知道隨機出拳其實就是長期而言的不敗策略，就不用花力氣觀察對手的表情，猜測對手下一手可能出什麼拳了。

　　更籠統地說，奈許均衡能夠預測任何一組規則或誘因的穩定長期結果，因此它能做為預測和擬定經濟政策及一般社會政策的重要工具。諾貝爾獎得主羅傑‧麥爾森（Roger Myerson）曾說，奈許均衡「在經濟學和社會科學領域擁有基本且廣泛的影響力[16]，相當於DNA雙螺旋的

---

13 這類納入隨機性的策略稱為「混合」策略，另一種選擇是「純粹」策略，也就是永遠選擇相同的選項，這種方式在剪刀石頭布中顯然用不了多久。在許多賽局中，混合策略是達成均衡的手段，尤其是雙方利益互相衝突的零和遊戲。

14 Nash, "Equilibrium Points in N-Person Games"; Nash, "Non-Cooperative Games."

15 更精確地說，前述論文證明，參與者數目與策略數目均有限的賽局，至少有一個混合策略均衡。

發現在生物學領域中的影響力。」

　　然而，電腦科學把這件事變複雜了。大致上說來，數學研究的是事實，電腦科學研究的是複雜性。而我們已經知道，如果一個問題是難解問題，那麼單單取得解答是不夠的。

　　賽局理論雖然讓我們知道有均衡存在，卻未說明這個均衡是什麼，也沒有說明如何達到均衡。加州大學柏克萊分校電腦科學家克里斯托斯‧帕帕迪米崔歐（Christos Papadimitriou）曾在作品中提到，賽局理論「通常會預測參與者的均衡行為，但沒有說明要怎麼達到這狀態，但這通常是電腦科學家最看重的事。」[17] 史丹佛大學的提姆‧羅夫加爾登（Tim Roughgarden）同樣不滿意奈許僅是證明均衡必定存在。他說：「好。不過我們是電腦科學家，對吧？給我們一些可以運用的東西。[18] 不要只是告訴我們有這東西，請告訴我們如何找到它。」因此原本的賽局理論衍生出演算法賽局理論，也就是說，研究賽局的理論性理想策略，轉變成研究機器（和人）如何擬定賽局策略。

16 Myerson, "Nash Equilibrium and the History of Economic Theory."

17 Papadimitriou, "Foreword."

18 Tim Roughgarden, "Algorithmic Game Theory, Lecture 1 (Introduction)," Autumn 2013, https://www.youtube.com/watch?v=TMQFmQUVA.

19 Gilboa and Zemel, "Nash and Correlated Equilibria."

20 具體說來，已有人證明尋找奈許均衡為 PPAD 問題，這類問題和 NP 一樣常被歸類為難解問題。關於奈許均衡和 PPAD 間的關聯，請參閱 Daskalakis, Goldberg, and Papadimitriou, "The Complexity of Computing a Nash Equilibrium" 以及 Goldberg and Papadimitriou, "Reducibility Between Equilibrium Problems"。其後的 Chen and Deng, "Settling the Complexity of Two-Player Nash Equilibrium" 將之延伸為雙人賽局，Daskalakis, Goldberg, and Papadimitriou, "The Complexity of Computing a Nash Equilibrium" 進一步將之一般化。PPAD 是有向圖的多項式奇偶性自變數的縮寫。在 "On Complexity as Bounded

　　思考太多關於奈許均衡的問題，其實很快就會讓我們陷入運算困難。二十世紀末，判斷某個賽局是否具有一個以上的均衡，或某個均衡是否給某個參與者特定報酬，或是某個均衡是否必須採取某個行動等，都已經確定是難解問題。[19] 然後從 2005 年到 2008 年，帕帕迪米崔歐等人證明，純粹尋找奈許均衡同樣是難解問題。[20]

　　剪刀石頭布這類簡單賽局乍看之下，或許有明確的均衡，但現在已經知道，在複雜程度接近真實世界的賽局中，我們不能認為參與者理所當然一定能發現或達到賽局的均衡。因此這也表示，賽局設計者不一定能藉助均衡來預測參與者的行為。這個嚴酷的結果涵括的範圍相當廣：奈許均衡是經濟學理論建立模型及預測市場行為的重要方法，因此擁有崇高地位，但這個地位可能名過其實。帕帕迪米崔歐解釋：「如果一個均衡概念無法有效運算，那麼它預測理性參與者行為的可信度，將會大打折扣。」[21] MIT 的史考特・艾隆森（Scott Aaronson）也同意這一點，他說：「就我看來，如果奈許均衡存在的定理，被視為和自由市場

Rationality" 這篇論文中提出此名稱的帕帕迪米崔歐表示，這個名稱跟他的名字雷同純屬巧合（Christos Papadimitriou, personal interview, September 4, 2014.）。

PPAD 包含其他有趣的問題，例如火腿三明治問題：有 n 組點分布在 n 個維度中，每組有 2n 個點，請找出一個正好把每組點一分為二的平面（n=3 時，是找出要把三組點分成兩半時刀子經過的路線，如果這幾組點相當於兩片麵包和一片火腿，結果就是正好分成兩半的三明治）。尋找奈許均衡其實是 PPAD 完全問題，也就是如果有演算法能解決這個問題，則所有同類問題也都具備有效解（包括製作全世界最工整的三明治）。但 PPAD 完全問題沒有 NP 完全問題那麼糟。具有效解的 P 類問題可能等於 PPAD，但不等於 NP。我們撰寫本書時，這點仍不確定：理論上說來，或許有人能設計出有效演算法來找出奈許均衡，但大多數專家對此不抱希望。

21 Christos Papadimitriou, "The Complexity of Finding Nash Equilibria," in Nisan et al., *Algorithmic Game Theory*.

與政府介入的爭議有關,那麼尋找這類均衡的定理(難解)也應該視為有關。」〔22〕參與者找得到奈許均衡時,奈許均衡的預測能力才會造成影響。eBay前研究長卡馬爾‧簡恩(Kamal Jain)曾說:「如果你的筆記型電腦找不到(奈許均衡)〔23〕,那麼整個市場也都找不到。」

不採取「均衡」作法的代價

就算是我們能達到均衡的時候,單單只是穩定還不夠好。這點看來或許有點自相矛盾,但均衡策略(也就是所有參與者都不願意改變行動的狀態),不一定是可讓所有參與者獲得最佳結果的策略。說明這點的絕佳範例,是賽局理論中最著名、最刺激,也最惹爭議的雙人賽局:囚徒困境(prisoner's dilemma)。〔24〕

囚徒困境的狀況是這樣的:假設你和另一個共犯搶銀行後遭到逮捕,被關在不同牢房,現在你必須決定是要彼此「合作」,也就是保持緘默、打死不認,還是要背叛同伴,向警方告發對方。你知道如果你們彼此合作,保持緘默,警方沒有足夠證據可以判你們有罪,因此兩人都可以平安離開,瓜分贓款,可能是每人50萬美元。但如果你們其中一人背叛並告發對方,而對方沒有招供,則告密者就可以平安離開,獨吞100萬美元,拒絕招供的一方則會成為這樁案子唯一的罪犯,遭判10年徒刑。如果你們互相告發,那麼兩人將共同承擔罪名和刑期,每人坐牢5年。

---

22 Aaronson, "Why Philosophers Should Care About Computational Complexity."

23 In Christos Papadimitriou, "The Complexity of Finding Nash Equilibria," in Nisan et al., *Algorithmic Game Theory*, p. 30.

24 首先探討囚徒困境的,是蘭德公司的弗勒德(以研究祕書問題和業務員出差問題而出名)和梅爾文‧德雷希爾(Melvin Drescher)。1950年1月,他們在UCLA的阿爾曼‧阿爾奇安問題就在於：無論你的共犯怎麼做，你都應該背叛對方。

如果你的共犯告發你，那麼你告發共犯將可少坐5年牢，因為有人可以跟你分攤刑期，你不用自己承擔所有罪刑（坐牢10年）。如果你的共犯保持緘默，那麼告發他將可讓你獨吞這100萬美元，不用跟對方分贓。無論如何，不論你的共犯怎麼做，你背叛都比合作來得有利，不這麼做的話，無論對方怎麼做，都一定會使你的處境更糟。

事實上，這使得背叛不僅成為均衡策略，還成為「主導策略」（dominant strategy）。主導策略是因應對手各種可能策略，從而脫離對方的掌控，完全避免遞迴的最佳手段。主導策略的力量非常強大，但現在我們遇到了矛盾。如果每個人都很理性，採取主導策略，那最後你們兩人都會坐五年的牢。跟逍遙法外和白花花的50萬美元相比，這個結果對每個人而言都差了很多，這到底是怎麼回事？

這是傳統賽局理論中的重要見解之一：對一群依據自身利益採取理性行動的參與者而言，「均衡」或許不是最好的結果。演算法賽局理論依據電腦科學的原理，採用了這個見解並加以量化，創造出「自主行為代價」（price of anarchy）這種度量。自主行為代價可衡量合作和競爭兩者間的差距（合作指集中設計或協調的解決方案，競爭指所有參與者各自試圖取得對自己最好的結果）。在囚徒困境這樣的賽局中，這個代價其實是無限大：提高贓款金額和拉長刑期，可能會使兩種結果間的差距

（Armen Alchian）和蘭德公司的約翰·D·威廉斯（John D. Williams）之間，進行一場報酬類似囚徒困境的遊戲（Flood, "Some Experimental Games"）。普林斯頓的阿爾伯特·塔克（Albert Tucker）對這次實驗非常有興趣。當年5月，他為了在史丹福大學的一場講座上討論這個問題做準備時，賦予了它現今的著名形式和名稱。關於賽局理論問世的詳細過程和它在蘭德公司研究成果中的發展，請參閱 Poundstone, *Prisoner's Dilemma*。

變得更大，即使主導策略不變也一樣。對於參與者而言，不合作所造成的痛苦沒有極限。但演算法賽局理論學者發現，在另一些賽局中，自主行為代價其實沒有那麼糟。

流量就是個不錯的例子。流量可以指每天通過擁擠車流到公司上班的通勤者，也可以指在網際網路上不斷收發TCP封包的路由器，系統中的每個成員只想取得對自己最有利的結果。駕駛人不在乎路線，只要最快到達就好；路由器也只想花最少的力氣收發封包，但在這兩種狀況中，這種想法都可能造成重要通道過度壅塞，進而影響所有人。不過影響程度究竟有多大？提姆·羅夫加爾登和康乃爾大學的伊娃·塔爾多斯（Éva Tardos）於2002年證明，這種「自私路徑」法的自主行為代價居然只有4/3。[25] 也就是說，各行其是只比毫無阻礙地順利行進慢33%。

羅夫加爾登和塔爾多斯的研究成果，對有形車流的都市規劃和網路基礎建設，都造成深遠的影響。舉例來說，自私路徑規劃的自主行為代價很低，或許可以解釋為什麼網際網路沒有中央主管機關負責管理個別封包路徑，也能順利運作。即使可能執行這樣的協調，狀況也好不了多少。

在人類的交通方面，自主行為代價甚低有好處、也有壞處。好處是缺少中央協調最多只會讓通勤時間增加33%。而另一方面，如果你期待有網路連線的自動駕駛汽車可以帶你進入交通的天堂，那你可能要失望了，因為現在自私駕駛人各行其是的情形，其實已經相當接近最佳狀態。自動駕駛汽車確實應該能減少行車事故，或許也能讓汽車

---

25 Roughgarden and Tardos, "How Bad Is Selfish Routing?"。羅夫加爾登2002年的康乃爾大學博士論文也探討了自私路徑這個主題。

行駛得更近，兩者都可加快車流。不過說到壅塞程度，自主行為的壅塞程度只有經過完美協調後的4/3，這代表經過完美協調後的壅塞程度只有現在的3/4。這有點像是詹姆士‧布蘭齊‧卡貝爾（James Branch Cabell）的著名詩句：「樂觀的人說，我們生活在最好的時代，悲觀的人則害怕這句話是真的。」[26] 由規劃專家和整體需求來解決壅塞問題，一定比依據人類或電腦、自私或合作的個別駕駛人來決定更好。

　　量化自主行為代價讓這個領域擁有具體及嚴密的方法，來評估非集中系統的優缺點，這對人類本身參與賽局的許多領域造成廣泛影響（參與者可能知道、也可能不知道）。自主行為代價很低，代表這個系統無論是否細心管理，運作狀況都和放任不管差不多。另一方面，自主行為代價很高，則代表如果細心協調，狀況就可能好轉，但如果沒有任何介入，就可能造成災難。囚徒困境顯然就屬於後者。可惜的是，世界上的許多重要賽局都是這樣的。

公有地悲劇

　　1968年，生態學家賈瑞特‧哈定（Garrett Hardin）研究雙人囚徒困境，把規模擴大到涵括一個農莊中的所有成員。哈定請讀者想像農莊裡有一塊「公有地」[27]，這片草地可讓每個人放牲口吃草，但容量有限。理論上，所有村民只能放一定數量的牲口，讓每個人的牲口都有草可吃。但實際上多放一點牲口對自己有利，影響則似乎很小，不會造成嚴重後果。然而如果每個人都這麼想，都多使用一點點公有地，就會造成

---

26 Cabell, *The Silver Stallion.*
27 Hardin, "The Tragedy of the Commons."

可怕的均衡：草地完全遭破壞，使大家的牲口都沒草可吃。

　　哈定把這種狀況稱為「公有地悲劇」（tragedy of the commons），後來這成為經濟學家、政治學家以及環境運動，用於觀察汙染和氣候變遷等大規模生態危機的主要工具。卡內基美隆大學電腦科學家及賽局理論學者艾弗瑞姆・布魯姆（Avrim Blum）說：「我小時候有一種汽油叫做含鉛汽油。〔28〕含鉛汽油便宜了一角左右，但它會汙染環境……如果每個人都這麼做，那麼你使用有鉛汽油對你個人（健康）造成的影響，會增加多少？其實沒有很多。這就是囚徒困境。」對企業和國家而言，這類狀況同樣成立。日前有個新聞標題一語道破了這個問題〔29〕：「少用化石燃料才能維持氣候穩定，但應該叫誰少用？」每個企業（某個程度上也包括每個國家）最好都能比其他企業或國家不顧後果一點點，以便維持競爭力。但如果大家都不顧後果，就可能破壞地球，最後討不到便宜：大家都無法取得想攫取的經濟優勢。

　　這類賽局的想法非常普遍，我們不需要特別觀察不當行為，也能發現它舉目可見。我們只要一不留意，就很容易形成惡性均衡。怎麼會這樣呢？只要看看公司的休假規定就好。美國人的工時是全世界最長的。經濟學家曾說：「在美國，工作的價值最高，但休閒的價值最低。」〔30〕美國很少有法律規定雇主必須提供休假，甚至有些美國員工即使有假也不想用。近年一項研究指出，美國員工平均只用掉一半假期，更有15%完全沒有休假。〔31〕

---

28 Avrim Blum, personal interview, December 17, 2014.

29 Scott K. Johnson, "Stable Climate Demands Most Fossil Fuels Stay in the Ground, but Whose?," *Ars Technica*, January 8, 2015.

30 "In Search of Lost Time," *Economist*, December 20, 2014.

目前（兩個作者居住的）舊金山灣區正在對休假規定進行根本的典範轉移，試圖改變令人遺憾的現狀。這個轉移用意良好，但是徹底失敗。它的前提聽起來很正常：與其給予每個員工固定天數的假期，又要浪費人資的人力確認每個人的休假是否超過限制，何不讓員工自由管理？何不給員工無限的假期？目前為止的個案報告褒貶不一，但從賽局理論的觀點看來，這種作法是個惡夢。理論上，所有員工都希望盡量多休假，但也希望比其他人少休一點假，以便獲得忠誠、認真、負責的評價（這樣比較容易升遷）。每個人都以其他人為基準，比這個基準少休一點。這個賽局的奈許均衡是0。軟體公司Travis CI執行長馬希亞斯‧梅耶爾（Mathias Meyer）寫道：「許多人不敢休假[32]，是因為不想被視為休最多假的人，這是少者獲勝的比賽。」

　　這是公有地悲劇發展到極致的結果。這類狀況在組織間的殺傷力，與在組織內部不相上下。假設某個小鎮上有兩家小店，兩位店東可以任意決定每天都開店，或是一星期只開六天，星期天休息，跟朋友和家人共度。如果兩人都選擇休息一天，就可以維持原本的市場占有率，壓力也比較小。然而如果有一位店東決定每天開店，就會招來更多顧客，這其實是從對方手中搶來客戶，因此會威脅到對方的生計。這時奈許均衡是每個人每天都工作。

　　2014年年底，這個問題在美國引發熱戰。當時許多零售商不想把市占率拱手讓給在感恩節後的購物季搶先開店的對手，因此相繼破壞這個

---

31 這項研究出自Glassdoor，請參閱前述文章。

32 Mathias Meyer, "From Open (Unlimited) to Minimum Vacation Policy," December 10, 2014, http://www.paperplanes.de/2014/12/10/from-open-to-minimum-vacation-policy.html.

糟糕的均衡。當時《國際財經時報》報導:「商店比以往更早開門。」〔33〕
梅西百貨決定比前一年提早兩個小時開店,Target隨之跟進。Kmart在
感恩節當天早上六點就開店,而且連續營業42小時。

那麼,如果我們發現自己身陷這類狀況(無論是雙人的囚徒困境,
或是多人的公有地悲劇),該怎麼辦?就某種意義而言,應該什麼都不
做。令這類惡性均衡維持穩定(使它們均衡)的,正是最糟糕的特質。
基本上我們無法從內部改變主導策略,但這不表示這類惡性均衡無法矯
正,只表示我們應該朝外尋求解決方案。

機制設計:改變賽局

不要氣參加者,要氣就氣比賽。〔34〕
　　——饒舌歌手Ice-T

不要再聯合外人對付家人〔35〕,絕對不要。
　　——電影《教父》

在許多關於人類合作天性的辯論和爭議中,囚徒困境都是焦點,但
倫敦大學學院賽局理論學家肯·賓摩爾(Ken Binmore)認為,這類爭議

---

33 Nicole Massabrook, "Stores Open on Thanksgiving 2014: Walmart, Target, Best Buy and Other Store Hours on Turkey Day," *International Business Times*, November 26, 2014.

34 Ice-T, " Don't Hate the Playa," *The Seventh Deadly Sin*, 1999.

35 電影《教父》,馬利歐·普佐(Mario Puzo)、法蘭西斯·福特·柯波拉(Francis Ford Coppola),派拉蒙影業,1972年。

36 賓摩爾這個問題的來源有好幾處,包括Binmore, *Natural Justice*和Binmore, *Game Theory*。

有許多已經走偏。他認為，「說囚徒困境證明人類合作有多重要是完全錯誤的。相反地，在它呈現的狀況中，人類完全不應該合作。」〔36〕、〔37〕

如果賽局規則迫使我們提出不好的策略，或許我們不應該試圖改變策略，而應該試圖改變賽局。如此一來，我們將進入賽局理論的另一個分支：「機制設計」（mechanism design）。賽局理論探討在一定規則下會出現什麼行為，機制設計（有時也稱為「逆向賽局理論」）則反其道而行，探討什麼規則會產生我們希望看到的行為。如果說賽局理論呈現的結果違反直覺（例如均衡策略或許對參與者而言合理，但對所有人都不好），則機制設計呈現的結果可能更是如此。

我們把你和搶銀行的同夥放回牢房，再次經歷囚徒困境，但增加一個重要條件：教父。現在你跟同夥都是某個犯罪集團的成員，而且集團老大已經明講，誰敢告發同伴他就做掉那個人。這個賽局報酬變更限制了你能採取的行動，但反而使結果更可能朝對你和同夥都好的方向發展。由於背叛現在變得比較不吸引人（這是客氣的說法），所以兩個囚徒都傾向合作，而且雙方都能帶著50萬美元逍遙法外，不過當然得上繳一部分給老大。

此時我們可以採取一個違反直覺、但效果極佳的作法：惡化所有結果（一是死掉，一是損失部分錢財），但最後讓各方都過得更好。

康德的定言令式源自他1785年的 *Groundwork of the Metaphysic of Morals*，並曾在1788年的 *Critique of Practical Reason* 中討論。

37 賓摩爾在此添加了另一個見解：囚徒困境這類賽局表面上否定了康德認為合理行動由定言令式構成，以你希望其他人做出的行動產生作用。定言令式在囚徒困境中產生的結果優於均衡策略，但無法解決結果不穩定的事實。

　　對小鎮上的店東而言，口頭講好要在星期天休息是不穩定的。只要有一方需要現金就可能違反協定，使另一方也開始在星期天開店，以免損失市場占有率。這樣會使雙方立刻返回惡性均衡，變成兩頭落空：不只累壞身體，也沒搶到競爭優勢。但他們或許可以自己扮演老大，簽署有法律效力的合約，規定在星期天營業的店家收益將歸給另一家店。如此一來，他們可藉由使令人不滿意的均衡惡化，創造更好的新均衡。

　　相反地，改變賽局報酬但不改變均衡時，效果通常比預期差得多。軟體公司Evernote執行長費爾·利賓（Phil Libin）曾經提供Evernote員工一千美元現金讓他們度假[38]，因而成為新聞。這個方法似乎能激勵更多員工休假，但是在賽局理論學者看來，這樣做其實是錯的。舉例來說，提高囚徒困境中檯面上的現金顯然是弄錯了重點，這樣做無助於改變惡性均衡。如果一樁百萬美元劫案的結果是兩個搶匪都入獄，千萬美元劫案當然也可能如此。Evernote的問題不在於休假不吸引人，而在於每個人都想比同事少休一點，因此這個賽局唯一的均衡是完全不休假。一千美元使目標變得誘人，但無法改變賽局規則。賽局規則是盡可能多休假，同時仍然被視為比同事更忠誠一點，從而獲得價值遠超過一千美元的加薪或升職。

　　這表示利賓需要給每個員工幾萬美元去度假嗎？不是的。機制設計指出，利賓可以用棒子讓員工變快樂，而不是用胡蘿蔔。他不用花一文錢就能形成更好的均衡，舉例來說，他可以訂定最低強制休假日數。[39]

---

38 拉賓曾在訪問亞當·布蘭特（Adam Bryant）時討論一千美元的動機，參見Adam Bryant, "The Phones Are Out, but the Robot Is In," *New York Times*, April 7, 2012。

39 強制休假已經是金融業的標準慣例，但理由是防範詐騙而非提升士氣。如需進一步了解強制休假和詐騙，可參閱Philip Delves Broughton, "Take Those Two Weeks Off—or Else,"

就算他不能改變賽局，還是可以改變結果。機制設計是滿足設計者需求的有力工具，無論是執行長、約束各方的合約，或是用麻繩命令嘍囉緘默的老大。

運動賽事聯盟委員會同樣是這種類型的設計者。想想看，如果沒有現在這樣的賽程，各球隊從球季開始到結束的任何時刻都要上場，可能是星期天凌晨三點，也可能是耶誕節當天中午等等，這樣NBA看起來會多麼可憐。你會看到球員兩眼發黑、精神不濟、睡眠嚴重不足，必須藉助藥物保持清醒，隨時可能失去意識。這簡直跟戰爭一樣。另一方面，即使是華爾街那些鐵石心腸、手段殘酷，在「不夜之城」以毫秒之差執行交易的資本家，每天下午四點也會停火，讓股票經紀人每天晚上可以睡一段時間，不會被追逐不睡覺均衡的競爭者突擊。就這層意義而言，股票市場其實比較像運動，而不像戰爭。

把這個邏輯加以擴大，可以了解政府確實有必要扮演這個角色。事實上，許多政府確實有法律規定最低休假日數，以及限制商店開店時數。儘管美國是少數沒有全國統一規定給薪休假日數的已開發國家[40]，但麻州、緬因州和羅德島等地，確實有規定禁止在感恩節營業。

這類法律通常早在殖民時代就已經出現，而且原本帶有宗教含意。的確，宗教本身就是修改這類賽局架構的一種直接方法。無論是藉助全能的上帝，或是距離更近的宗教界成員，「記得安息日」這類宗教規定明快地解決了店東的問題。在禁絕殺人、通姦和竊盜等其他反社會行為

Wall Street Journal, August 28, 2012。

40 Rebecca Ray, Milla Sanes, and John Schmitt, "No-Vacation Nation Revisited," *Center for Economic Policy and Research*, May 2013, http://www.cepr.net/index.php/publications/reports/no-vacation-nation-2013.

的命令中加入神的力量，同樣能解決生活在社會群體中的某些賽局問題。神在這方面的力量比政府大得多，因為良知和全能可強力保證作惡必定自食惡果，教父的力量永遠大不過天父。

　　宗教表面上是電腦科學家很少談到的東西〔41〕，不過這其實就是《電腦科學家很少談到的事》（*Things a Computer Scientist Rarely Talks About*）這本書的主題。宗教施行的行為限制雖然縮減了我們的選項，但這麼一來不只能降低某些決定在運算上的困難，還能產生更好的結果。

演化進行的機制設計

一個人再怎麼自私，他的天性中顯然也有某些原則，使得他對別人的命運感興趣，而且認為別人的幸福對他自己是必須的，即使除了看到別人幸福會感到快樂，他並不會從別人的幸福中獲得什麼。

——亞當‧史密斯，《道德情操論》（*The Theory of Moral Sentiments*）

心有自己的理由〔42〕，但理由對此一無所知。

——法國神學家、哲學家暨科學家布萊茲‧帕斯卡（*Blaise Pascal*）

　　加州的紅木是地球上極為古老且雄偉的生物，不過從賽局理論的觀點看來，它算是一種悲劇。紅木長這麼高的唯一理由，是它們一直試圖長得比其他的樹更高，過度伸展的害處最後甚至超過遭其他紅木遮蔽的

---

41 Donald E. Knuth.

42 巴斯卡在 *Pensées sur la religion et sur quelques autres sujets*, §277 中寫道 "Le coeur a ses

害處。理查・道金斯（Richard Dawkins）曾說：

> 林冠可以看成空中的草地[43]，就像不斷搖晃的大草原，只是底下有高高的支柱。林冠收集太陽能的速率跟大草原大致相同，但有相當比例的能量「浪費」在支柱上，這些支柱的功能只是讓「草地」高高懸在半空中，但在半空中收集到的光子數量跟在地面完全相同，而且後者的成本還比較低。

　　如果森林以某種方式同意休戰，這個生態系統就可以既不用像軍備競賽一樣，不斷較量誰高出一截，還能充分行光合作用。但我們已經知道，這類狀況必須藉助賽局以外的權威，從上到下改變報酬，才能獲得良好結果。不過在自然界，似乎沒有辦法在個體之間建立良好的均衡。

　　反過來說，如果合作確實可在某些賽局中帶來更佳結果，那麼願意合作的物種應該會演化得相當興盛。但如果合作只對群體有益，但對個體幫助不大，那合作又從何而來？或許必須來自個體無法完全控制的某些事物，例如情緒。

　　假設有兩個看來無關的狀況：（一）某名男性買了一部吸塵器，用不到幾個星期就壞了。他花了10分鐘上網大肆批評這款產品。（二）某名女性在便利商店購物，發現有人偷了一個老人的皮夾後衝出店門，她抓住小偷，拿回皮夾。

　　儘管後者看來十分英勇，而前者只是氣憤，但這兩個例子有個共通

---

raisons, que la raison ne connaît point."。
43 Dawkins, *The Evidence for Evolution.*

點，就是非自願性的忘我，只是方式大不相同。這名氣憤的消費者沒有拿吸塵器去換新或退錢，而是尋求非常間接的報復（就合理及賽局理論而言）只獲得撰寫惡評宣洩的滿足感。而便利商店例子中的英勇女性，則以龐大的個人成本來伸張正義，冒著受傷甚至死亡的危險，把（比方說）40美元歸還給一個陌生人。就算她想幫忙，她也可以直接掏出40美元給這個老人，完全沒有進急診室的風險！就這方面而言，這兩個主角的行動都不理性。另一方面，他們的行動卻都對社會有益：我們都想生活在扒手難逃法網、企業銷售劣質產品必定名聲敗壞的世界。

個別說來，我們如果永遠依據自身的最大利益，做出經過計算的超然決定，不願意花時間為沉沒成本生氣，更不會為40美元失去一顆牙齒，那麼每個人應該會過得更好。但如果社會上有很多人這麼做，我們全體將會過得更好。

如果沒有外在權威，又是什麼因素使他們採取行動，打破這個自私均衡呢？憤怒是其中之一。無論是受到惡劣的企業或小偷刺激，憤怒都可能超越理性。而在這些例子中，演化之手可能扮演了原本由賽局以外的權威所扮演的角色。

自然界中有許多個體藉由遭到其他物種劫持，以遂行其目標的例子。舉例來說，槍狀肝吸蟲（*Dicrocoelium dendriticum*）會驅使螞蟻爬到草葉頂端，讓牠們被羊吃下肚，而羊則是肝吸蟲最喜愛的宿主。同樣地，弓漿蟲也會使老鼠再也不怕貓〔44〕，從而造成相同的結果。

對於不滿、氣憤的消費者和便利商店裡的女英雄來說，情緒都是我

---

44 Ingram et al., "Mice Infected with Low-Virulence Strains of Toxoplasma Gondii."
45 *The Gay Science*, §116, trans. Walter Kaufmann.

們自己暫時脫離控制。尼采曾經寫道：「道德是個人心中的群居本能。」[45]
如果稍微改寫這句話，我們或許可以大膽地說，情緒是物種的機制設計。
正因為感情是非自願性的，所以能形成不需要外界執行機制的契約。報復
大多不會為想報復的人帶來優勢，但會做出不理性的憤怒反應的人，卻會
因此而比較容易獲得平等待遇。康乃爾大學經濟學家羅伯·法蘭克（Robert
Frank）曾說：「如果有意竊取我們財產的人預期，我們會因為他們偷竊而
有不理性的反應[46]，我們就不需要這麼做了，因為偷我們的東西對他
們沒好處。在這類狀況下，他人預期我們有不理性之舉的效果，比只受
有形的自利吸引好得多。」（你或許認為，文明的現代人已經用合約和法
律規定來取代報復，但你想想看，控告或告發某個人花費的心力和痛苦，
往往超過控告者要求的有形補償。訴訟是已開發社會中一種自我毀滅的
報復方式，而不是取代方案）。

　　憐憫和過失的情境與憤怒相同，愛情也是。

　　聽來或許有點奇怪，但囚徒困境確實也能讓我們更了解婚姻。我們
在第一章探討祕書問題這類最佳停止問題時，曾經提到約會和找房子都
必須在不了解未來可能選項的狀況下做出承諾。然而在愛情和房屋中，
即使我們已經做了最佳停止決定，仍然會繼續碰到更多選項，因此何不
隨時準備離開？當然，知道另一方（可能是配偶或房東）同樣隨時準備
換人，將使我們不願意做許多使這些協定值得存在的長期投資（例如一
起養小孩，或是辛苦地搬進其他人的屋子）。

　　在這兩個例子中，合約至少可以解決一部分承諾問題。但賽局理論

---

46 Frank, *Passions within Reason*.

指出，在約會的例子中，法律的自願性約束跟持久的伴侶關係無關，而跟愛情本身的非自願性約束比較有關。法蘭克曾說：「如果知道讓兩人在一起的因素本來就不是理性思考，就不會擔心對方會因為覺得結束關係比較理性而離開。」[47] 他解釋：

> 的確，人都會尋找自己希望的客觀特質。大家都希望伴侶和善又聰明、有趣又健康，或許還要好看、會賺錢，還有一大串條件，但這只是第一層……你們在一起一段時間後，讓你們想繼續在一起的因素不是這些特質，而是對方就是這個人——對你們而言真正重要的是這一點，所以你們不需要合約，而是需要一種感覺讓你們不想分開[48]，使你們即使在客觀上有更好的選擇，也不會這麼做。

用另一種方式來說：愛情就像組織犯罪。它改變了婚姻賽局的架構，讓均衡變成對各方最好的結果。

劇作家蕭伯納（George Bernard Shaw）曾經這樣描寫婚姻：「如果囚徒很快樂，那何必關著他們？[49] 如果不快樂，又何必假裝快樂？」賽局理論為這個謎語提出了一個微妙的答案：快樂本身就是桎梏。

愛情的賽局理論論證還強調了一點：婚姻是囚徒困境，但你可以選擇跟誰一起關在牢房裡。這個改變似乎很小，但可能對整個賽局架構造

---

47 同上。

48 Robert Frank, personal interview, April 13, 2015. Frank, "If Homo Economicus Could Choose" 中談到這個概念，但他不久後就承認這個概念出自 Schelling, *The Strategy of Conflict*; Schelling, "Altruism, Meanness, and Other Potentially Strategic Behaviors"、

成很大的影響。如果你因為某些原因，知道要是你不在身邊，你的共犯會很慘，即使擁有100萬美元也彌補不了這樣的悲慘，那你就比較不擔心對方背叛你，讓你一個人坐牢。

因此愛情的理性論證包含兩個部分：依附感不僅讓你不至於一再過度思考伴侶的意圖，還能改變報酬，產生更好的結果。此外，無意中墜入愛河則會讓你成為更具吸引力的伴侶。你心碎的能力，以及被做掉的能力，正是使你成為可信賴的共犯的特質。

資訊瀑布：悲慘的理性泡沫

> 只要你發現自己站在多數人這一邊，就應該仔細思考一下。
> ──馬克・吐溫

我們應該注意其他人的行為，部分原因是如此一來，就可以把其他人認識的世界添加到我們的世界中。某家餐廳生意很好，那它應該不錯；一場音樂會只賣出一半的票，應該是不好的徵兆；如果某人跟你講話時突然瞥了你看不見的東西一眼，或許你也該轉頭看看。

另一方面，從其他人身上學習不一定特別理性。風潮和時尚，是對關於世界的客觀事實沒有定見，從而仿效他人的結果。更糟的是，假設其他人的行為是有用的指引，可能引發一窩蜂現象，導致經濟災難。如果大家都在投資房地產，買間房子似乎是不錯的主意，畢竟房

Akerlof, "Loyalty Filters"、Hirshleifer, "On the Emotions as Guarantors of Threats and Promises"、Sen, "Goals, Commitment, and Identity" 以及 Gauthier, *Morals by Agreement* 等其他人的研究成果。法蘭克以 *Passions within Reason* 這本書來探討這些概念。
49 Shaw, *Man and Superman*.

價一定會漲，對吧？

2007到2009年的次貸危機中有個有趣的現象是，身陷其中的每個人似乎都認為，自己只是做了應該做的事，卻受到不公正的懲罰。有一代的美國人從小就深信房地產是絕對保險的投資，何況他們看身邊每個人都無視於（或因為）房價快速上漲而買房子，這些人在房價終於開始下跌時都損失慘重。銀行業者則認為受到的譴責太重，因為他們一向是這麼做的：他們只管提供機會，客戶可以選擇接受或拒絕。在市場突然崩盤後，大家最想做的就是找個代罪羔羊。賽局理論在這裡提出一個嚴肅的觀點：即使沒有人有錯，這類災難依然可能發生。

要充分領會金融泡沫的機制，必須從了解拍賣開始。拍賣聽來很像經濟生態棲位的非主流領域，就像在蘇富比或佳士德拍賣行買賣價值數百萬美元的油畫，或是在eBay上競標豆豆公仔和其他蒐集品，但其實它為經濟提供了相當比例的動力。舉例來說，谷歌的收益有90%以上來自賣廣告[50]，而廣告則都是透過拍賣出售的。就連政府也是透過拍賣，出售無線電頻譜的頻帶使用權（例如行動電話傳輸頻率），取得數百億美元以上的收入。[51]事實上，許多跨國市場，從住宅、書籍到鬱金香等，都是以各種方式的拍賣來運作。

---

50 依據谷歌公司的股東報告，該公司2014年的廣告營收是596億美元，約占660億美元總營收的90.3%。參見https://investor.google.com/financial/tables.html。

51 AWS-3拍賣結束於2015年1月29日，最後結標金額為448.99億美元，參見http://wireless.fcc.gov/auctions/default.htm?job=auction_factsheet&id=97。

52 投標者為2人時，首價密封投標式拍賣的均衡策略，是投下心中物件價值的一半。更普遍地說來，在有n個投標者的這種拍賣中，應該投下的標金是心中物件價值的(n-1)/n。請注意這種策略符合奈許均衡，但不是主導策略。也就是說如果其他人也這麼做，這是最好的方法，但它不一定在各種狀況下都是最好的方法。此外，如果不知道有多少投標

　　有一種極為簡單的拍賣方式，是讓每個參與者祕密寫下標金，由標金最高者得標，無論寫下的標金是多少都成交。這種方式稱為「首價密封投標式拍賣」（sealed-bid first-price auction），由演算法賽局理論觀點看來，它有個大問題（其實有好幾個問題）。第一，有一種說法是，得標者付出的錢永遠過多：如果你認為某樣物品值25美元，但我認為只值10美元，而我們都依照心中的估價投標（也就是25和10美元），那麼儘管你有機會只花10美元多一點就能買到，你還是會以25美元買下。這問題還衍生出另一個問題，就是為了正確投標（也就是不要付出過多的錢），我們必須預測拍賣的其他競標者真正的估價，並「隱藏」自己的標金。這樣當然不好，但其他競標者也不會依照真正的估價投標，因為他們也會藉由判斷你出價多少來隱藏自己的出價！[52]這樣一來，我們又碰到遞迴了。

　　另一種常見的拍賣方式稱為「荷蘭式拍賣」（Dutch auction）或稱「遞減式拍賣」（descending auction），方式是逐漸降低標的物的價格，直到有人願意出手。這個名稱出自全世界規模最大的鮮花拍賣市場阿斯米爾[53]，這個市場位於荷蘭，每天開市，但荷蘭拍賣比起初看來普遍得多。商店會降價出清滯銷商品，地主則會先標出他們認為市場能夠接

者，最佳策略很快會變得複雜起來。可參閱An, Hu, and Shum, "Estimating First-Price Auctions with an Unknown Number of Bidders: A Misclassification Approach"。事實上，即使是(n−1)/n這樣簡潔的結果，也必須符合好幾個嚴格的假設，例如投標者為「風險中立」，以及物件在投標者心中的價值平均分布在某個範圍內。(n−1)/n的結果出自Vickrey, "Counterspeculation, Auctions, and Competitive Sealed Tenders"，文中警告：「如果去除投標者同質性的假設，則完整處理的數學過程將成為難解問題。」

53 如需進一步了解阿斯米爾鮮花拍賣，參見http://www.floraholland.com/en/about-floraholland/visit-the-flower-auction/。

受的最高價位。這兩件事具有相同的基本特質：賣家可能一開始很樂觀，再逐漸降價，直到買家出現為止。遞減拍賣與首價拍賣的相似之處，是你付出接近可接受範圍內的最高價時（亦即當價格降到25美元時，你會考慮投標），比較可能得標，因此你會想用某些複雜的策略金額來隱藏你的估價。你會一到25美元就買，還是按兵不動，等待更低的價格？要省錢，就必須冒著失去機會的危險。

荷蘭式拍賣或遞減式拍賣的反面，是「英國式拍賣」（English auction）或稱「遞增式拍賣」（ascending auction），這是最常見的拍賣方式。在英國式拍賣中，投標者漸漸調高價格，直到只剩最高價的投標者。這種方式似乎可以得到比較符合我們期望的結果：如果你估價是25美元，而我估價10美元，那麼你只要花比10美元略多就能得標，不需要付25美元，也不需要陷入策略的漩渦中。

然而，荷蘭式拍賣和英國式拍賣都比密封式拍賣複雜了一層，兩者不只需要每個參與者擁有的私人訊息，還需要公開投標行為（而在荷蘭式拍賣中，揭露訊息的則是沒有人投標，因為沒有人投標意謂著：沒有其他投標者認為標的物值得目前的價格）。而在適當環境下，這樣的私人和公開資料混合很可能有害。

假設參與者懷疑自己對某項拍賣物品的估價，比如說在海上某個

---

54 這裡所說的懸崖有時是真的。舉例來說，《紐約時報》就曾經報導好幾位資深越野滑雪客在華盛頓州因此死亡。倖存者描述一群身手極佳的滑雪客如何做出了令個人覺得不可思議的事。

一位倖存者說：「如果是我，我絕不會跟12個人一起越野滑雪。這樣人數實在太多，但又有一種社會力量讓我不想說出：『嘿，我覺得人數太多，這樣不大好。』」

另一位倖存者對自己說：「這樣一群人不可能做出不明智的決定。當然，如果我們都這麼做，就一定沒問題。」

區域鑽探石油的權利。倫敦學院大學賽局理論學家肯‧賓摩爾（Ken Binmore）指出：「一個地區的石油蘊藏量不會因人而異，但購買者會根據不同的地質調查，來估計此地區可能的蘊藏量。這類調查不僅昂貴，而且大家都知道不值得信任。」在這類狀況中，仔細觀察對手的標金，以公開資訊補充自己不足的私人訊息，似乎是自然的作法。

不過這個公開訊息或許沒表面上那麼有參考價值。我們其實不知道其他參與者怎麼想，只知道他們做了什麼。此外，他們做什麼很可能是受你影響，你的行為也受他們影響。我們不難想像到一群人一起走向懸崖〔54〕，只因為「別人似乎都」很有信心，但其實每個人都很擔憂，只不過群體中每個人看起來都信心滿滿，所以才勉強壓抑下來。

如同公有地悲劇一樣，這類失敗不一定是參與者的錯。經濟學家蘇希爾‧畢克占達尼（Sushil Bikhchandani）、大衛‧賀希萊佛（David Hirshleifer）和伊佛‧威爾克（Ivo Welch）在一篇造成巨大影響的論文中證明，在適當環境下，一群行為完全理性及合宜的參與者，仍然可能受無限的錯誤資訊左右，這種現象稱為「資訊瀑布」。〔55〕

現在再回到競標鑽油權的例子。假設有10家公司可能競標某個區域的石油鑽探權，其中一家的地質調查報告指出這片區域蘊藏大量石油，另一家的調查報告沒有結論，而另外八家公司的勘查結果則指出這

還有一位說：「我當時只想離開，想叫他們停下來。」

另一位說：「當時我想：沒錯，這裡不安全。跟這麼多人一起在這裡不大對，但我什麼都沒說，我不想被其他人排斥。」

《紐約時報》最後總結：「他們之中所有當地人都認為，自己知道其他人的想法，其實並非如此。布蘭琪說：『雪崩了。』」

55 Bikhchandani, Hirshleifer, and Welch, "A Theory of Fads." See also Bikhchandani, Hirshleifer, and Welch, "Learning from the Behavior of Others."

塊地區相當貧瘠。當然，這些公司不可能讓其他競爭者知道它們的調查結果，只能觀察其他公司怎麼做。拍賣開始時，調查結果充滿希望的公司提出很高的標金。第二家公司受這次投標激勵，也樂觀看待手上那份結果含糊的報告，提出更高的標金。第三家公司的調查報告結論不佳，但現在已經有兩份調查報告認為這裡是金雞母，所以它不相信自己的報告，也跟著投下更高的標金。第四家公司的調查報告同樣結論不佳，但現在已經有三家競爭對手非常看好這塊區域，於是它更不相信手中的調查結果，所以也投了標。這個「共識」完全悖離實際狀況，形成了瀑布。

　　沒有哪個參與者的作法是不理性的，但結局是場大災難。如同賀希萊佛所說：「只要有人無視於自己手中的資訊，決定盲目跟從前人，就會造成一個結果，就是他的行動對後來的決策者不具參考價值。現在公開資訊庫已經不再增加。[56]擁有公開資訊的效用……已經消失。」

　　如果想了解真實世界形成資訊瀑布，使投標者無所適從，只能依據別人的行為估計某樣物品的價值時會是什麼狀況，可以參考彼得·A·勞倫斯（Peter A. Lawrence）的發育生物學著作《蒼蠅的誕生》（*The Making of a Fly*）的例子。2011年4月，這本書在亞馬遜書店其他商家市場上的售價高達2369萬8655.93美元（再加上3.99美元運費）。它為什麼又怎麼漲到2300多萬美元的呢？[57]因為有兩家書店把它的價格訂為對方價格的固定折數，其中之一設定為對手的價格乘以0.99830，另一家則設定為對手的價格乘以1.27059。這兩家書店顯然都不打算對最後價格設限，

56 David Hirshleifer, personal interview, August 27, 2014.

57 美國加州大學柏克萊分校生物學家麥可·埃森（Michael Eisen）發現亞馬遜書店這本書的定價方式並加以報導，參見埃森的「不是垃圾」部落格2011年4月23日的 "Amazon's

最後整個過程完全失控。

2010年5月6日，美國股市不知怎麼的「閃電崩盤」，背後原因眾說紛紜──而資訊瀑布可能就是這類事件的成因。當時短短幾分鐘內，S&P 500指數中某幾家似乎毫不相關的公司，股價飛漲到每股10萬美元，另一些公司的股價則直線崩跌，甚至跌到每股0.01美元。市值頓時蒸發將近一兆美元。CNBC的吉姆‧克萊莫（Jim Cramer）目瞪口呆地在現場直播道：「這……不可能，這一定不是真實股價。好，買寶鹼！趕快買寶鹼，它的股價只剩1/4，快買！……真的，這太離……這是大好機會！」克萊莫會懷疑，是由於他的私人訊息跟公開訊息抵觸。當時他似乎是全世界唯一願意用49美元購買當時市場認為價格不到40美元的寶鹼股票的人，但他不在意，因為他已經看到季財報，對自己的資料十分確定。

據說投資人當時大致分成兩派：「基本派」投資人依據一家公司在他們心目中的基礎價格交易，「技術派」投資人則依據市場漲跌交易。高速演算法交易興起擾亂了這兩種策略間的平衡。經常有人抱怨，電腦無視於貨品在真實世界中的價值，毫不在意地把教科書的價格訂成數千萬美元、績優股則訂成美元一分，進一步惡化了股市的不理性。[58] 儘管這個批評通常是針對電腦，但其實人類也經常如此，許多投資泡沫都能證明這一點。同樣地，錯通常不在參與者，而在賽局本身。

資訊瀑布這個理性理論不僅能解釋泡沫，也能以更廣泛的角度解

$23,698,655.93 book about flies"，網址：http://www.michaeleisen.org/blog/?p=358。

58 參見美國哥倫比亞大學經濟學家拉吉夫‧塞提（Rajiv Sethi）在閃電崩盤事件後的回應 Sethi, "Algorithmic Trading and Price Volatility."

釋風潮和群眾行為，它說明即使市場中沒有非理性、惡意或違法行為，為何也很容易飛漲和暴跌。結論有好幾個。第一，留意公開訊息似乎多於私人訊息的狀況。在這類狀況中，我們只知道其他人做什麼，但不清楚他們為什麼那樣做，而且我們比較在乎自身判斷是否符合共識，而非符合事實。我們看著其他人來決定自己要怎麼做時，他們或許也在看著我們。第二，記住人未必會根據想法行事，瀑布形成的部分原因，是我們依據他人的行動錯誤解讀他們的想法。否決自己的懷疑時必須格外謹慎，即使真的這麼做了，也應該在採取行動時設法表達出這些懷疑，避免其他人只看到我們的行動透露出來的衝勁，而看不出我們內心的猶豫。最後，我們應該從囚徒困境學到並記住，賽局規則有時糟得無藥可救。一旦身在賽局之中，我們或許無法改變什麼，但資訊瀑布理論或許可以幫助我們避免陷入這類賽局。

如果你永遠只做你覺得對的事，無論別人認為它有多瘋狂，請儘管放心。壞消息是你犯錯的機率會比從眾者來得高，好消息則是堅守信念可產生好的外在觀感，讓別人從你的行為做出精確推論，有一天說不定你會因此而讓一大群人逃過大難。[59]

誠實為上策

把電腦科學運用到賽局理論後可以得知，制定策略本身，就是我們與其他人競爭所付出的一部分代價（而且通常是很大的一部分）。由

---

59 這可由機制設計和演進兩方面思考。一般說來，特定個人最好是謹慎的從眾者，但群體中有某些成員持不同意見則往往可使所有人受益。因此，過度自信可以視為某種利他行為。如需進一步了解這類群體成員「對社會而言的最佳比例」，請參閱 Bernardo and Welch, "On the Evolution of Overconfidence and Entrepreneurs"。

遞迴展現的困難看來，這個代價絕對沒有我們必須互相操縱的代價來得高。在這裡，演算法賽局理論提供了一個方法，讓我們重新思考機制設計[60]：不僅考慮賽局的結果，還考慮到參與者必須付出的運算心力。

舉例來說，我們已經了解，無論表面上看來多完整的拍賣機制，都可能碰到各種問題：過度思考、過度花費，以及失控的瀑布等。不過這些狀況並非無法扭轉。事實上，有一種拍賣設計能像刀切豆腐一樣，乾淨俐落地解決遞迴問題，它稱為「維克里拍賣」（Vickrey auction）。[61]

這種拍賣的名稱源自曾獲得諾貝爾獎的經濟學家威廉·維克里（William Vickrey），運作方式和首價拍賣同樣屬於密封式，也就是所有參與者只要祕密寫下一個數字，出價最高者得標。然而在維克里拍賣中，得標者要付的不是自己寫的標金，而是第二高的標金。也就是說，如果你下標25美元，我下標10美元，則得標的是你，但你只要付10美元。

對賽局理論學家而言，維克里拍賣有好幾項吸引人的特色，其中有一項又格外有吸引力：鼓勵參與者誠實。事實上，依據標的物在心中的「真實價值」下標，也就是你認為這個標的物值多少就下多少，就是最好的策略。標金超過你認為的真實價值當然很笨，因為你最後可能必須付出超過你屬意的價格買下標的物。標金低於你認為的真實價值（也就是隱藏真實標金），則可能平白無故輸掉拍賣，因為這樣根本省不到錢，理由是如果是你得標，無論你自己寫得多高，都只需付出第二高的標金。因此機制設計者認為，維克里拍賣「不受策略影響」或「真實」。[62]在

---

60 「演算法機制設計」這個詞在 Nisan and Ronen, "Algorithmic Mechanism Design" 首次出現在技術文獻中。

61 參見 Vickrey, "Counterspeculation, Auctions, and Competitive Sealed Tenders"。

維克里拍賣中，誠實就是最佳策略。

更棒的是，無論其他參與者是否誠實，誠實依然是你的最佳策略。在囚徒困境中，我們看到背叛成為主導策略，也就是無論共犯被判或合作，背叛都是最佳選擇。反之在維克里拍賣中，誠實才是主導策略。[63]這是機制設計者追求的聖杯，我們不需要訂定策略，也不需要遞迴。

跟首價拍賣相比，維克里拍賣似乎會讓賣家損失一點錢，其實未必。在首價拍賣中，每個參與者都會壓低標金，避免付出太多，但在以次高出價為準的維克里拍賣中不需要如此。就某個意義而言，拍賣本身就會以最佳方式隱藏標金。事實上，稱為「收益等值」（revenue equivalence）的賽局理論原理指出[64]，經過一段時間後，首價拍賣的平均期望出售價格，將收斂到與維克里拍賣完全相同。維克里均衡代表得標者會以首價拍賣的平均期望出售價得標，完全不需要任何投標者制定策略。羅夫加爾登曾經告訴他在史丹佛大學的學生，維克里拍賣「超棒」。[65]

對希伯來大學演算法賽局理論學家諾姆·尼珊（Noam Nisan）而言，這個超棒帶著點烏托邦的意味。他說：「我們都希望在某些社會規則中不需要說謊，而且大家也不會說那麼多謊，對吧？它的基本概念就是這樣。在我看來，維克里拍賣最棒的是，我們通常會認為不可能這樣，對吧？尤其是在大家都想少付一點錢的拍賣中，怎麼可能這樣？但維克里

---

62 不受策略影響的賽局稱為激勵相容（incentive-compatible），參見Noam Nisan, "Introduction to Mechanism Design (for Computer Scientists)," in Nisan et al., eds., *Algorithmic Game Theory*.

63 在賽局理論術語中，這樣可使維克里拍賣成為「主導策略激勵相容」（DSIC）。演算法賽局理論中的重要結果麥爾森引理（Myerson's Lemma）主張可能存在的DSIC支付機制只有一個。這表示維克里拍賣不只是避免策略、反覆或不誠信行為的方法，而且是唯一的方法。請參閱Myerson, "Optimal Auction Design"。

拍賣證明確實有辦法做到，我覺得這樣真的很棒。」〔66〕

　　事實上，這些結論不只適用於拍賣。諾貝爾經濟學獎得主羅傑・麥爾森（Roger Myerson）在稱為「揭示原理」（revelation principle）的重大發現中證明，必須藉助策略掩蓋事實的賽局，都可以轉化成只需要誠實就好的賽局。麥爾森當時的同事保羅・米爾格洛姆（Paul Milgrom）回憶：「如果我們從不同面向來看這個結果，一方面它令人驚訝又神奇，另一方面又很容易解決。這樣非常奇妙又令人敬畏，你知道這就是你看得到的最佳結果。」〔67〕

　　揭示原理表面上看來或許很難接受，但它的證明其實相當直覺。假設有個代理人或律師要代替你進行這個賽局，如果你信任他們能維護你的權益，你會直接告訴他你想要什麼，讓他們代替你出於策略遮掩標金和訂定遞迴策略。但在維克里拍賣中，賽局本身就具備這個功能。揭示原理只是闡述了這個概念：如果一個賽局可讓代理人代替你進行，而且你會對代理人說實話，那麼如果你希望代理人的行為包含在賽局本身的規則中，則在此賽局中，誠實是最佳的策略。尼珊曾說：「基本上，如果你不希望客戶自己最佳化來跟你作梗，那你最好自行最佳化來為他們打算。完整的證明……如果我設計出一種已經為你而最佳化的演算法，那你完全無計可施。」

---

64 這個收益等值理論出自 Vickrey, "Counterspeculation, Auctions, and Competitive Sealed Tenders"，並由 Myerson, "Optimal Auction Design" 及 Riley and Samuelson, "Optimal Auctions" 加以一般化。

65 Tim Roughgarden, "Algorithmic Game Theory, Lecture 3 (Myerson's Lemma)," published October 2, 2013, https://www.youtube.com/watch?v=9qZwchMuslk

66 Noam Nisan, personal interview, April 13, 2015.

67 Paul Milgrom, personal interview, April 21, 2015.

　　演算法賽局理論對近二十年來許多實際應用貢獻極大：它協助我們了解網際網路上的封包路由、改善FCC頻譜拍賣交易，分配雖然看不見但珍貴的公共財，以及強化將醫學院學生與醫院配對的演算法等等。大上許多的轉變可能才剛剛開始。尼珊說：「我們才剛接觸到皮毛而已。即使就理論上而言，我們才剛開始了解它，但可能還要經過一代，今天我在理論上了解的東西才能運用到人類身上。一個世代，我想應該不會超過，就是要一個世代。」

　　法國存在主義哲學家尚保羅・沙特（Jean-Paul Sartre）有個名句：「他人即地獄。」[68]他的意思不是其他人都不懷好意或令人不快，而是他們往往使我們的思想和信念變得複雜：

> 當我們思考自己，當我們嘗試了解自己……我們會運用其他人對我們的了解。我們以其他人所擁有、再給予我們的方法，來評斷我們自己。其他人的評斷一定會滲入我對自己的評斷。其他人的評斷也會滲入我對自己的感覺……但這完全不表示一個人不能與其他人有關係，只是突顯出其他人對我們每個人是重要的。

　　以本章中探討過的內容而言，我們或許正在努力改變沙特的陳述。與他人互動不一定是夢魘，但在不適合的賽局裡確實如此。如同凱因斯觀察到的，受喜愛是複雜、棘手，而且無限遞迴的鏡廳，但情人眼中出西施的美則否。採取不需要因其他人的戰術而預期、預測、深入了解或

---

68 Sartre, *No Exit.*

改變行動的策略，是直接解開遞迴死結的一種方法。這種策略有時不見得簡單，卻是最佳方法。

　　如果改變策略沒有幫助，可以嘗試改變賽局。如果沒辦法改變賽局，你多少可以控制要加入哪些賽局。通往地獄的路是由難解的遞迴、惡性均衡以及資訊瀑布鋪成的。尋找誠實才是主導策略的賽局，接著好好做自己就好。

結語：運算的善意　Computational Kindness

我深信對人類而言最重要的，是以本性待人接物。把許多耗費腦力的工作交給機器代勞，可以讓人類擁有更多時間和誘因學習如何共存共榮。[1]

——數學家梅瑞爾・弗勒德（Merrill Flood），囚徒困境提出者之一

任何受空間和時間限制的動態系統，都有某些無法避免的基本問題。這些問題本質上是運算問題，因此電腦不僅是工具，也是我們的伙伴。由這點可以得出三個簡單的結論。

第一，在某些例子中，電腦科學家和數學家已經找到可用於解決人類問題的演算方法。37％法則、處理快取將滿的最少使用法（LRU）準則，以及依據信賴上界決定是否開發，都屬於這類例子。

第二，即使還沒有得到所需結果，但知道自己使用最佳演算法，也能讓人感到放心。37％法則其實有63％的機率會失敗。以LRU管理快取也不保證一定能找到想要的東西。事實上，這些方法都沒辦法預測未來。以信賴上界方法來權衡開發或善用，不代表一定不會遺憾，只是遺憾會累積得比較慢。就算是最佳策略，有時也會產生不理想的結果，因

1　Flood, "What Future Is There for Intelligent Machines?"

此電腦科學家特意把「過程」和「結果」分開——如果採取最佳的可能「過程」，而且已經盡己所能，那麼即使「結果」不如所願，也不應該怪自己。

結果經常成為頭條新聞，的確，我們生活的世界就是由結果構成，所以我們很容易特別注意結果。但過程才是我們可以控制的。哲學家伯特蘭・羅素說過：「我們判斷客觀正確性時，似乎必須把機率列入考慮……客觀上正確的行動可能是最幸運的。我應該把這類行動定義為最明智的行動。」[2] 我們可以希望自己幸運，但應該努力讓自己更明智。這可以說是一種運算的斯多葛派。[3]

最後，我們可以清楚劃分有明確解答的問題，以及沒有明確解答的問題。如果遭遇到難解問題，請記住：經驗法則、估計和有計畫地運用隨機性，可以幫助我們找到可用的解答。我們訪問電腦科學家時經常聊到：有時候「夠好」真的已經夠好。此外，理解複雜性有助於選擇問題：如果我們能控制要面對哪種狀況，應該就能選擇可解的狀況。

不過我們不只選擇自己面對的問題，也選擇要給其他人的問題，可能是規劃程式的方式，也可能是提出問題的方式。這點讓電腦科學和倫理學產生令人驚奇的連結，我們稱這個原則為「運算的善意」（computational kindness）。

• • •

2　Russell, "The Elements of Ethics."

3　可參閱 Baltzly, "Stoicism"。

4　這種狀況也會發生在 P 和 NP 間的差異。如需進一步了解這種性質令人愉悅的哲學沉思，

　　為了撰寫本書，我們安排了許多訪談，排定這些行程時我們發現了一個矛盾。開口約訪時如果說：「下星期二下午一點到兩點間。」受訪者有空的機率通常高於說「下個星期方便的時間」。這種狀況起初看來有點荒謬，就像有些著名研究指出，人們捐款救援一隻企鵝的金額，平均比救援八千隻時來得多；也有報告指出，一般人擔憂自己死於恐怖攻擊事件的程度，比起擔憂死於各種因素（當然也包括恐怖攻擊）的程度來得高。以約訪這個例子而言，比起沒有明確答案的問題，一般人似乎比較偏好有設限的問題，即使這些限制只是隨便訂的也不要緊。配合我們的偏好和限制，似乎比依據自身喜好提出更佳選擇來得容易。電腦科學家在這裡應該會深有同感地點頭，並且提出「驗證」和「搜尋」兩者的差距十分複雜，差別大概就像聽見一首好歌就知道是什麼歌〔4〕和立刻寫出一首歌一樣大。

　　不過奇怪的是，電腦科學中有個原理是「運算是不好的」：良好演算法的基本指令是減少用於思考的腦力。我們跟他人互動時，便是在向他們提出運算問題，包括明確的要求和請求，以及解釋我們的意圖、信仰和偏好都算。因此從運算角度去了解這類問題，顯然也有助於了解人類互動的特質。我們可以本著「運算的善意」適當地界定問題，使隱含的運算問題變得更容易。這點相當重要，原因是有許多問題本質上十分困難且不易解決，社會問題尤其如此。我們來看看以下這個常見的狀況。一群朋友正想著要去哪裡吃晚餐，每個人當然都有自己的偏好，但

請參閱Aaronson, "Reasons to Believe" 以及Wigderson, "Knowledge, Creativity, and P versus NP"。

都不是很堅持。不過大家都不想明確說出自身偏好,所以他們就憑猜測和片段線索,來處理這些社交危機。

他們或許能想出讓大家都滿意的決定,但這個程序很容易變調。舉例來說,大學畢業後的那年夏天,作者布萊恩和兩個朋友打算到西班牙旅行,他們很快地討論行程,但是討論到中途時發現,他們顯然沒有時間去看原先計畫要看的鬥牛。三個人都試圖安慰另外兩人,這才發現其實他們都不想看鬥牛。〔5〕大家都只是感覺別人很有興趣,因此自己也變得興致勃勃,結果別人當真了,也認為他很想看鬥牛。

同樣地,像「哦,我都可以。」或是「你今晚想做什麼?」這類看似無傷大雅的話,在運算上往往有很大的問題,講之前最好三思。這些話表面上是客氣,但可能造成兩個令人擔憂的結果:第一,這類說法把認知責任推給對方:「現在有個問題,你來處理。」第二,你不明講自己的偏好,就是要對方自己臆測或想像。而我們已經知道,對心智(或機器)而言,臆測他人的想法是最大的運算挑戰。

在這類狀況下,運算的善意和傳統禮儀是相左的。客氣地不明言自己的偏好,讓群體中的其他人猜測你怎麼想,反而會帶來運算問題。相反地,客氣地表達自身偏好(「我比較想……。你覺得如何?」)則能分擔認知負荷,幫助群體達成決議。〔6〕

---

5 這類狀況有時稱為阿比林悖論(The Abilene Paradox),參見 Harvey, "The Abilene Paradox"。

6 提姆・菲瑞斯也曾提出這一點,他寫道:「不要再要求別人提出建議或解決方案,而應該自己提出。從小地方開始。不要問別人下個星期何時有時間碰面,應該主動提出你的理想時間和第二選擇。如果對方問:『我們應該到哪吃飯?』『我們應該看什麼電影?』『我們今晚應該做什麼』或類似問題,不要把問題丟回去,只說:『你想做什麼/什麼時候/到哪裡?』而應該提出解決方案。不要再來回詢問,要做出決定。」參見 Ferriss, *The 4-Hour*

　　此外，我們也可以試著給他人較少的選項，而非盡量增加，例如不要給十個選擇，只要兩、三個就好。如果群體中的每個人都先刪去自己最不偏好的選項，就可以讓所有人輕鬆一點。如果要請人共進午餐或排定會議時間，提出一、兩個確定的提議供對方接受或拒絕[7]，是個不錯的起點。

　　這麼做不一定「客氣」，但都能明顯減少互動的運算成本。

• • •

　　運算的善意不只是行為原則，也是設計原則。

　　2003年，加拿大滑鐵盧大學電腦科學家傑弗瑞・夏利特（Jeffrey Shallit）曾經研究，在美國目前流通的貨幣中加入哪種硬幣，最有助於減少找零的硬幣數。[8]令人高興的是，結果是1角8分，但夏利特不知為何沒有依據運算考量提出政策建議。

　　目前找零非常簡單：無論金額是多少，只要先用2角5分硬幣累積到最接近但不超過的金額，接著用1角硬幣如法炮製，並依面額類推下去。舉例來說，5角4分是二個2角5分和四個1分。如果有1角8分的硬幣，這個簡單的演算法將不再是最佳演算法。因為5角4分剛好是三個1角8分，完全不需要用到2角5分。其實夏利特發現難用的面額使

Workweek。

7　offering 理想上說來，每個人都想知道群體中每個人對所有選擇的評價，並採取合理措施，依據這些評價做出決定。有個可能的方法是直接選擇讓每個人的評價的積最大的選擇，這個選擇也可讓任何人指定評價為零，從而否決一個選擇。經濟學中有許多論證指出這種策略很好，最早可追溯到約翰・奈許。參見Nash, "The Bargaining Problem"。

8　Shallit, "What This Country Needs Is an 18¢ Piece"

找零變得[9]「困難程度……至少和業務員出差問題不相上下」。這對收銀員而言有點困難。夏利特發現，如果把計算難易考慮在內，則美元硬幣面額應該是2分或3分。這當然沒有1角8分那麼好，但相去不遠，而且在計算上好用多了。

更重要的一點是，設計上的細微改變，可能大大改變使用者的認知問題類型。舉例來說，建築師和都市計劃人員都能決定如何建造環境，也就是說，他們能決定如何構築我們必須解決的運算問題。

假設有一個大型停車場[10]，類似體育場和購物中心常見的那種，裡面有縱橫交錯的車道。我們朝目的地開在一條車道上，看見一個停車位，決定先放棄這個位子，以便（希望）在前面找到更好的位子，但後來一直開到目的地都沒找到車位，只好到鄰近車道朝反方向開。開了一段時間後，我們必須決定再看到車位時要不要停，或是開得越來越遠，最後轉到第三條車道繼續尋尋覓覓。

在這裡，演算法觀點不只對駕駛人有用，對建築師同樣有用。我們比較一下這類停車場和遠離目的地的單一直線路徑，所造成的蕪漫龐雜的決定問題。在那種狀況下，我們通常不需要賽局理論、分析或思而後行法則，只要一看到有空位就停下來。有些停車場就是這麼設計的，裡

---

9 Lueker, "Two NP-Complete Problems in Nonnegative Integer Programming" 證明在特定假設下，以最少硬幣找零問題為NP困難。如果硬幣面額為二進位或常見的十進位，這個結果依然相同，但如果面額是一進位則否，但這個問題確實具有效解，請參閱Wright, "The Change-Making Problem"。如需進一步了解找零的運算複雜性，請參閱Kozen and Zaks, "Optimal Bounds for the Change-Making Problem"。

10 Cassady and Kobza, "A Probabilistic Approach to Evaluate Strategies for Selecting a Parking Space" 比較了 "Pick a Row、Closest Space (PRCS)" 和 "Cycling (CYC)" 的停車位尋找演算法。比較複雜的CYC包含最佳化停車法則，PRCS則由目的地開始向外遠離，直

面只有一條從地面向上延伸的螺旋形車道。這種方式的運算負荷是零：駕駛人只要向前開，看到有車位就停下來就好。無論有什麼可能因素支持或反對這類建造方式，我們都可以說這對駕駛人的認知負荷最小，也可以說它在運算上具有善意。

設計的主要目標之一，應該是讓使用者免除不必要的對立、摩擦和腦力消耗（這個考量並不抽象。舉例來說，如果在購物中心停車變成壓力，購物客的消費金額可能會降低、回來購物的次數也會減少）。都市計劃人員和建築師時常要權衡，怎麼運用有限的空間、建材和時間設計不同的停車場，不過他們很少考慮到設計會對使用者的運算資源（腦力）造成什麼影響。理解日常生活的演算基礎（以這個例子而言是最佳停止），不僅能讓駕駛人在某些狀況下做出最佳抉擇，也能鼓勵規劃人員進一步思考他們丟給駕駛人的問題。

具有運算善意的設計自然浮現的例子還有很多，比如餐廳座位安排的規定。有些餐廳的規定是「開放座位」，讓等待的客人四處遊走，等待空位出現，先搶到空位的就取得那一桌。有些餐廳會記下候位者的名字，請他們在吧台喝杯飲料，等桌子準備好再通知。這些管理稀有共享資源的方式，正好反映電腦科學中自旋和暫停的差別。[11] 某個執行

接停進第一個停車格。比較積極的CYC找到的位子一般而言比較好，但比較簡單的PRCS則在花費總時間方面勝出。依據CYC演算法停車的駕駛人，花費在尋找較好車位的時間比車位省下的走路時間還長。作者指出，關於此性質的研究或許對設計停車場有幫助。關於停車的運算模型可參閱 Benenson, Martens, and Birfir, "PARKAGENT: An Agent-Based Model of Parking in the City"。

11 如需進一步了解何時該自旋，何時又該暫停，可參閱 Boguslavsky et al., "Optimal Strategies for Spinning and Blocking"，作者正是第一章敘述滑水旅行時提到的貝瑞佐夫斯基。

緒請求資源但無法取得時，電腦可能會讓執行緒自旋，也就是不斷反覆察看：「有資源了嗎？」或是讓它暫停，也就是先讓這個執行緒停下，處理其他作業，等有資源時再回頭處理。對電腦科學家而言，這是很實際的權衡——權衡花費在自旋上的時間和上下文交換的時間。但在餐廳中，權衡時考慮的所有資源不全是餐廳的。自旋可以很快消除空桌，但此時客人的心思陷入乏味又消耗精神的緊張，成為耗損的CPU。

　　還有一個例子是公車站牌的運算問題。如果即時顯示板上顯示下一班公車「十分鐘內到達」，那麼我們只需要決定一次要不要等，而不用把公車一直不來當成一連串推論證據，隨時間一刻刻過去而必須一再重新決定。此外，我們在這十分鐘可以不用一直盯著遠方（也就是自旋），而能轉移一下注意（如果在沒有顯示下班公車資訊的城市，貝氏推論連上一班公車何時離開都可當成有用的參考）。這類具有運算善意的細微作法，對駕駛人的幫助不下於補助費用，甚至尤有過之，我們可以把它視為一種認知補助。

• • •

　　如果我們能對別人更好一點，就能對自己更好一點。不只是在運算方面如此，因為我們討論過的所有演算法和觀念都有助於這一點。而且要更加寬容。

　　理性決策的理想標準是仔細思考各種可能選擇，選出其中最好的一個。乍看之下，電腦似乎是這種方法的典範，藉由複雜的計算進行思考，得出無懈可擊的答案。但我們已經知道，這種對電腦能力的看法已經過時，只有處理很容易的題目時才可能這樣。在處理困難的題目時，最好的演算法是在最短時間內得出最合理的答案，而不是仔細考慮所有因素，進行所有可能的計算。生命苦短，我們沒有那麼多時間。

在我們探討的所有領域中，我們已經知道，納入考慮的實際因素越多，找到完美解答的時間就可能越長，包括在資訊不完整的狀況下跟求職者面談、在不斷變化的世界中試圖解決開發與善用兩難，或是執行工作時有某些部分必須依靠他人等。的確，人類總是碰到科學視為困難問題的狀況，面對這些問題時，有效的演算法會做出假設，偏向選擇較簡單的解答、權衡誤差代價和延遲代價，接著冒險一試。

這些都不是我們難以理性面對時的讓步，它們本身就是理性的方法。

致謝　　　　　　　　Acknowledgements

　　首先要感謝撥冗接受訪問，和我們一起討論自己的工作以及其他話題的研究人員、業界人士和專家：Dave Ackley、Steve Albert、John Anderson、Jeff Atwood、Neil Bearden、Rik Belew、Donald Berry、Avrim Blum、Laura Carstensen、Nick Chater、Stuart Cheshire、Paras Chopra、Herbert Clark、Ruth Corbin、Robert X. Cringely、Peter Denning、Raymond Dong、Elizabeth Dupuis、Joseph Dwyer、David Estlund、Christina Fang、Thomas Ferguson、Jessica Flack、James Fogarty、Jean E. Fox Tree、Robert Frank、Stuart Geman、Jim Gettys、John Gittins、Alison Gopnik、Deborah Gordon、Michael Gottlieb、Steve Hanov、Andrew Harbison、Isaac Haxton、John Hennessy、Geoff Hinton、David Hirshliefer、Jordan Ho、Tony Hoare、Kamal Jain、Chris Jones、William Jones、Leslie Kaelbling、David Karger、Richard Karp、Scott Kirkpatrick、Byron Knoll、Con Kolivas、Michael Lee、Jan Karel Lenstra、Paul Lynch、Preston McAfee、Jay McClelland、Laura Albert McLay、Paul Milgrom、Anthony Miranda、Michael Mitzenmacher、Rosemarie Nagel、Christof Neumann、Noam Nisan、Yukio Noguchi、Peter Norvig、Christos Papadimitriou、Meghan Peterson、Scott Plagenhoef、Anita

Pomerantz、Balaji Prabhakar、Kirk Pruhs、Amnon Rapoport、
Ronald Rivest、Ruth Rosenholtz、Tim Roughgarden、Stuart
Russell、Roma Shah、Donald Shoup、Steven Skiena、Dan Smith、
Paul Smolensky、Mark Steyvers、Chris Stucchio、Milind Tambe、
Robert Tarjan、Geoff Thorpe、Jackson Tolins、Michael Trick、
Hal Varian、James Ware、Longhair Warrior、Steve Whittaker、Avi
Wigderson、Jacob Wobbrock、Jason Wolfe 以及 Peter Zijlstra。

感謝金恩郡立圖書館、西雅圖市立圖書館、加州大學柏克萊分校圖
書特藏館,以及加州大學柏克萊分校圖書館允許我們參觀館內運作狀況。

感謝以下這些人指點我們值得一談的研究方向:Sharon Goetz、
Mike Jones、Tevye Krynski、Elif Kuş、Falk Lieder、Steven A.
Lippman、Philip Maughan、Sam Mc Kenzie、Harro Ranter、Darryl A.
Seale、Stephen Stigler、Kevin Thomson、Peter Todd、Sara M.
Watson 以及 Sheldon Zedeck。

感謝許多曾經貢獻深入見解的人士,因為人數太多,以下所列
若有疏漏還請見諒:Elliot Aguilar、Ben Backus、Liat Berdugo、
Dave Blei、Ben Blum、Joe Damato、Eva de Valk、Emily Drury、
Peter Eckersley、Jesse Farmer、Alan Fineberg、Chrix Finne、
Lucas Foglia、John Gaunt、Lee Gilman、Martin Glazier、Adam
Goldstein、Sarah Greenleaf、Graff Haley、Ben Hjertmann、Greg
Jensen、Henry Kaplan、Sharmin Karim、Falk Lieder、Paul Linke、
Rose Linke、Tania Lombrozo、Brandon Martin- Anderson、
Sam McKenzie、Elon Musk、the Neuwrite group at Columbia
University、Hannah Newman、Abe Othman、Sue Penney、Dillon

Plunkett、Kristin Pollock、Diego Pontoriero、Avi Press、Matt Richards、Annie Roach、Felicity Rose、Anders Sandberg、Claire Schreiber、Gayle and Rick Shanley、Max Shron、Charly Simpson、Najeeb Tarazi、Josh Tenenbaum、Peter Todd、Peter van Wesep、Shawn Wen、Jered Wierzbicki、Maja Wilson、and Kristen Young.

感謝許多品質極佳的免費和開源軟體，讓我們的工作更加順利：Git、LaTeX、TeXShop，最重要的是TextMate 2。

感謝在各方面貢獻專長和心力的許多人士：Lindsey Baggette、David Bourgin，以及負責參考書目和檔案查閱的Tania Lombrozo。

感謝英國劍橋大學圖書館允許複印達爾文的日記，也謝謝Michael Langan清楚地複製真跡。

感謝Henry Young為我們拍攝清晰的肖像。

感謝本書撰寫過程中，許多審閱草稿及提供寶貴意見的人士：Ben Blum、Vint Cerf、Elizabeth Christian、Randy Christian、Peter Denning、Peter Eckersley、Chrix Finne、Rick Fletcher、Adam Goldstein、Alison Gopnik、Sarah Greenleaf、Graff Haley、Greg Jensen、Charles Kemp、Raphael Lee、Rose Linke、Tania Lombrozo、Rebekah Otto、Diego Pontoriero、Daniel Reichman、Matt Richards、Phil Richerme、Melissa Riess James、Katia Savchuk、Sameer Shariff、Janet Silver、Najeeb Tarazi以及Kevin Thomson。本書有賴他們的審閱和意見才變得更好。

感謝我們的經紀人Max Brockman和Brockman Inc.團隊所有成員敏銳且生氣蓬勃的傑出工作成果。感謝我們的編輯Grigory Tovbis以及Henry Holt團隊成員眼光敏銳、孜孜不倦和熱情奉獻，讓本書盡善盡美，並且賣力向全世界推介它。

　　感謝 Tania Lombrozo、Viviana Lombrozo、Enrique Lombrozo、Judy Griffiths、Rod Griffiths 以及 Julieth Moreno，她們在許多時候一手包辦照顧小孩的工作，同時要感謝 Lombrozo Griffiths 一家人，以及加州大學柏克萊分校運算認知科學實驗室的成員，還有在書籍排程限制下展現無比優雅和耐心的人士。

　　感謝許多提供直接與間接協助的機構。首先是加州大學柏克萊分校：感謝認知與大腦科學研究所的客座學者計畫，提供兩年收穫豐碩的工作，也謝謝心理學系持續不斷的支持。感謝費城自由圖書館、加州大學、柏克萊圖書館、力學研究所圖書館，以及舊金山大學圖書館提供的空間和書籍。感謝賓州大學費雪藝術圖書館允許非學生經常進入。感謝 Corporation of Yaddo、MacDowell Colony 以及 Port Townsend Writers' Conference 提供漂亮、能激發靈感又多產的住處。感謝 USPS Media Mail 郵資費率讓四處漫遊的紙筆生活方式得以實現。感謝美國認知科學學會和人工智慧協進會邀請參與他們的年度研討會。我們在這些場合建立了人與人、學科與學科，以及半球與半球之間的許多連結。感謝 Borderlands Cafe，這是我們所知，在舊金山唯一提供咖啡但不放音樂的地方，祝你們生意興隆。

　　謝謝 Rose Linke，

　　謝謝 Tania Lombrozo，

　　──感謝你們成為我們的讀者、伴侶、支持者以及靈感來源，一如既往。

Focus 7

決斷的演算
預測、分析與好決定的11堂邏輯課
ALGORITHMS TO LIVE BY
The Computer Science of Human Decisions

作　　者	布萊恩‧克里斯汀（Brian Christian）
	湯姆‧葛瑞菲斯（Tom Griffiths）
譯　　者	甘錫安
責任編輯	林慧雯
封面設計	萬勝安

編輯出版	行　路
總 編 輯	林慧雯
社　　長	郭重興
發 行 人	曾大福
發　　行	遠足文化事業股份有限公司　代表號：（02）2218-1417
	23141新北市新店區民權路108之4號8樓
	客服專線：0800-221-029　傳真：（02）8667-1065
	郵政劃撥帳號：19504465　戶名：遠足文化事業股份有限公司
法律顧問	華洋法律事務所　蘇文生律師
特別聲明	本書中的言論內容不代表本公司／出版集團的立場及意見，
	由作者自行承擔文責。
印　　製	韋懋實業有限公司
三版一刷	2022年12月

定　　價	580元
ＩＳＢＮ	9786269651771（紙本）
	9786269651788（PDF）
	9786269651795（EPUB）

國家圖書館預行編目資料

決斷的演算：預測、分析與好決定的11堂邏輯課
布萊恩‧克里斯汀（Brian Christian）、
湯姆‧葛瑞菲斯（Tom Griffiths）作；甘錫安譯
一三版一新北市　行路出版：遠足文化發行，2022.12
面；公分　（Focus；1WFO0010）
譯自：Algorithms to Live By:
The Computer Science of Human Decisions
ISBN　978-626-96517-7-1（平裝）
1.CST: 人類行為　2.CST: 演算法　3.CST: 博奕論
176.8　　　　　　　　　　　111018114